"四川大学 2035 先导计划——区域历史与考古文明"项目
受四川大学中央高校基本科研业务费资助

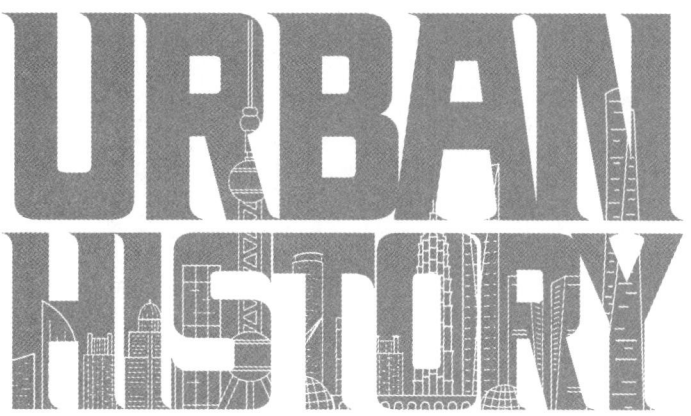

理论方法与基本问题
改革开放以来中国城市史研究的探索

何一民　鲍成志　范瑛　主编

巴蜀书社

前　言

中国城市史学作为一门独立学科的兴起是在改革开放以后。其兴起的原因是多方面的，其中有两方面的原因最为值得重视。一是时代发展的需要。改革开放以后，中国城市化高速发展，以城市为中心带动区域发展成为新的趋势，因而研究城市历史和现状成为时代的需要，由此推动中国城市史学的兴起。在国家社科基金项目和各省市相关项目的引导下，城市史研究成为新的学术热点，由此催生了一门新学科的构建。二是中国历史学在经历了"文化大革命"之后也面临"史学危机"，如何从原来的单一的以阶级斗争为纲、以政治史为主的史学研究低谷中走出来，成为当时史学工作者都普遍关注的问题。在此背景之下，开拓新的研究领域成为中国历史学发展的新走向，中国城市史学与经济史、社会史、文化史等学科一样，都是在这样的环境下兴起的。

30多年来，在上海社会科学院、四川大学、武汉社会科学院、天津社会科学院的张仲礼、隗瀛涛、皮明庥、罗澍伟等一批著名学者的引领下，在熊月之、李长莉、何一民、张利民、周勇、苏智良、涂文学、陈国灿等一大批中青年学人的共同努力下，以马克思主义历史观为指导的具有中国特色的中国城市史学得到很大的发展，取得了突出的成就，初步建立起中国城市史学科体系、学术体系和话语体系的基本架构。30多年来，部分学者以马克思主义为指导，结合中国国情对中国城市史相关理论进行了一系列理论探索，取得了相当大的进展。如对中国城市史研究的目的、意义，中国城市史研究的主要对象，城市化与现代化，现代化与半殖民地化，城市体系、空间布局，城市的功能结构，城乡关系，城市发展动力等理论问题都进行了较为深入的探讨；另外，还分别提出了中国城市史研究的理论模式和研究范式，初步形成"结构—功能学派""综合分析学派""社会学派""都市文化学派"，以及"人文生态学派"等不同的城市史学研究路径，这些多元的理论与方法的探索反映出中国城市史研究者的学术创新，有力地推动了中国城市史学科体系、学术体系和话语体系的建设。近年来，中国城市史相关研究成果丰硕，成绩斐然，呈现方兴未艾之势。

但是值得注意的是，中国城市史研究的理论构建仍然较为薄弱，学科体系、学术体系和话语体系还不完善，特别是在海外的话语权较弱，研究视野和研究领域也有很大局限。因此，中国城市史研究还需要进一步加强理论与方法的研究与创新。为此，我们从30多年来发表的相关论著中选编了部分与城市史理论、方法及基本问题相关的论文汇集成书，以方便年轻一代城市史研究者能够集中学习和了解改革开放以来中国城市史研究者在理论和方法上的探索和创新。由于我们的水平有限，并受多种因素的限制，本书所选编的文章难免挂一漏万，可能一些重要文章还未能入选，敬请读者谅解。

希望有更多的研究者关注中国城市史理论与方法的研究与创新，推动新时代具有中国特色的城市史学三大体系建设。

目　录

推进中国城市史理论创新与学科建设的思考 …………………… 何一民 / 001

中国城市史理论与方法

城市史研究略论 ………………………………………………… 皮明庥 / 003
城市、城市理论与城市史 ……………………………………… 罗澍伟 / 017
关于城市史研究的若干思考 …………………………………… 陈　恒 / 035
城市哲学
　　——关于城市与城市史的理论思考 ………………………… 郑佳明 / 048
城市史研究的两种视野：内向性与外向性 …………………… 戴一峰 / 072
中国城市发展模式研究 ……………………… 何一民　范　瑛　付　春 / 077
区域经济变迁与中国古代城市体系的演化 …………………… 鲍成志 / 089

近代中国城市史理论与方法

近代中国城市史研究的几个理论问题 ………………………… 隗瀛涛 / 103
20世纪后期中国近代城市史研究的理论探索 ………………… 何一民 / 114
近代中国区域城市研究的初步构想 …………………… 隗瀛涛　谢　放 / 134

城市起源与分期

第一次"城市革命"与社会大分工 …………………………… 何一民 / 145

农业·工业·信息：中国城市历史的三个分期 ………………… 何一民 / 160

新中国城市历史分期研究 ……………………………………… 何一民 / 166

空间、地理与城乡关系

空间维度下的中国城市史研究 ………………………………… 陈蕴茜 / 189

中国城市史研究的地理取向
　　——兼论聚落地理学视阈中的城市史研究 ………………… 毛　曦 / 196

城市史视域中的城乡关系 ……………………………………… 张利民 / 210

从城乡联系史看中国城镇化愿景 ……………………………… 熊月之 / 217

近代城市史研究中的城乡问题探微 …………………………… 任吉东 / 227

中国城市史学科建设

迈向学科的城市史研究 ………………………………………… 陈　恒 / 239

新时代新使命新目标：推进中国特色的中国城市史学"三大体系"建设
　………………………………………………………………… 何一民 / 246

后　记 ………………………………………………………………… / 262

推进中国城市史理论创新与学科建设的思考

何一民

中国城市史研究从20世纪初开始起步，但由于战争、社会动荡和一系列政治运动等因素的影响制约，在其后数十年间并未形成一种研究态势，也未出现学科建设的趋势，只有个别学者对零星城市进行了简单的研究。中国城市史的学科建设始于改革开放以后，随着城市化、现代化的高速发展，中国城市史研究受到各方面的高度重视，特别是国家社科规划连续多年将中国城市史研究相关课题列入选题指南，有力地推动了中国城市史研究的兴起与发展。30余年来，中国城市史研究取得快速发展，成就斐然，有目共睹[①]。除了大量的研究成果外，中国城市史研究取得最重要的发展就是开始向独立学科发展，一个重要的标志就是被列入教育部的学科目录中，归属于一级学科中国史之下的二级学科专门史。另一方面，中国城市史研究虽然相比同一时期起步的中国古都学等若干学科有较大的发展，被列入教育部的学科目录中，但中国城市史的学科建设仍然存在若干不足，特别在学科建设和理论建设方面还较为滞后。

当前，中国城市史研究正面临一个新的发展关口。理论创新、研究方法创新以及研究领域的创新，成为推动中国城市史研究走上新台阶的内生动力。研究领域创新相对容易，研究方法创新则其次，而理论创新则十分困难，是一项艰巨的工作，而理论体系的建设对于学科建设又十分关键。因此，本文拟就学科建设和中国城市史研究新

[①] 详见何一民所写《城市史》，载曾业英主编：《当代中国近代史研究（1949—2009）》，中国社会科学出版社，2014年，第348—401页。

视野、新思维进行探讨，以就教方家。

一、理论创新与学科体系完善

城市是人类文明的产物，也是文明的载体和文明发展的中心。故研究城市史要以文明兴衰、发展演变为主线。文明可分为物质文明、制度文明和精神文明。因而如何从文明发展演变的角度对中国城市史进行研究，进而推进理论创新是我们正在思考的一个重要问题。

任何一门学科，如果没有坚实的理论基础、完整的学科体系支持，这门学科就难获得重大发展，也很难跻身于学科之林。中国城市史研究是一门相对年轻的学科，不同于传统历史研究的亘古绵远。中国城市史作为一门学科的构建至今仅30余年，发展历程较短，理论基础、学科体系还不够成熟。虽然在学科属性上归属于中国史之下的专门史，但相比其他成熟学科，中国城市史的基础理论和方法论还不够完善。从20世纪80年代以来，部分学者为了构建中国城市史学科体系，纷纷撰写文章，对中国城市史的研究对象、内容体系、研究方法、学科特点等展开论述，但总体上看，仍然存在若干不够完善的地方。因此，在不断前进的学术研究中，中国城市史研究者一方面要对已有的理论进行检验、修正和充实，另一方面要不断地进行理论创新，不断发展新的理论，从而进一步加强理论体系建设，逐步完善学科体系。

（一）如何构建中国城市史学科体系，这是多年来同人都一直在思考的问题

学科主要是指一定的知识领域的学术分类，即学科表现为一定科学领域或一门科学的分支。在高校教学、科研等方面也有着学科分类，即学科专业，两者既有区别，也有联系。中国城市史学科建设更强调的是第一种含义，即一门科学的分支。中国城市史作为中国历史学的分支，首先具有历史学的属性，即对历史的认知，中国城市史主要研究中国城市的形成、发展、衰落、复兴、重建的历史演变过程，并探索其发展演变规律。中国城市史又具有多学科、跨学科等特点，城市是一个有机综合体，是一

个复杂的巨系统，涉及政治、经济、文化、社会和自然生态等若干方面，因而要深入研究城市的发展变迁，探索其发展规律，需要从多学科的视角来进行。30多年来，中国城市史研究者在研究单体城市兴衰方面成绩斐然，但在理论和方法上的突破和创新却严重不足，因而对中国城市发展规律的研究也十分薄弱。

中国城市史要构建独立的学科，首先要明确研究对象，即确定研究领域的独特性、不可替代性；其次还需要构建学科研究的理论体系，即要建立中国城市史研究特有的概念、原理、命题、规律等所构成的严密的逻辑化知识系统和理论体系。

由于中国城市史具有多学科、跨学科的特点，中国城市史的理论体系构建还存在如何借鉴或利用其他学科的理论和方法，同时又要尽量避免与其他学科雷同等相关问题。因此，中国城市史研究的一个重要目标，就是要为中国城市史成为一门独立学科寻求内涵上的合法性依据，并使中国城市史的基础理论知识系统化、科学化、规范化。

当前中国城市史研究已经走到一个重要的关口，即不仅要研究中国城市史发展变迁等各种具体的问题，还需要构建具有中国特色的中国城市史研究学科体系，进一步对相关概念、范畴、对象、方法、属性等理论进行界定，以凸显本学科的严谨性和独立性。过去的30年间，中国城市史研究在理论和方法研究方面虽然也取得了不少成果，但更多的是借用历史学、历史地理学、城市规划学、经济学等成熟学科的概念、理论和方法，尚未完全形成自己的学术话语体系，这无疑制约着中国城市史的深入发展。因此，构建中国城市史学科理论体系将成为学科建设的基础性工作，任重而道远。

（二）中国城市史作为一门学科，也就是一种范式（Paradigm）

T. S. 库恩认为"范式是学科成为科学的标志"[1]。"范式成为一种对本体论、认识论和方法论的基本承诺，是科学家共同体所共同接受的一组假说、理论、准则和方

---

[1] Kuhn. T. S., *The Structure of Scientific Revolution*, Chicago: University of Chicago Press, 1962.

法的总和,其构成科学家共同体的理想和信念,是使一门学科成为科学的必要条件或成熟标志。"[①]虽然,中国城市史经过30多年的发展,已经形成基本的范式,但是并不明确,有一些只存在于研究者的潜意识中。因此加强中国城市史范式研究,是完善中国城市史学科体系的必然要求,而在具体的学科范式建设过程中,特别应注重学科内在性要素和外显性要素的建设与整合。

第一,学科建设内在性要素包括研究方向的凝练、学术队伍建设和科研基地建立等方面。

学科研究方向的凝练对于学科建设与发展十分关键。中国城市史作为一门独立的学科,应该有本学科相对独立的研究方向,并在相对固定的研究方向的基础上,把握国际国内学术前沿,开拓新的研究领域、研究课题,引领学术发展潮流,并服务于人类文明的发展,服务于中华文明的复兴。目前中国的多数研究者或相关研究机构的学科研究方向还不够明确,前沿性和先进性还不够。

学术队伍建设对学科建设更是十分关键,学术队伍建设包括学术带头人的培养和学术团队的构建。学术带头人是学科发展的核心,而学术团队的建设是学科发展的重要基础。20世纪八九十年代,中国城市史研究兴起之初,先后有张仲礼、隗瀛涛、皮明庥、罗澍伟等一批学术带头人分别构建了多个学术研究机构,并通过国家重点课题及一系列相关课题来引领中国城市史研究,由此推动了中国城市史研究的快速兴起。21世纪以来,则有熊月之、何一民、张利民、涂文学等人薪火相传,成立了中国城市史研究会,进一步引领中国城市史研究不断深入发展。虽然还有一批有影响的年轻的学术带头人正在崛起,但是由于目前的学术环境还不利于新生代的学术带头人脱颖而出,因而如何创造更好的学术环境和条件,帮助年轻一代的学术骨干成为学术带头人变得十分重要。

在学术团队建设方面,近年来,成绩还是比较显著的,在中国城市史学科建设的过程中特别需要提到的是中国城市史研究会的建立。该学会的成立标志着中国城市史

---

① 严金明、夏方舟:《中国土地科学学科范式框架构建研究》,《中国土地科学》2015年第2期。

研究正在形成全国性的团结协作，一支具有创新意识和团队合作精神的学术团队正在全国范围内形成。中国城市史研究会成立以来，每年都召开大中型的学术会议，团结了一批有志于城市史研究的中青年学者，有力地推动了中国城市史研究的发展。2019年12月初，中国城市史研究会与四川大学城市研究所、江汉大学等一起开办了"中国城市史研习班"，10位国内著名学者应邀授课，30所高校的56名博硕士研究生参加了为期6天的学习，从他们提交的论文来看，一支年轻的城市史研究队伍正在形成，令人欣慰。

目前，中国城市史有一个突出的优势，就是中国高校中有多所学校有着中国城市史研究的博士学位授权点，为中国城市史研究学术团队的建立和人才的培养奠定了重要的基础；而且从20世纪80年代以来，在中国多所高校和科研院所相继建立了多个以研究中国城市史为主的学术机构，其科研环境和科研条件也不断得到改善。

第二，学科建设的外显性要素包括人才培养、科学研究和服务社会等方面。

人才培养的重要基地是高校。具有博士学位和硕士学位授权点的高校，正在承担中国城市史研究高端人才的培养任务，如四川大学城市研究所20余年来先后培养了中国城市史研究方向的博士70余名和硕士200余名。正如前面所述，由于中国城市史的学科归属明确，因而目前已经有多所高校相继建立起了中国城市史研究高端人才的培养基地。

由于城市史研究与当今城市建设和社会发展有着高度的相关性，随着经济发展，相关研究取得很大进展，成绩斐然。

另外，值得注意的是，中国城市史研究在服务社会方面也具有独特的作用，特别是当今中国城市化、现代化快速发展的背景下，通过城市历史的研究来提升城市的文化内涵、形象和品牌成为一种重要的学术趋势，因而为城市史研究提供了一个服务于社会的重要契机。如四川大学城市研究所、江汉大学城市研究中心等都相继参与了所在城市的城市规划、经济和文化建设等方面的课题。

综上所述，就学科建设的各要素来看，中国城市史研究具有一定的发展潜力和优势：一是中国城市史的研究方向较为清晰，无论是城市通史，还是城市断代史，无论是整体研究,还是微观研究,无论是城市与区域研究,还是从城市内部来进行研究,其学科指向均较为明确;二是中国城市史研究的学术队伍在不断扩大,目前以多个大学和社会科学院的相关研究机构为核心,以中国城市史研究会为载体的研究体系正在建立。中国城市史研究会现有会员200余人,近年来,每年召开1—2次学术会议,就某一问题进行集中研究,极大地促进了中国城市史研究的开拓与创新,在团结、联系和组织国内外城市史研究者、广泛开展中国城市史学术研究、不断加强国内外学术交流等方面起到重要的作用。

（三）中国城市史的学科建设还应注意的几个问题

一是中国城市史学科建设要注意适应性原则。所谓适应性原则,"是指中国城市史研究必须适应社会发展的需要,这是学术研究的基本规律"[①]。20世纪后期,随着经济全球化背景下的产业转移和新的技术革命对传统工业的冲击,随着知识经济时代、信息时代的到来,越来越多的城市开始面临新的发展困境,相当部分大城市受到剧烈冲击,特别是一些重工业城市不能适应这种变化而出现衰落,因而大部分城市都相继在这一时期开始了艰难的转型。中国城市史学科建设,要站在历史与未来之间,要根据世界和中国政治、经济、文化和社会发展转型的需求,来确定自身的学科体系、调整学科布局和设置学科方向。

二是中国城市史学科建设要重视创新性原则。在不断发展变化的现代社会中,人类的需求也在不断变化,中国城市史不能满足于当下的学术成就,需要在传承的基础上进行创新,唯有不断发展创新,尤其是在理论研究和方法等方面进行开拓与创新,才能持续调整学科结构,提高学科水平,不断走向成熟。

三是中国城市史学科建设要有抓重点的原则,即在中国城市史学科建设中,要分清主次,突出重点,实施非均衡发展战略。中国城市史的学科构建不能全面开花,而要分阶段、有重点地推进,在一定时期内要明确一两个研究方向作城市史学学科建设

---

① 李枭鹰:《论学科建设的基本原则》,《高教论坛》2005年第1期。

的重点和城市史学研究的重点方向，以此来突出研究优势，并以此带动其他研究方向的发展，形成合理的结构和优势。

四是中国城市史学科建设要有突出特色的原则，即要突出中国城市史学研究的风格和优势，从而提升和确立中国城市史学科的知名度、学术地位和学术影响力。就中国城市史而言，从本学科兴起就具有较为明显的特色，今后还需要进一步保持中国城市史的鲜明特色，从而进一步体现中国城市史存在的意义和价值。

五是中国城市史学科建设要高度重视学术生态的优化与建设。近年来，学术生态环境有很大的改善，但还有若干不足。优化学术生态环境，一方面要具有开放性包容性，要构建宽松的学术环境，要允许不同意见的存在和发表的权利；另一方面要加强学科之间的交叉、融合，互学互鉴，相互推动。只有学术生态环境得到优化，才能有利于学科的发展和进步。

六是中国城市史学科建设应高度重视中国城市史理论体系建设。思想是变革的先声，理论是行动和实践的指南。恩格斯说："一个民族想要站在科学的最高峰，就一刻也不能没有理论思维。"[①]一个学科要繁荣就不能没有理论的指导，加强城市史理论研究任重而道远。

当今世界正在发生剧烈变化，而城市在国家和区域中的地位越来越重要，以国家中心和城市群来带动区域发展已经成为国家战略，中外城市史学科发展的特性昭示我们，中国城市史这样一门有着深厚历史基础和广阔前景的新兴学科，在中华民族的复兴进程中将发挥重要的作用。但是中国城市史研究如果不加强理论创新和基础理论建设，如果不构建起严密的学科理论体系，就不能把握中国城市史的学科特性，不能深入探索中国城市发展的规律与特点，不能从学科内部获得发展的动力，也就不能充分发挥服务国家和社会的功能。

---

① 《马克思恩格斯选集》第3卷，人民出版社，2012年，第467页。

二、全球眼光、世界视野

城市是人类文明发展的产物，在人类文明发展进程中有着重要的历史地位。城市的形成，本身就是人类文明进步的产物。《全球城市史》的作者乔尔·科特金认为："人类最伟大的成就始终是她所缔造的城市。城市代表了我们作为一个物种具有想象力的恢宏巨作，证实我们具有能够以最深远而持久的方式重塑自然的能力。"[1]人类文明的发展具有共性和差异性，因而不仅要着眼于中国城市史的研究，而且还需要具有世界视野、全球眼光，从世界看中国，从中国看世界。

（一）将中国城市史研究置于人类文明发展过程中进行考察

古代世界先民面临着共同的生存条件，有着共同的生存需求和趋利避害的本能；有着对客观世界的理性探索，对人类的终极关怀和对建设理想社会的期望，对人与人、人与自然、人与环境的关系等的思考。这样的客观条件和哲学思考，奠定了东西方文明哲学基础中的一些共同因素。

早在距今七八千年前，随着农业革命陆续在"新月地带"出现，人类迈出文明第一步，人口开始聚集，形成了以定居为特征的聚落，并向早期城市发展，由此出现第一次城市革命。"早期城市一般都成为一个地域的政治、经济、宗教、文化中心，承担着管理社会、组织生产的领导职能，从而成为文明成长发展的领导者、组织者；城市保存了人类文明的成果，成为创造新文明效率最高的地方，肩负着继承传统文化，绵延文明发展，创造新文明的使命。"[2]因此，城市在人类文明发展进程中占据中心地位，"城市表达和释放着人类的创造性欲望。从早期开始，当仅有少量人类居住在城市之时，城市就是积聚人类艺术、宗教、文化、商业、技术的地点。这种演进先是发生在少量先行一步的城市里，这些城市的影响通过征服、商业、宗教，近年来还通

---

[1] ［美］乔尔·科特金：《全球城市史》，王旭译，社会科学文献出版社，2010年。
[2] 参见《从文明交流与融合、创新分析文明发展》，2011年1月3日，https://zhidao.baidu.com/question/211869861.html，引文有改动。

过电讯交通，向其他中心扩散。"①

《全球城市史》的作者乔尔·科特金认为世界城市具有共性，"从美索不达米亚、印度河流域和中国的宗教中心，到古典时期的罗马帝国中心，伊斯兰世界城市，欧洲威尼斯等商业城市，再到后来的伦敦、纽约等工业城市，一直到今天以洛杉矶为代表的后工业化城市。他发现，这个城市世界从发轫伊始，就带有某些共同的特征，尽管它们可能远隔重洋、相距万里。当年'孤独的文明'阿兹特克帝国城市特诺奇蒂特兰城，与公元前数千年兴起的古巴比伦城同为上古城市文明的奇葩，它们之间毫无联系，却具有惊人的相似特征。1519年前后当人们发现这一现象时曾轰动一时。那么，它们具有什么样的共同特征呢？科特金高度概括为六个字：神圣、安全、繁忙。如欲成为世界名城，必须具备精神、政治、经济这三个方面的特质，三者缺一不可。只要有一个薄弱环节，都会损毁其基础，甚至最终导致其衰亡"②。虽然我们可能对科特金关于世界城市共同性的提法有不同看法，但是也值得我们思考。

正是人类文明发展具有共性，城市发展也具有共同性，因此研究中国城市史不仅要对中国古代城市的发展演变进行系统的认识，探寻其发展演变规律，而且还需要对东西方城市以及全球城市进行全面系统的关注和了解。无论是在中国，还是在中亚、西亚，以及欧洲、非洲、美洲，历史上最发达的城市一般都是政治中心城市，经济中心城市优先发展是在中世纪以后。中国城市史研究自20世纪80年代兴起以来，一直以中国城市研究为主，特别是以大城市研究为主，强调对中国城市史的发展演变进行深入细致的探究，部分城市的研究进入精细化阶段。对城市史进行微观的精细化研究固然重要，但是如果"心无旁骛"，则极有可能出现认识上的误区，缺乏对世界城市发展的认识，会使中国城市史研究难以在理论上、方法上进行创新。中国城市史研究者不能再简单地只关注某一城市，某一个地区或某一个国家，而应将全球作为一个整体地域进行系统观察和思考，使中国城市史研究聚焦于全球不同地区，进行跨国度的

---

① [美]乔尔·科特金：《全球城市史》，王旭译，社会科学文献出版社，2010年。
② [美]乔尔·科特金：《全球城市史》，王旭译，译者序，社会科学文献出版社，2010年。

互动研究。对中国城市发展演变的研究不能仅从中国内部来观察，还需要从全球的视野来观察，如果不具备全球视野，很难说明中国古代城市与东西方城市的异同，中国城市到底具备什么样的特点和发展规律。中国与世界其他几个主要文明发源地相比，一个突出的特点就在于中国的文明没有中断，而文明之所以没有中断，原因固然是多方面的，其中城市的持续发展无疑是一个重要原因。中国古代的城市虽然随着朝代的更替也在发生兴衰变化，但其形制具有延续性，并形成了完整的城市制度，而中国的城市制度特别是都城制度对中国周边的国家产生了重要的影响。章生道认为"周朝及后来的汉和唐创造出一套中央集权的统治模式，其持久性和彻底性举世无双"[1]。马润潮也认为"洛阳、长安、开封等历代城市皆跻身于世界上最大城市的行列，逾千年之久。城市的重要变动很大程度上取决于统治王朝的位置"[2]。"根据儒家经典《周礼》的记述，'惟王建国'。其他不管是规模较大的行政中心还是地方政府单位，抑或是县，城市都以帝国地方行政中心的角色彰显其重要性。"[3]在随后的数百年中，其他亚洲邻国都采用了中国的城市发展模式。日本最早的主要城市——大阪、藤原京和奈良——是从中国皇城长安有意借鉴而来[4]。公元前794年，日本人在平安（京都）建造了永久性的新城市，其人口超过10万人。这个城市以皇室为中心，在一千

---

[1] [美]章生道：《中国城市化的历史趋势》（Historical Trends of Chinese Urbanization），载《美国地理学家协会年刊》第53卷第2期（Annals of the Association of American Geographers Vol. 53, No.2），1963年6月，第109—117页。
[2] [美]马润潮：《中国宋代的商业发展与城市变革》（Commercial Development and Urban Change in Sung China），密歇根地理协会，1971年。
[3] [德]艾尔弗雷德·欣兹（Alfred Schinz）：《中国城市》（Cities in China），盖博鲁德兄弟出版社，1989年，第10—15页。
[4] [美]保罗·惠特利、托马斯·西伊（Paul Wheatley and Thomas See）：《从庭院到首都：试析日本城市传统》（From Court to Capital: A Tentative Interpretation of the Origins of the Japanese Urban Tradition），芝加哥大学出版社，1978年，第70—75、110—115页。

多年的时间里是日本正式首都[①]。与其相类似，汉城（今首尔）这个1394年李朝设立的首都，在500多年的时间里，用两个朝鲜历史学家的话来说，是"田园式的中国首都"。汉城模仿古代中国的模式，以行政中心的方式布局：由王室官僚统治，四周有城墙围绕[②]。

在世界一体化的潮流下，中国城市史研究要想取得进一步发展，更加深入，更加贴近史实，必须要具备世界视野。世界视野意味着要放眼全球，应具有世界城市发展的知识，并充分借鉴世界城市史研究的理论与方法。此处，我们强调中国城市史研究要具备世界视野，并不是要将中国城市史变成世界城市史，或者取消中国城市史的学科属性，而是指不能孤立地研究中国城市史。研究中国城市史应具备三个视野，即世界视野、中国视野以及区域视野，即应从三个不同层面来观察和思考中国城市史的发展变迁，以此使我们的研究既不脱离研究对象，同时也能洞察全局，高屋建瓴，从而使中国城市史研究更加深入和全面。

（二）加强国际交流，讲好中国城市史故事

中国历史上曾有多个时期处于封闭状态，闭关锁国必然导致闭目塞听，从而使中国远远落后于世界发展潮流。十一届三中全会以后，中国开始进行改革开放，逐渐打开国门，倾听世界声音，"走出去，请进来"成为一种开放常态。进入21世纪以后，在全球化潮流引导之下，经济、文化"超越国界"的交流在信息化、网络化的条件下更成为一种新的发展趋势。

中国史学界也一定程度地受到全球化的影响，开始逐步"向外"。全球视野下的

[①] [美]保罗·惠特利、托马斯·西伊（Paul Wheatley and Thomas See）：《从庭院到首都：试析日本城市传统》（*From Court to Capital: A Tentative Interpretation of the Origins of the Japanese Urban Tradition*），芝加哥大学出版社，1978年，第131—133页；[英]尼古拉斯·菲夫、保罗·韦利（Nicolas Fieve and Paul Waley）：《京都和江户东京：城市历史纵横》（*Kyoto and Edo-Tokyo: Urban Histories in Parallels and Tangents*），载尼古拉斯·菲夫、保罗·韦利主编：《历史视角中的日本首都：京都，江户和东京的场所，权力和记忆》（*Japanese Capitals in Historical Perspective: Place, Power and Memory in Kyoto, Edo and Tokyo*），鲁利格克安祖，2002年，第6—7页。
[②] [美]乔尔·科特金：《全球城市史》，王旭译，社会科学文献出版社，2010年。

中国史研究是近百年来史学发展的一个新起点，其核心观点就是走出以中国汉族为中心、以中国为主干研究对象的狭隘思维和历史局限，强调中国和外部的关系，探究中国与世界的联系和互动。中国城市史研究作为中国历史研究的一部分，同样也面临与外部世界加强交流的新趋势，加强国际合作和相互之间的沟通互补，营造国际化学术交流环境，建设国际化的城市史研究机构，共同学习考察，共同召开国际城市史学术会议，甚至聘请国外学者共同参与中国城市史研究也将成为现实的选择。至于专家互访、合作研究、联合申请项目、联合培养学生、任职国际组织、担任国际刊物编委、组织海外专家评估、外籍学者培训、留学生培养、与国际著名机构共同设立奖学金等，都是正在进行中的事情。

总体上考察，在中外文化的相互交流之中，中国一方更加主动，也更加迫切。由于长期与外部隔离，我们在引进西方先进文化方面有一种如饥似渴感。但是，中国文化走出去却相对困难，特别是中国学术研究在走出去的过程中较少有话语权，西方世界对中国的认识仍然存在若干误区，并有着一种居高临下的文化优越感。2015年，笔者参加上海举办的"世界中国学论坛"，在会上就有海外学者坦言，他们对中国历史和相关学术研究的了解，主要是来自西方学者所写的著作，他们几乎不看中国大陆学者的论著。虽然他并未说明不看中国大陆学者论著的原因，但明显地可以感受到他们在文化上有着一种不可言表的优越感，对中国大陆学术界不认同。另外在话语体系方面的差异性也可能是造成这种状态的原因之一。因而如何进一步加强文化交流，构建中国大陆学术的话语体系，讲好"中国故事"，就显得十分重要。

中国城市经历了农业时代数千年的发展，在20世纪开始进入工业化时代，迎来了前所未有的高速发展期。高速城市化是当今中国的显著特征之一，作为世界人口第一大国，中国的城市化仅用了几十年的时间就走完了西方发达国家上百年的发展历程。中国城市化具有中国特色，中国历史城市发展也具有中国特色，这与中国的国情和历史发展有着直接的关系，中国深厚的历史底蕴和独一无二的国情特色使中国的城市化与世界上任何一个国家的城市化发展道路都不尽相同。因此，中国城市史研究要特别重视研究中国城市发展的特点，充分利用全球化的契机，推出带着"中国味道"的独特故事,让世界更好地认识中国历史城市,认识当代的中国城市。

中国是文明古国,幅员辽阔、历史悠久、文化深厚,文献记载和考古资料显示,迄今为止中国已有五千多年的建城史。城市文化是中华文化的重要组成部分,是中华五千年文明的一个缩影。中华文化的推广是一项长期、浩大的工程,在多样性的世界文化格局中,特别要高度重视城市史研究与现代高新技术的结合,中国城市文化的传承与发扬不应仅仅停留在纸面上、躺在文献中,而应当紧跟时代的脉搏,通过数字化、图像化等多种方式充分展示出来,推向全世界。中国城市史研究走向世界,意味着中国的城市史研究不做全球化潮流中的学术孤岛,必须乘风破浪向前,同时也不能为全球化所淹没,不能为西方学术界的话语权所左右。中国城市史研究应在全球化的进程中突显中国特色,展示中国城市深厚的历史底蕴,焕发出中华城市传统文化的丰富和精彩。

(三)加强中外城市比较研究,推动中国城市史学研究向纵深发展

世界视野下的中国城市史研究,应兼具宏观研究和微观研究的双重特点,兼具历史事实研究和基础理论研究的两重性,并且要特别重视多学科参与和跨学科研究,进一步开展中外城市史比较研究,以此作为中国城市史研究的一个学术生长点和新的突破口。中外城市比较研究不仅要从宏观层面上比较中外城市史的发展演变、特点、规律,比较中外城市史的异同、相互联系和相互影响,而且还要从微观层面展开比较研究。只有通过系统的、全面的、多角度和多层次的比较研究,才能使我们更加深刻地认识中国城市的发展轨迹、特点和规律。

世界各地的文明体系虽然有着共性,但也有着差异性,城市的兴衰历史各不相同,城市的发展模式也有巨大的区别。三千年前,古希腊的雅典城邦,是欧洲最古老的城市之一,是西方文明的源泉,是西方艺术、哲学、法律和科学的重要起点。雅典有着繁荣的进出口贸易,有发达的工商业,城市生活自由、民主,是"全欧洲的学校",是整个地中海地区,甚至整片欧洲大陆的人民所向往的天堂。同一时期东亚的中国也处于一个早期文明如漫天繁星、星光闪耀的时代,中原地区有夏商文明的相继

崛起，二里头遗址的城墙和宫殿建筑举世无双，遗址出土的精致玉器、陶器、漆器等手工作品证明了曾经的辉煌。中国西南地区也相继出现了三星堆文明和金沙文明，结出了饱满且丰富的文明果实。三星堆遗址出土了青铜神树、金箔面具，金沙遗址出土了青铜头像、太阳神鸟，其精美的工艺文化印证了3000多年前古蜀文化的灿烂。从古至今，还有很多这样的壮观的文明现象在中国各地相继涌现，其所在的城市也是壮丽庞大，如若保留存到今日，必定令人叹为观止。然而，这些曾经光彩耀眼的古代文明，连同其所在的城市，一起湮灭了。从全球范围内来看，究竟是怎样的原因令这样一批城市不约而同地在蛮荒愚昧的史前时代崛起并发展？又是怎样失去了辉煌的昨天，不可避免地走向衰败？它们之间有何共性，又有何不同？这样的城市在其功能、布局、城市生活上有什么异同？为何有的城市湮灭了，有的城市却延续至今？这些问题，非常值得思考。

为了获得这些问题的答案，中国城市史研究者需要具备全球视野，加强世界各地城市史之间的比较研究。全球不同地区的城市各自有其特质，这样的特质是单个城市史研究所无法掌握的，只有通过系统的比较研究才能凸显其特性，才能深入认识城市的本质。也只有通过加强比较研究，我们今天才能更清醒地认识中外城市之间的共性与差异性，进而深入认识各国城市的发展规律与特点，也才能更好地为当今城市经济、文化发展服务。

就中国城市史研究而言，既要加强对单体城市的研究，但也不能只局限于对个别城市历史进行研究，更需要对中国城市进行整体研究。要立足中国，将中国城市史的兴起发展演变置于世界城市的发展进程中，置于世界城市网络体系之中，以世界的眼光、全球的视野，来观察中国城市历史的变迁，这样才能使中国城市史研究更具国际性，也才更具有学术价值和实践意义。

三、余论：加强中国城市整体史研究

21世纪以来随着中国进入"城市时代"和城市化高级阶段，中国城市史研究将会受到更多的关注和重视，加入研究中国城市史的中青年学者人数将进一步增加，城市史研究领域也将进一步拓展。中国城市史研究不仅要进行理论创新、方法创新，扩展研究视野，而且还应拓展研究领域。值得注意的是，目前对中国城市史的研究主要是以东中部的城市为主，较少有人研究西部内陆边疆民族地区的城市发展史。现代中国的形成经历了数千年的发展变迁，无数的政权更替，疆域不断变迁，城市也兴衰变化不定。长期以来受中原正统观的影响，只重视以汉族为主建立的所谓正统王朝（包括元朝和清朝）的城市研究，而忽略对若干边疆地区的城市发展研究，特别是对西藏和新疆城市的研究较为滞后，部分领域的研究更是十分薄弱。缺少西藏、新疆及内蒙古等内陆边疆地区城市史的中国城市史学科，显然是不完整的中国城市史，因而必须加强对内陆边疆地区城市历史的研究。中国城市史应该包括历史上哪些区域的城市？这个问题的解决可参考谭其骧先生在编纂《中国历史图集》时对历史上的中国和中国疆域的界定，谭先生说："我们是如何处理历史上的中国这个问题呢？我们是拿清朝完成统一以后，帝国主义侵入中国以前的清朝版图，具体说，就是从18世纪50年代到19世纪40年代鸦片战争以前这个时期的中国版图作为我们历史时期的中国的范围。所谓历史时期的中国，就以此为范围。不管是几百年也好，几千年也好，在这个范围之内活动的民族，我们都认为是中国史上的民族；在这个范围之内所建立的政权，我们都认为是中国史上的政权。简单的回答就是这样。超出了这个范围，那就不是中国的民族了，也不是中国的政权了。"[1]对待中国历史上的城市也应如此，应以18世纪50年代到19世纪40年代鸦片战争以前这个时期的中国版图作为中国历史城市研究的空间范围。18世纪50年代到19世纪40年代鸦片战争以前这个时期的中国版图就远远超越了夏、商、周、秦、汉、唐、宋的疆域，因而研究中国历史上的城市要有整体中国观，要将这一时期版图上的城市的历史都纳入研究的范围。中国城市史研究要形成完整的、独立的学科，必须要加强对西部内陆边疆地区的城市史研究，并将其纳入中国城市史的整体史研究中。

---

[1] 谭其骧：《历史上的中国和中国历代疆域》，《中国边疆史地研究》1991年第1期。

近数十年来，中国考古学取得了若干重大的突破性成果，数以千计的新石器时期考古遗址的发现，表明中华文明的起源并非一个中心，而是有多个中心地区。苏秉琦先生率先提出"满天星斗"说，认为中华文明起源具有多元一体模式[①]。2002年春，国家科技攻关项目——"中华文明起源与早期发展综合研究"（简称"探源工程"）立项。在参加探源工程的近400位学者的共同努力下，该项目取得了显著成果。一是提出了"判断进入文明社会标准的中国方案"，二是进一步确定了中华文明五千年的历史，三是深入研究了中华文明的多源起源。先秦时期，除黄河流域相继建立夏、商、周三个重要的国家外，在中国今西南地区、东北地区、内蒙古地区、新疆地区、西藏地区等各大区域内，也都相继建立了若干早期国家，其文明也各具特色和发展路径。而这些国家管辖的地域，在"18世纪50年代到19世纪40年代鸦片战争以前"这个时期，都在中国版图内，因而这些地区在历史上建立的政权和都城，都应属于中国城市史研究的对象。中国城市史学要形成完整的、独立的学科，必须要具备整体中国观，除了加强对中原地区城市研究外，还应将各地区、各种类型的城市纳入中国城市整体史研究中，开展不同类型城市研究。可以说缺少了对西藏、新疆、内蒙古等内陆边疆地区，以及西南、西北等地区的城市研究，这样的中国城市史学显然是不完整的"中国城市史学"。近年来，对西藏、新疆、内蒙古等地区的城市研究取得较为突出的成就，但还需要进一步加强。中华民族是一个整体，中华民族的历史也是从多元化向一体化发展。在开展中国城市研究时，应该加强内地城市与边疆城市之间的比较研究，加强少数民族建立的城市与汉族建立的城市之间的比较研究，加强不同区域城市之间的比较研究，深入探讨各种不同类型城市的发展过程、文化内涵、社会功能等。可以说当中国城市史研究者的视野一旦变得开阔，研究思路一旦发生变化，一个新的天地就展现在面前，大量具有创新性的课题也正有待去研究和探索。期待中国内陆边疆城市史研究尽快成为研究热点，有更多的研究成果问世。

---

① 苏秉琦：《中国文明起源新探》，生活·读书·新知三联书店，1999年。

中国城市史理论与方法

理论方法与基本问题——改革开放以来中国城市史研究的探索

城市史研究略论

皮明庥

一、城市史学科的兴起

城市史研究正新军突起。我国源远流长的史学母体中又分娩出一门新的学科——城市史学（简称城市史）。

城市史的晚出，表明这一学科形成期的漫长和艰辛。人类文化和学术与客体间在这里表现出"时间差"。一般认为世界上古老的城市出现在公元前三四千年前。当时的两河流域、尼罗河流域出现了第一批城市。在公元前两千年以前，印度河、黄河流域也出现了城市。但新近的考古发现将西亚巴勒斯坦地区、位于死海北岸的古里乔上推至公元前七千年，这是迄今所知最早的城镇。1979—1980年发掘的河南省淮阳县平粮台古城址，距今也有四千多年[①]。尽管世界上有古老的城市，但却未建构起古老的城市学和城市史学，其"时间差"达数千年之久。学术昌明的古希腊，虽然有亚里士多德在《政治篇》中集中地考察了城邦，但此处的城邦是指一个国家、一个社会，还不是严格意义上的城市。古希腊、罗马文化于中世纪湮没时，也包括城邦学说。到11、12世纪由意大利所开启的欧洲城市复兴运动中，亚里士多德的城邦学说才又得到重视。但尽管如此，直到17、18世纪，伴随着欧美工业化、城市化运动，城市学才真

---

① 河南省文物研究所、周口地区文化局文物科：《河南淮阳平粮台龙山文化城址试掘简报》，《文物》1983年第3期。

正创建，到19世纪末20世纪初，才在城市化发育充分的美国等地形成了社会史学、城市史学。美国的芝加哥学派、法国的年鉴学派的学者们面对城市化进程中出现的失业、犯罪、住宅紧张、人口拥挤等社会问题，和咄咄逼人的工业化、城市化所带来的自然科学对史学的挑战，及时转移思路，在城市社会学、城市学、社会史、城市史、区域史、人口史等领域进行拓荒，取得了与自然科学相摄补的史学、社会学新成果，产生了世界性的影响。第二次世界大战以后，欧美地区的社会史、城市史、地区史等研究有了进一步发展。

城市学、城市史学的晚出，在中国更复如此。我国的城市可溯源河南、山东等地的夏代城址。我国还有举世无双的延绵不断的史学体系，其中不乏城市的载记。从司马迁《史记》所开创的二十五史，以《春秋》为滥觞的编年史书，宋明以降的纪事本末体，以及典章制度和政书、地方志、地理书、野史笔记、诗文小说，都蕴藏着丰富的城市史资料。难能可贵的是，还有《洛阳伽蓝记》《东京梦华录》《梦粱录》《都城纪胜》《武林旧事》《长安志》《历代帝王宅京记》《两京新记》《汴京遗迹志》《宋东京考》《咸淳临安志》《帝京景物略》《唐两京城坊考》《景定建康志》《汉口丛谈》等专门以城市为著录对象的史籍。《三言二拍》《老残游记》《红楼梦》以及名篇如班固的《两都赋》、张衡的《二京赋》，名家如李白、陆游的记游诗等文艺作品，对于历代京都和通都大邑的社会风情都有形象入微的记述。

由于中国封建社会经济和城市发展形态的长期停滞，进入近代后我国城市化进程缓慢且被扭曲；同时，也由于学科的分化和整合、形成的内在规律的制约，从浑然一体的史学中分离出的城市史专史，需要在认识上有漫长的提升过程，因此我国古代没有出现独立的城市学、城市史学。到了近代，外国人写过一些关于上海、汉口等地的城市论著；20世纪二三十年代形成过上海史研究热潮；史识通博的梁启超也有过都会历史的专论，但严格地说，并没有城市史的学科专著问世。在中华人民共和国成立前的旧藏中，较多的乃是《上海指南》《天津指南》《武汉指南》《成都导游》《青岛导游》《苏州游览指南》等一类导游性、商业性书籍，高雅者亦不过《上海公共租界史》《长安史迹考》《北平地名典》《拉萨见闻记》《雄伟的南京》《重庆风光》

《广州地理》等文史类、游记类作品，与城市史学科建构距离很大。中华人民共和国成立后的三十多年，这一领域亦为视野所不及。在近十年来，我国才着手城市史的学科构建。关于中国城市起源的考古研究、古都和历史文化名城、城市史分期、江南市镇、沿海城市、沿江城市、近代都会，都推出了论著，并举办过一些学术研讨会。特别是国家"七五"哲学社会科学规划中，将沪、津、汉、渝近代城市研究列为重点项目，新近制订的"八五"规划中又将"中国近代不同类型城市的综合研究""中国古代城市发展的考古学研究""城市学"作为重点课题。这些措施成为城市史学科形成的催化剂，推动城市史研究工作走向活跃。

城市史研究的兴起，其驱动力来自史学自身，也来自史学之外。从学术和社会的双重背景中，我们可以理解到这一学科出现并日趋活跃的必然性、重要性。

第一，史学体系中衍生出的城市史分支，是学科现代化的需要，也是学科发展、分化的产物。任何一个学科要发展，就必须深化和创新。我国传统史学和近现代史学的巨大成就人所共鉴，但视野不广、课题老化、领域狭隘等问题也一定程度存在着。因此从古代史到近现代史，都有人屡屡提出如何深化、如何创新，乃至如何摆脱困境的问题。到了20世纪八九十年代，我国史学界都感受到时代、科学和现代文明对史学的冲击。拓宽史学领域，建构具有现代感的新学科，引起了史学界的普遍重视。文化史、社会史、中外关系史、科技史、城市史等都应运而生，应运而兴。以近代城市史研究而言，新推出的《近代上海城市研究》《近代重庆城市史》，都突破了中国近代史的传统格局，显示出史学向社会、经济、文化以及贯穿其中的近代化历程的倾斜。

城市史作为一块未被开垦或垦而不深的沃野，蕴藏着巨大的潜力，是可以采撷新成果的领域。开展城市史研究，对我国的史学体系来说，不仅是量的简单增加，更是从理论和内涵上补充了一定的新质，从思维、视野到框架、章法、内容，都会有突破和创新，从而促进史学的进步和变革，有助于中国史学的现代化和时代化。同时，这一开拓性的事业，也有利于史学人才的脱颖而出。

第二，丰富的资源优势和相关学科的发展，给城市史学科以孵化力、催生力。我国拥有大量的城市，城市中又有大量历史的和现实的资料。这些可以满足城市史学科发育的需要。国家还先后公布两批历史文化名城共62个，制定了文物保护法规，还创建了相应的博物馆、档案馆。这些措施大大提高了人们对城市历史、城市文明的认识，有助于城市史的建构。特别是在近一二十年来的社会主义现代化建设中，众多的城址考古发掘和城市文物出土，引发人们对城市起源和城市文明进行深入研究的兴趣。夏、商时代若干原始城址的发掘，推进了对中国城邑文明之源的认识。废置和淹没在戈壁荒沙中的楼兰古城址也撩开了神秘的面纱。即便是人所熟知的西安，也有令人震惊的新发现，从1975年开始的城址发掘工作，证实唐代长安面积为今天西安市城区（明代所建西安城墙内）的6倍。至于在西安附近发掘出的规模恢宏壮观的兵马俑则成为世界上的一大奇观。在这样的背景下，我国城市的考古研究、历史研究的兴起就成为必然和必要。这种状况很类似于欧美在17、18世纪工业化运动中大量城址的考古发掘，推动了城市学以及稍后的城市史学科的兴起。

相关学科的发展，对于城市史的学科发生了良性互动。近若干年社会学、社会史研究的发展，丰富了人们对城市结构和历史的认识。海外常将城市学列入社会学体系，城市史列为社会史分支。其实，社会史也是史学的组成部分，从总体上讲，城市史仍是史学的并支，是史学和社会学、城市学的联姻体。近年来的文化学、文化史的研究也与城市史发生共振。城市是人类文化集中的聚落和区段，城市文明以其主导作用制约人类社会。在热烈的文化讨论中，不管是中华文化或区域文化，事实上都是以城市文化为重心。如中华文化离不开古都、古城，海派文化离不开上海，岭南文化离不开广州，巴蜀文化离不开重庆、成都，吴越文化离不开苏州、绍兴等。学科建设的相互引发、渗透，在城市史与社会史、文化史、中外关系史、建筑史、自然科学史以及社会学、城市学、文化学等之间，其密切的程度可以视为亲缘体。这些相关学科对城市史具有催生力，城市史也给这些学科的发展以同样的推举。

在改革开放的态势下，国际间史学信息和成果的交流，也给城市史的建构提供参照系。20世纪20年代城市史学科首建于美国，60至70年代欧美的城市史研究取得长足进展。"据统计，国外有关城市史著作60年代按年度平均计算突破了500种，70年代中期为1000种，1982年已达到1400种，中国城市的研究也日益受到各国汉学家的重视"①。如罗兹·墨菲的《上海——现代中国的钥匙》、罗威廉的《汉口：一个中国城市的商业与社会》，都是引人注目之作。最近，英国组织30余名英美专家学者，准备用12年的时间，编写一部英国北部历史名城格拉斯哥的史卷。英国还专门设立"格拉斯哥史"学位，召开主题学术讨论会。"这项研究工作受到柏林、芝加哥等世界著名城市的重视。专家们认为，该书将成为欧洲城市研究著作中的精辟之作。"②

第三，当今我国城市史研究的勃兴，其深厚的物质基础还在于城市建设、城市文明的发展和世界性城市化趋向。从世界范围看，近代工业文明大大加速了各国城市化进程，中国在历史的扭曲中进入近代，也涌现了一批扭曲的近代都会、市镇。中华人民共和国成立以后，特别是改革开放十多年来，中国城市建设得到长足发展，对于城市的研究也就必然地越来越引起学术界的关注。正是当今城市建设、城市文明发展的实践和城市化、城市近代化的客观历史进程，呼唤着城市理论的探索，也激起人们的兴趣。如何从历史的深度上把握城市的形成、发展和功能的演变、文明的进化，进而考察当今城市的状况、布局和发展、规划，预测城市发展的走向和城市化、城市现代化的路线，是有机交融在一起的理论与实践课题。

我国作为一个有着悠久历史文化的城邑文明的大国，古都古镇在漫长的社会中显示出高度的城邑文明。中华人民共和国成立以后，城市建设飞速发展，至今全国已有400多个建制市、1900多个县城，还有大量的小镇。面对着城市化的现实，政府在1980年制定了"控制大城市规模，合理发展中等城市，积极发展小城市"的方针；1982年11月，又提出"要以经济比较发达城市为中心，带动周围农村，统一组织生产和流通，逐步形成以城市为依托的各种规模和各种类型的经济区"；还先后批准北京、武汉等城市的总体规划方案，大力推动沿海城市的开放，批准一批经济特区的创建，从而为我国经济和社会发展注入了新的因素。在社会主义现代化的事业中，城市

---

① 近代重庆史课题组：《近代中国城市史研究的意义、内容及线索》，《城市史研究》第5辑，天津教育出版社，1991年。
② 罗澍伟：《关于开展中国近代城市研究的一些管见》，第三届近代中国城市研究学术讨论会论文（1991年）。

学、城市史发挥其特殊的借鉴功能,作为参照系引起有识者重视,而学科自身也在积极干预现实中得到发展。学术研究中也存在"潮汐"现象,譬如上海出现的上海学、上海史研究热潮,就是由上海城市建设所推动的。正如上海的学者所说:"及至八十年代,当上海再度成为研究热点以后,整个社会所关心的首要问题,乃是如何重振上海雄风。"而上海的城市史研究,"不只是为了发思古之幽情,而是更着眼于关心城市的未来和发展"[①]。

一个学科的盛衰,归根结底,取决于这门学科满足社会需要的程度。开展城市史研究,适应了国家中心工作向经济建设的转移,符合社会主义时代的改革需要,必将获得广泛的社会"知音"。

二、城市史研究的对象与特质

城市史既为史学中的一个分支、一门专史,又与城市学、社会学具有同构关系。它既具有人文学科的基本属性,又兼摄自然科学(如地理、园林、建筑工程等)成分,是一门具有交叉性、边缘性的学科。城市史是学科分化、整合的产物,而学科的分化、整合又是建立在对研究对象的选择和把握上的。从浑然的史学体系中离析出城市史,也必然是对历史客体的一种剥离。当人们把城市从整个人类社会文明中分离出来作为研究对象,从而有了城市学。从整个历史中将城市历史作为研究对象,又产生城市史学。

研究城市史,必须紧紧把握城区和近郊区这一城市本体。如果涉及区域的话,也是着眼于城市对这些区域的辐射、吸收功能和地缘背景,而这仍然是与城市本体相联系的,同时又是本体的超越。

我国今天的市和历史上的城市虽有套合之处,但常常并不是同一个具有规定性的空间。我国的市是一个行政区划、行政实体,并不仅仅是指城市。北京市有10个

[①] 上海研究中心编:《论上海研究》,复旦大学出版社,1991年,第4、38页。

城区、郊区，但又辖9个县；上海、天津、武汉等也都类似。城市史学科所指称的城市，不是从行政、建置的意义上，而是从具有多种密集性的社区意义上进行把握的。因此城市只能是指市区或城区和近郊区，而市所管之县不属城市史研究范围。我国当前还有不少县级市，其市区很小，城市人口很少，绝大部分为乡村和乡村人口，很难从整体上作为城市进行研究，只能就其中的城关和镇进行研究。反之，我国有一些经济发达地区，如广东的顺德、番禺、南海、新会等，虽然其行政建置是县，但这些县的县城，人口聚集不下一二十万人，工商、交通的现代化水平亦高，倒具有城市的规范，可以纳入城市史的研究范围。从这一角度考察，我国当今设市虽只有400多个。而实际可作为城市研究的"市"应大于此数。至于古代，我国的行政建置采取州、郡、县和省、府、州、县等系列。省、府、州、县辖区很大，治所则设在城镇中。因此，当时的城市往往是从中央到地方各级政府的驻地，称作京师、会城、府城、县城等。而这些城市甚至不具有独立的行政建置，但并不妨碍我们对之作城市研究。如湖北省会设在武昌，但武昌城区并非独立行政单位，它划分为若干里坊，均隶属于江夏县。江夏县作为地方行政建置，不仅管理武昌城内的里坊，还管理许多城区外的乡村。这是我们治古代城市史时自然要注意的。

对城市史研究的对象范围确认之后，还需要把握其内涵。这就牵涉到对城市本质的认识。世界各国城市的界定标准很不一致。有的以居民人数作为立市准则（如美国以50000人以上居住的社区为标准城市，韩国以居民40000人作为城市标准）；有的以人口密度为标准；也有的以政府颁定的文件为标准；还有的以工商业聚集程度为标准。学术界对城市所下的定义和解释，亦见仁见智。

我们对这些不拟进行评述，但需要吸取各家之长，从全方位认识城市。城市是与农村分散性相对应的人类大规模的密集型居住区和文明的集中区，其最大的特征是积集性和由此产生的大功能。城市是一个体系，一个自然和社会相结合的空间和物质世界，也可以说是一个人工的自然体，或历史和社会的"物化"体。城市文明是宏阔的，既涵盖着古代和中世纪的文明，也包容现代和未来文明；既包括精神文明，也包举物质文明；既有人文景观，也有自然景观。尤其是现代城市，更是多因素、多层次的有机整体，人口、经济、交通、政治、社会、军事、文化、地理、技术、环境、资源等交互作用，共铸了城市形态和城市系统的发展运转。具体言之，城市的特质在于：

第一，城市是历史的。其基本要素是密集型人口，紧凑型土地、住宅和街衢，非农业型的社会与经济、文化、政治功能融为一体。它是人类文明发展到一定阶段的产物，是随着生产力发展、社会分工和私有制的发展，在奴隶制社会中出现，在中世纪得到发展，在近代工业文明时代空前兴盛并居于人类社会文明的主导地位。具体到每个城市，又有自己的阶段演进，在演进中形成自身的特点和功能。正如马克思所说："物质劳动和精神劳动的最大的一次分工，就是城市和乡村的分离。城乡之间的对立是随着野蛮向文明过渡、部落制度向国家过渡、地方局限性向民族的过渡而开始的，它贯穿着全部文明的历史并一直延续到现在。"[1]

第二，城市是异质于分散性农村的人类文明的中心区段。城市人口、住宅、街衢、商务、工业与交通设施、文化娱乐活动、消费都是集中的，而且政治活动乃至政治权力亦集中。集中性是城市的特质。城市中必须有人口的大量集结和定居，必须有广泛的城居社会和经济活动。在紧凑型的城市地域中分布大量的城居人口。人口密度大是城市的伴随物。总之，城市是社会的、经济的、文化的、政治的各种因素的集中区。正如马克思指出："城市本身表明了人口、生产工具、资本、享乐和需求的集中；而在乡村里所看到的却是完全相反的情况：孤立和分散。"[2]列宁亦说："城市是经济、政治和人民的精神生活的中心。"[3]

第三，城市具有强大的、多重的功能。城市功能的多重性和复杂性，决定每一个城市的规模和功能不尽相同，具有自己的特质和层次。从层次而言，有国际性城市、国内中心城市、地区性中心城市、省会城市和中小型城市；从地域而言，有沿海城市、沿江城市、内陆城市、高原城市、边境城市；从功能而言，有工业城市、商业城

---

[1] 《马克思恩格斯选集》第1卷，人民出版社，1972年，第56页。
[2] 《马克思恩格斯选集》第1卷，人民出版社，1972年，第56页。
[3] 《列宁全集》第19卷，人民出版社，1959年，第264页。

市、港口交通城市、文化城市、政治中心城市。另一方面，许多城市又是多功能并存，且其功能是消长变化的。它不仅在城市区域内作内向型发挥，而且作外向型的辐射与吸收，形成自己的经济辐射区，参与国内、国际的经济循环、文化交换。也正是由于具有这种功能优势，城市就发挥着对农村的领导作用，就成为新潮流的策源地。

第四，城市是具有文化、精神和世俗特质的人类聚落。城市具有强大的文化传承和吸收、辐射能力，城市的生活方式、心理素质、社交活动都有自己的特点，城里人的社会性、社交性和商业性远远大于农村。

把握城市本身的内涵，也就从根本上规定了城市史的内涵。研究城市史，从纵向上，要研究城市形成、发展的脉络和阶段性，研究奴隶社会、封建社会、资本主义社会、社会主义社会中的城市形态和发展状况及其历史特点。从横向看，要涉及城市的地理地貌、环境、自然景观、园林、工业、商贸和金融、建筑、公用事业、交通、市政工程、科技、文教、游乐、生活、人们的心理、社区、服务、习俗、阶级和阶层、职业、社团、政治、宗教、人口、人物、建置、功能、疾病……而这些方方面面又相互联系、消长变化，每一个方面又可以成为一个母系统，延伸出许多子系统。

当研究的目光投向城市时，城市不只是一张线形图，也不只是一张平面图，而是一个结构、一个系统、一个动态的立体社会。研究者的视野必须占有整个城市社会、城市文明及其历史，就像一个高空摄影师一样，能摄出城市兴衰的立体图卷。在这个图卷中，流淌着城市历史文明的长河，又展示出多重景观的城市面容。

正如城市是一个系统一样，城市史也是一个系统，并可衍生出许多子系统。下面我想就狭义的城市史如何处理线索问题，谈一点看法。这个问题也是当前城市史研究中最为热门的话题。

从根本上讲，城市社会和文明之兴衰，乃是城市史研究的基本线索。在研究城市社会和文明的兴衰中，又必须把握几个要素：第一，城市的生成和盛衰荣枯，发展链条和区段；第二，城市社会形态和结构（地理空间结构、城市行政及市政结构、经济结构、人口和阶层结构等）；第三，城市性质和功能演变，包括经济、政治、军事、文化等多重功能，并从辐射和吸收的双方对流中加以展示；第四，城市文化特质，包括城市风貌、风尚，市民气质和生活方式，社会心理，文化流派乃至风味产品等。

上面这些城市史线索的构想，在各个不同的时代还可以进一步探索。譬如远古城市主要是考察其发生途径、成因及内部结构，近代城市又着重研究城市化和城市近代化的演进。重庆城市史课题组认为："近代中国城市史的基本线索有两条相互推进、相互制约的主线，一是乡村城市化过程，二是城市近代化过程。"[①]这一论点是能够成立的，和本文中所说的以城市文明兴衰为基本线索也是契合的。因为在近代，乡村城市化和城市近代化正是城市文明的主导方面。

理顺了城市史线索，也就可以知道城市史与传统的地方史志的学科分野。近年各地修志时，也修纂了一批城市志。在编地方史志时，出过一些有关的城市史。这些地方史志，基本上是以传统的史志体例编成的，它不仅是必要的，而且与城市史相渗透、相比较而存在，又各有其内涵和线索的。

第一，传统意义的地方史志，是严格按行政区划确定其记叙范围，因此不能不包括市管之郊、县。但城市史则不受这种区划的限制，其对城市文明之兴衰，只专注城市本身，往往大大小于市的建置范围，而对城市功能的描述又会大大超出市的建置，乃至作远距离的扫描。

第二，地方史志往往为通史和全志。当今的各地城市志，囊括政、经、军、文等各个方面，形成众多分志所组成的包罗万象的史料书。而各城市的地方史，一般以政治大事为主线，兼涉经济、文化等，成为地方性的通史，或者说是中国通史的地方版。也有一些城市地方史只是单纯的政治史、革命斗争史。城市史既不是通史，也不是政治史，而是以城市文明兴衰为主轴的专史。城市史如果涉及政治、军事时，也只是因为它们与城市兴衰相关。即便是这样，也不是着眼于描述政治斗争、军事交锋的过程和细节。

第三，地方史志往往采取编年体例，有较细密的纵线。城市史不必拘守编年成

[①] 近代重庆城市史课题组：《论中国城市史研究的意义、内容及线索》，《城市史研究》第5辑，天津教育出版社，1991年。

法，其纵向线索可以根据城市形态、结构、性质和功能的阶段性勾勒成几个时段，每一个时段可以几十、几百年，乃至上千年。这种长时段的方法常见于社会史，也适用城市史。

总之，地方史是以地方为范围的编年性的通史或政治史，城市史是以城市文明发展为主轴的专史。两者可以共存，而不可替代。

三、对深入开展城市史研究的思考

城市史学科建构当前还处于起步阶段，无论在理论上、选题上、方法上，都有许多问题需要解决。

作为一项研究工程，应多方位开拓，形成学科发展的目标体系和具体课题方向。以下这些方面都是可以纳入研究视野的，而且已有先行者进行过耕耘：

第一，对各种类型的城市进行个案研究，其中尤其是全国和区域的首位性城市、近现代崛起而又充满发展潜力的城市、古都和文化名城。个案城市可以从不同的相位上选择，如从规模上有大、中、小之别；从功能上有工业、港口、旅游、文化等城市；在方位上有沿海、沿江、边疆、内地等城市……同时对这些城市还可以分区段进行研究，特别像北京、上海、天津、沈阳、武汉、重庆、广州、西安、兰州等大城市，可以从古代、近代、现代城市等不同视角进行研究，写出古代、近代、现代的城市史论著。

第二，对某些城市具有特质的部分，或特殊功能，或乡风民俗，或文化风采，或传统工艺，或建筑格调，或旅游风光，进行专题研究，形成某一城市的建筑史、文化史、风俗史等。

第三，对城市带、城市群、区域城市体系进行研究，由地缘、经济、文化等因素，构成了城市群、城市带、区域城市体系，如沿海城市、沿江城市、西部城市、边疆城市等，可以进行整体研究。美国的施坚雅将19世纪中国的城市划分为岭南区、东南沿海区、扬子江下游区、扬子江中游区、扬子江上游区、西北区、华北区、满洲区

（东北区）、云贵区①。隗瀛涛还具体提出区域城市划分标准以及研究要点，即研究区域内城市发育历史、区域城市化发展水平、区域内城乡关系等②。这些都是可以引发思考的见解。

第四，对中国城市系统和城市历史进行总体研究，组织力量编成鸿篇巨制——中国城市史，或分别著录成中国古代城市史、近代城市史、现代城市史，还可以相应地编绘、编著城市历史地图、城市历史地理、城市建置和行政管理史、城市人口史、城市近代化史、中国城市化史等。

第五，城市比较研究，包括中外城市比较、城市间比较、各区域城市体系比较等。

第六，城市史理论探讨。如城市起源学说、城市划分学说、城市分期学说和区域学说、城市史内涵和线索学说、城市化和城市近代化学说等。

应该说，城市史研究正显示出巨大的魅力，大家在起步中就形成了一些目标上的共识，但为了发展这一研究，还要有理论上的进步和方法上的更新。

首先，开展城市史理论探索和争鸣。把握城市这一复杂客体，开辟城市史研究这一领域，人们都有生疏感。因此探讨城市史理论，就显得迫切，诸如城市史是研究什么、城市史和地方史是否一回事等，又如城市史线索问题、城市起源问题、中国封建社会城市机制和发展形态停滞问题、城市近代化问题等，也都提到人们面前。

在这种理论探讨中，学习和运用马克思主义历史唯物主义和城市理论是具有重要意义的。马克思、恩格斯、列宁对于城市起源、城市本质、城市社会、城市经济和文化、城市人口、城市阶层以及许多世界名城，都有深刻论述，我们应该学习和把握。中国古代史籍中积淀了大量城市文化遗产，有待于发掘、研究。国外城市史、城市学的理论、信息，对我们也不无启迪。应该有选择地译介和参照。在理论探讨中，要创造外部条件，活跃争鸣空气。只有良好的学术氛围，才能使优秀的成果和人才脱颖而出。

---

① ［美］施坚雅：《十九世纪中国的区域城市化》，《城市史研究》第1辑，天津教育出版社，1989年。
② 隗瀛涛、谢放：《近代中国区域城市研究的初步构想》，第三届近代中国城市研究学术讨论会论文（1991年）。

在研究方法上要综合运用多学科方法，力求传统和现代相结合，社会科学和相关自然科学相结合。当今科学技术和工业文明的长足发展，推导自然科学与社会科学的相互渗透、相互结合。城市史学是具有交叉性、边缘性的学科，与社会学、社会史和城市学等具有共生性，其研究方法要以协同学的原则顾及学科之间的联姻，把人文学科和某些自然科学方法熔为一炉。除了科学地继承传统史学方法外，还应吸取社会学、城市学、考古学、心理学、文化人类学、自然地理学、人文地理学、经济地理学、生态学、统计学、计量学、建筑学、规划学、园林学以及某些工程技术的知识和手段，包括个案分析法、抽样调查法、材料组合法，乃至模型设置等，这样就可能取得多学科的合作效应。在我们的史学研究中，过去和现在都有过重过程描述，重定性分析，重个别举例，乃至以偏概全的现象。当代的城市科学要求在更精确、更本质的层次上揭示城市兴衰流变，因此迫切需要定量分析。对于城市人口、城市的各项社会指标，要以各种科学手段加以测算、评估，使之具有科学性，要尽量避免简单的先入为主的定性判断，和以"灯火万家""舳舻如鲫"之类的模糊语言界定城市规模。

把握城市特点和形象，建立具有创造性和切合实际的著述模式，使各自的城市史在共性中又显出个性。城市总是有共性的，但其发生模式不同，演进道路不同，结构、功能、景观、风情、文化、习俗都有自己的特点。应该说，对于我国城市历史形态、内部机制和特点，我们现在还缺乏深入的了解。德国的马克斯·韦伯在探索中国封建社会中为何未能成长出资本主义时，曾从中国城市特质中发掘内因。他认为中国中世纪城市受到官僚政治、宗法关系的统制，"中国城市的繁荣不是依靠企业家的本领，或城市公民政治上的魄力和干劲，而是依靠皇帝的行政管理机构"，"中国仍缺乏中世纪欧洲使兴旺的自治市中自由民得以发展的那些制度。中国经济中一直不存在资本主义企业的法律基础和社会基础"[①]。这就从城市史的视角对中国历史上的资本主义萌芽问题作了探索，对城市史研究是有参照意义的。我们应在汇集史料的坚实基础上，较准确地捕捉中国城市的历史特点和个性。城市历史中的许多问题，以往为我

---

① ［德］韦伯：《文明的历史脚步——韦伯文集》，黄宪起、张晓玲译，上海三联书店，1988年，第62、83页。

们视野所不及，或及之而不深，只有通过艰巨的探索去创造，去发现。此中一些问题还是盲点，不是短时期能解决的，因此不能求成过急。在著录城市史时，从内容到章法、体例、规模，都只能结合各城市的实际进行创造性的思考，不能千篇一律。上海城市史突出其中国首位性城市的优势、功能、特点，自贡城市史抓住其盐都的历史流变，本溪城市史注及日伪统治时的城市历史，如此等等的探索，都是切合城市历史实际的。同时，根据城市规模和层次，城市史与地方史既可相互区别，但著述上也可以结合。许多城市可以写成有别于（以政治为主线的通史式的）地方史的城市史著作，但也有一些小城市，可以实行一体化的编著。这些都无成法可循，而需要锐意拓荒，创建模式。

末了，不能不说到的是要建立城市史学术群体。这一艰巨的宏阔的研究工程和学科建设，需要有一批分布在各城市的史学工作者参与，形成学术和学科队伍。据说已有大学正考虑培养这一专业的研究生，从长远言之，是很必要的。由于城市史的相关学科多，涉及的知识面广，还应该吸收社会学、经济学、文化学，特别是文博界、城建界从事研究或实际工作的同志介入，形成群体。特别要提到的是，近十年来各城市普遍编纂城市志，研究城市史应该协调地方志的同志共同工作，既可减少资料的重复建设，又可弥补力量和知识的不足，而且还可以更好地争取各城市政府的支持。

原载《历史研究》1992年第3期

城市、城市理论与城市史

罗澍伟

城市是人类生活观点在空间的投影，在行将到来的21世纪，城市和城市化问题在全球将显得越来越突出。为此，经济学家、历史学家、地理学家、建筑学家，乃至政府的职能部门都会更加重视城市和城市历史的研究。

以天津为例，天津与北京、西安等富有中国特色的古都不同，它是我国近代自然成长起来的为数不多的沿海大城市。今后，随着市场经济的不断深化，那种单纯政治型的城市将不会再有，而由于深化经济发展，自然成长的经济型城市将越来越多。研究天津、上海、武汉、重庆等城市的成长史，无疑会有一定的借鉴作用。最近有人从我国国情出发，提出要在21世纪构建"九大都市圈"的设想，京津冀都市圈位居其首。历史上天津城市的消长与京、冀关系至为密切，如何以史为鉴，构建京津冀都市圈？如何充分发挥各自的作用？面对这些问题，城市史研究无疑将会给人以更深层次的反思和启迪。

和欧美国家不同的是，城市与城市史研究在我国虽已走过了十余年的路程，但起点相对较低，这门学科还是近年来刚刚介入历史的一门"新"学科。欧美国家已经有了近百年的研究基础，而我们才刚刚起步，研究工作毕竟不是空中楼阁，需要一个循序渐进的过程。再有便是研究者对城市和城市史的基本理论掌握得不够。这固然与我们对这些基本理论的翻译、介绍不足有关，另一方面，恐怕多少还是受了目前学术界流行的"短平快"思想的影响。因此，我不揣冒昧，就城市史研究的理论问题提出一些浅陋的看法供大家探讨。

一、城市史与城市社会学

中国做学问，讲究穷本溯源；西方的城市史研究号称发达，但却找不到一份专门介绍城市史发展过程的专论或专著。我曾问过某些外国学者，城市史研究是否源于城市社会学？他们只回答说：可以这样认为。

不错，城市社会学的确孕育于欧美的城市发展。自18世纪60年代欧洲各国经历了工业革命的洗礼之后，无不加速了城市发展的进程。到了19世纪，英、法、德等国家城市人口成倍增长，大都会相继出现，就在欧洲城市大发展的同时，住房、食品、交通、卫生、就业以及社会秩序等问题同时出现，因而引起了众多社会学家的关注。他们先后从城市社区与农村社区的比较，个人应如何使自己适应城市生活，以及东西方城市发展历史的比较等方面，做了不少具有开拓性的探讨。其中，特别值得一提的是德国著名社会学家马克斯·韦伯。在西方的学者中，韦伯第一个提出对城市要进行全面研究。韦伯认为，城市应具有经济、军事、政治、法律和社交多方面的功能；而且，具体地研究城市，只有对不同时期、不同国家和不同地区的城市进行全面而又缜密的探讨，才能得出有价值的结论。韦伯晚年为了比较城市而研究历史，对城市研究的贡献很大，他的著名论文《城市》发表于1921年。遗憾的是，在这之前一年，他已撒手人寰。

韦伯死后，已经为城市社会学打下基础的欧洲却没有使这门学科得到相应的继承和发展，倒是漂洋过海，最终由美国的社会学家把这门学科创建起来。我想，这与当时世界经济重心悄然由欧洲转向美国，美国的城市化进程骤起关系密切。从19世纪末到20世纪初，美国的工业和城市发展很快，大量移民涌入城市，其中芝加哥的发展最富代表性。芝加哥始建于19世纪初，彼时为一军事要塞，仅在城市四周有若干个居民点。可是，由于芝加哥在区位上拥有交通、资源等方面的优势，经过不到一百年的时间，到了19世纪末，已有人口110万，而到第一次世界大战结束后的1918年，芝加哥人口竟猛增到300万，迅速成长为美国的特大城市之一。由于芝加哥的城居人口3/4以上均系由欧洲各国移入，不但民族不同，风俗各异，而且贫富悬殊，信仰有别。因此生活矛盾尖锐突出，工人运动蓬勃发展，五一国际劳动节、三八国际妇女节均诞生于芝加哥，不应是偶然的现象。以研究芝加哥城市为主要方向的美国芝加哥大学社会学家帕克、博吉斯等人有鉴于当时芝加哥社会的特殊形势，一改以往欧洲社会学家主要从理论上研究城市的旧传统，开始走上街头，把芝加哥城市当作社会学的实验室，从而在城市社会学领域独树一帜，以至于这些人被学术界称为芝加哥学派。

在严格的意义上，芝加哥学派本是六七十年前，以芝加哥大学为中心而形成的一个社会学学派。这个学派之所以久负盛名，是因为芝加哥大学在社会学方面有几个"世界第一"。比如1892年该校建立的社会学系，是世界上第一个社会学系，并开办了世界上第一个社会学的研究生班。该系创办人斯莫尔和文森特于1894年合写的《社会研究导论》，是世界上第一部社会学教科书。该系于1895年创办的《美国社会学杂志》，是世界上第一本社会学刊物。该系师资阵容强大，20世纪20年代，每年招收本科生300余人，研究生200余人，是世界上办得最成功和影响最大的社会学系。芝加哥学派是怎样面对芝加哥、研究芝加哥的呢？

首先，帕克带领一批助手，对芝加哥各个行业的从业人员乃至无业游民等各类社会成员，以及城市的行政管理、商业活动、传播媒介等方面作了深入的调查和详细的研究，他得出结论说，城市是人类文明的一种方式。1926年帕克和他的学生博吉斯（中华人民共和国成立前，此人曾执教于燕京大学）合编了《城市》一书，翌年又续编了《城市社区》。这两本书虽说是诸家论文荟萃，实际上是世界上最早的两本系统研究城市社会学的专著。帕克于1925年出任美国社会学会主席，在帕克的推动下，1926年美国社会学会决定以城市社会学为研究的重点；芝加哥学派另一著名社会学家麦肯齐，以《邻里》一书而闻名。1987年，帕克、博吉斯和麦肯齐合著的 *The City* 一书的中译本出版。

城市社会学的形成时间虽然不是很长，但因其贴近社会实际，很快便衍生出了众多的学派，争奇斗艳，异彩纷呈，而且在各自的方面，均作出了一定的贡献。比如：

城市化派。主要研究城市是如何取代乡村生活方式及与之相联系的机制、人际关系及价值体系的变化、传统秩序的解体等方面。

亚社会派。认为城市是作为自然界组成部分的人类，在生物亚社会的压力和动力下被迫做出反应的结果。

生存学派。认为城市是人创造出的、用来容纳大量居民的组织形式。社会城市化的进程既取决于劳动分工的程度，又取决于技术发展水平。

经济学派。认为社会的城市化进程是市场和经济活动重新组合的结果。如第一产业派生出第二、三产业，与此同时城市的社会组织也发生了相应的变化。

环境学派。认为城市表现了人类在生存斗争中的适应性，城市问题的产生主要是由于城市生活背离了人性尺度，破坏了人与自然的和谐关系。主张彻底改造城市结构，达到与自然的和谐一致。

技术学派。主张从技术角度研究城市定位，研究城市人口与经济活动的空间模式，以及城市间的相互关系等。

价值学派。主要研究社会文化制度对城市形成的重要作用，甚至城市居民的价值观和感情上的差别也都会影响到城市的差别。

权力学派。主要研究权力对城市规划形成的作用，以及城市中各个利益集团间的竞争对城市发展的影响。

平心而论，以上各派见解虽均不相同，但又都有发人深省之处，正可谓"尺有所短，寸有所长"。也就是说，彼此均具有可取之处，在运用中要取长补短、融会贯通而已。

二、城市史与城市地理学

研究城市史，还有一门学问是我们必须了解的，这便是后来与城市社会学关系至为密切的城市地理学。

城市地理学的研究对象是城市的空间组织，也就是城市的空间规律性。

在19世纪以前，城市的发展尚未引起人们的普遍注意，所以一般的研究者多把城市当作一种地理现象。然而在工业革命之后，率先受到洗礼的西欧各国城市迅速发展，这种状况引起了地理学家的浓厚兴趣。从19世纪末叶开始，在人文地理学发达的国家，开始从地理学的角度，对城市进行系统研究。1907年德国地理学家哈塞尔特所撰《城市地理观察》出版；4年后，法国地理学家布兰查德发表了他研究个案城市的专著《格勒诺布尔》。此后，城市地理学的成果相继问世，并开始成为一门新的学科。

到了20世纪20年代，芝加哥学派开始介入城市地理学。由于他们的研究方法科学，观察角度新颖，很快便突破了旧城市地理学把城市的起源和发展单纯看成是"城市位置和自然条件的一个函数"这一地理环境决定论的束缚，开始用人类生态学的视角，考察经济和社会对城市的影响，探讨城市结构的地域差异。在城市内部结构方面，则创立了同心圆说、扇形说、多核心说等，这些学说在城市史的研究中，在揭示城市成长规律方面，至今占有重要位置。

同心圆说，也叫同心圆理论，是伯吉斯于1925年在对芝加哥进行调查的基础上首先提出来的。他认为城市的成长是由中心到边缘呈一环一环的同心圆状态扩展，一般城市发展多呈五个环状的区域；中心商业区位于整个城市的中心，向外依次为过渡区、工人住宅区、高级住宅区，最外面的一环为往返区。当然，伯吉斯也承认这是一种理想的模式。因为任何一个城市的成长除了经济因素之外，其他社会因素所造成的变量都会影响到同心圆的形状改变。

扇形理论，也叫楔形理论，是美国土地经济学家赫德在研究了美国200个城市的资料后首先提出来的，1934年美国社会学家霍伊特又加以发展。他们认为，城市的发展是由市中心出发，沿着交通干线或阻碍少的交通路线呈放射状的扇形发展。而且沿交通干线向外延伸的市区又各有不同的特点，其空间结构包括：中心商业区、批发商业区和轻工业区；低收入住宅区、中产者住宅区、高级住宅区。霍伊特在研究了大量地价和房租资料后特别指出，低收入住宅区和高级住宅区不一定按同心圆序列排列，而是高级住宅区通常出现于商业区附近，并连着中产者住宅区，沿着设备完善的交通路线发展。

多核心理论。1933年首先由美国芝加哥大学社会学家麦肯齐提出，1945年又由该校地理学家哈里斯和厄尔曼加以发展。他们认为，城市的中心并非都是圆形。一个城市的商业核心不止一个，功能区也不止一个。由于经济能力等方面的交互影响，不仅不相协调的职能机构在空间彼此隔离，而且那些相互协调的职能机构也向不同的中心点集结，因此在同一城市中会出现商业多核心、工业多核心和住宅多核心的现象。

这三种理论的共同特点，是都承认城市成长过程中内部结构存在着两种矛盾现象——向心倾向和离心倾向。在一定意义上，城市正是在这种矛盾中成长起来的。

城市成长与城市化并不是一个概念。所谓城市成长，指的是某个城市不断发展的进程；而城市化则是指某一个国家或区域的人口向城市集中，从而使城市数量增加，各城市人口和占地规模扩大，城市人口占这个国家或区域总人口的比重不断增加的过程。因此城市人口比重的多少便成了衡量一个国家或一个区域城市化水平的标志。在这个意义上，城市成长乃是单体发展概念；而城市化则是总体发展概念。所以对于某个城市来说，其发展是个体城市成长的过程，而不存在着城市化的问题，反之亦然。这一点是我们必须注意的。

三、城市史与中心地理论

在城镇的内部结构方面，芝加哥学派虽然多有创见，但是在城镇的分布（亦即城镇的区位）规律研究方面，却没有什么突出的成绩可言，最终不得不让德国著名地理学家克里斯塔勒的"中心地理论"独领风骚。1933年克氏发表了《南德中心地》一书，这本书的问世不但使原本产生于城市地理学的"中心地理论"凌驾到了城市地理学之上，而且奠定了克氏一生事业的基础，使之成为当时乃至后来研究城镇规模分布的演绎理论权威和先导，所以把"中心地理论"单独介绍一下，是完全有必要的。

"中心地理论"的核心，是探讨和揭示一个国家或区域中，决定城镇空间结构的基本因素——包括等级、数量、职能关系与分布规则等——究竟是什么？而这一问题，对于研究城市史来说，正是不可缺少的重要方面。

中心地，也译为中心场，这一名词的出现并非克氏的专利。早在20世纪初，美国社会学家库利在考察货运中转现象的时候发现，城市往往可以成为服务于周围中心地区的集散点，而这些具有中心集散功能和服务功能的城镇，便被库利称为中心场或中心地。

克氏研究中心地与库利截然相反，他没有采用"实证"的方法，而是"返璞归真"，回到了早期城市地理学研究者那里，采用了"假设的空间均一密度"的方法，即设想某一个国家和地区为一原料与人口分布均匀、表面均一的平原[①]，城镇必然要建立在乡村的中心地点，是周围乡村的中心地，中心地一方面最便于收集和发送周围乡村的土产品，同时又可以向周围乡村提供所需的商品和多种服务。

从这样一个基本设想出发，克氏提出，一定的生产地区需要一个服务中心；当城镇的存在主要是为了向周围的生产地区提供服务时，该生产地区便成了这个城镇的服务领地。因此离周围乡村最近、最便于为周围乡村提供货物和服务的地点，应该位于圆形商业区的中心。也就是说，在这个范围内的乡村应感到此中心是最佳和最便捷的商业服务场所。假若每一个中心地的服务范围（也就是克氏所说的"补充区域"）都是面积相等的圆形，相邻者必然出现重叠交叉；克服这些重叠交叉的办法，便是将这些中心地圆周体系挤压成正六边形的体系。大小不等的中心地所能达到的服务范围的极限，便是大小不等的正六边形。

与此同时，克氏还透过中心地的服务职能，将城镇作为一个系统加以研究。克氏在分析中心地的形成条件时，发现世界各个地区都分布着疏密不等的城镇网。如果按照城镇的规模大小和等级高低进行分类，便不难看出，城镇的规模愈大，等级愈高，数量愈少；反之城镇的规模愈小，等级愈低，则数量愈多。克氏认为，中心地的等级，取决于所坐落的补充区域的大小；同时，这一体系还要受到市场最优原则、交通最优原则和行政最优原则的制约。

---

① 施坚雅在研究历史上中国的市场阶层结构时，把构成这一理想化模型的先决条件归结为以下四点：（1）地势平坦，毫无地理特征；（2）需求及购买力分布平均；（3）各方面的交通设施都是一样的；（4）无论从哪个方向发展，这种模式都是一成不变的。但研究的关键是如何用史实来检验这些与事实不相符合的假设。

先说市场最优原则。社会分工和市场经济的发展，往往导致一个地区的中心成为商业和服务机构设置地。在最为方便提供货物或提供服务的条件下，中心地的等级体系是由3个低级地区组成的一个中级的中心地。中级中心地要为低级中心地提供日常所需的商品和普通服务，服务范围可达到3个地区。高级的中心地则是整个生产区域中最大的城市，可以为整个生产区域提供最专门的商品和服务。即以整个区域为其服务领地和市场。这种依据一定地区对商业服务的需求状况来解释城镇系统形成的理论原则，可以说是中心地理论的核心。

再说交通最优原则。研究表明，水陆交通网的交叉点上最容易出现城镇，而坐落于交通网线两个同级中心间的交通线中点处，可以形成一个较次一级的中心，即许多小城镇可能位于较大城市间的交通线上。这就是所谓的交通最优原则。

最后说行政最优原则。一个国家或地区为了执行行政管理职能，通常要划分各级行政区，设立各级行政中心，这对城镇系统的形成亦具有重大的影响。克氏认为，最便于进行行政管理的中心地系统，应是由彼此距离相等、均匀分布于国家或地区的基层单位组成。基层行政中心若位于六边形的各角，该区域的行政中心则在六边形的中心点上。这就是所谓的行政最优原则。

这三个原则立足于中心地的服务职能，因此，对于城市系统的形成往往起着综合作用。克氏根据自己的理论，分析和研究了南德意志城镇人口和服务领地范围，然后在这个基础上，将该区域的城镇系统划分为7个等级，这就是：市场村、镇中心、地方中心、地区城市、小邦首府、省府、区域首府。

"中心地理论"最初虽然只是一种理论假设，但这种假设并非出于先验，而是在前人用实证方法研究中心地的基础上的理论升华。与克氏同时代的学者廖什，在两人毫无联系的情况下，在其所著《区域经济学》一书中，得出了与克氏相同的结论，即圆形（转换为六边形）市场最优模式。

克氏的"中心地理论"在第二次世界大战后得到高度评价，一是因为这个理论促进了计量地理学的形成，二是因为欧洲一些国家应用这个理论来规划合理的城镇体系，特别是规划居民点网和交通网方面取得了明显的效益和成功。

用"中心地理论"来研究城市史,并且取得了令世人瞩目成绩的,首推美国人类学家施坚雅。在20世纪40年代施坚雅曾较长时间居住在中国四川。他对中国内地,主要是四川平原的城镇,有着一定的感性认识,他的研究成果被收入1977年出版的《中华帝国晚期的城市》一书中。

早在20世纪60年代末,由美国社会科学研究会与美国社会研究委员会中国社会研究分会联合发起,举办了一系列有关中国城市研究的学术讨论会。会议的论文分三卷出版,第一卷的主题是研究中华人民共和国的城市生活方式问题,第二卷的主题是研究晚清和民国时期的城市现代化问题,而第三卷,便是施坚雅主编的《中华帝国晚期的城市》。

《中华帝国晚期的城市》一书共分三个部分:第一部分为中国历史上的城市,共有论文5篇,其中包括施坚雅的《19世纪城市化过程的区域分化》;第二部分为城市的内部与外部关系,共有论文6篇,其中包括施坚雅的《城市与地方系统的层次》;第三部分为作为社会系统的城市,共有论文5篇。施坚雅不但为全书写了前言,而且为每部分写了导语,介绍该部分主要讨论的问题;此外他还为每篇论文撰写了提要。该书虽是一本论文集,但因有了施坚雅的1篇前言、2篇论文、3篇导语和16篇提要,竟把全书综合成一个整体,该书的前后环衬,附有1894年中国华北与华南城市分布图,图中标有当时府、州、县、镇的坐落位置,以显示中国城镇的普遍性和相对密度,具有直观的参考价值。

四、城市史与"货运中转"及"工业配置"理论

既然城市是一种由大量非农业为主的居民组成的,具有综合功能的共同体,那么,在探讨确定城市层序和空间分布的社会经济因素时,除了"中心地"理论之外,还有没有别的理论或假说呢?有,这就是研究城市形成与定位的"货运中转"理论和"工业布局(配置)"理论。

强调交通运输在城市定位中所起作用的"货运中转"理论,系由曾任美国社会学

会主席的库利——就是前面提到过的"中心地"一词的创始人,首先提出来的。

库利从社会学角度,在详细考察了商品在运输过程中的中转情形之后指出,商品中转经常出现在两种或两种以上不同运输方式的交汇处,比如陆路运输与水路运输相交、公路运输与铁路运输相交,等等。这种中转一般由地理因素构成,属于机械性中转。然而在这种中转里面,同时还存在着另一种中转,这就是商业性中转或贸易中转,也就是商品在机械性中转过程中,同时还伴随着商品所有权的转让。

商品运输过程中,由于存在着上述两种意义的中转,后果不但会使中转地点的商品装卸、存储、转运和集散的功能日趋发达,而且还会因此促进人口和财富的集中。尤其是商业性中转的不断活跃,还会导致商业团体、金融事业和服务行业的发展,从而极大地提高了不同运输方式交汇处的重要性,造成了城市形成的必要条件。因此,许多城市都出现在不同运输方式的交汇处,以及各类商品的装卸、存储和集散处,这绝不是偶然的现象。

还有一种理论,便是专门研究工业城市形成、工业城市在地域上的分布,或工业城市地理位置确定的"工业布局"理论。

关于决定城市工业活动布局的基本理论,早在18世纪一些古典经济学家已经开始进行研究了,然而直到20世纪初期之后,伴随着现代工业的快速发展,"工业布局"理论才得到不断的发展和完善。

根据"工业布局"理论,在一个区域内,工业城市的出现与分布,是由自然因素和社会因素两个方面决定的。也就是说,工业城市的出现与分布不但与原料和能源供应所在地有关,而且与发达的市场、足够的技术与丰富的劳动力有关,至于其他条件诸如工业资本情形、运输状况和成本等,也会在很大程度上影响着工业城市的出现与分布。或者说,多数城市是建立在以上诸种因素基础上的。但是也会有个别城市的位置完全是由于特定地点的资源状况所决定的,比如矿业城市就是如此。

总的来看,一个工厂为了实现低成本和高效益,必须选择最佳的设厂地址,这个地点的吸引力,应该大于其他可选地点吸引力的总和。换言之,一个工厂被吸引到某个特定的地点,是由可以获得最大的利益而决定的,这个能获得最大利益的地点,就可以被认定为最优区位。

当然，以上两种城市定位学说，同"中心地"理论一样，都是在大量城市形成之后，回过头来，对这些城市出现的原因进行种种分析与探讨，然后再形成理论的升华。有关专家普遍认定，迄今为止，还没有哪一种比较完善的理论和假说，能够对所有城市的形成过程作出科学的解释。这也就是今天我们研究城市和城市史过程中颇感理论困惑的所在。我想，这也应是我们今后共同努力，进行孜孜不倦地探索的一个奋斗目标。

五、城市史与聚落

在20世纪初期之后，城市地理学异军突起。与此同时，由于理论研究和现实生活的需要，聚落（Settlements）问题的研究亦开始受到重视，而且在不同的国家形成了各具特色的研究风格。比如德国学者注意研究聚落的人文景观，法国学者侧重研究历史上社会经济对聚落的影响，英国学者主要研究聚落的历史地理，美国学者则多从白人的拓荒与居住方面研究聚落。

从一般意义上来理解，聚落指的就是人类各种形式的居住场所；但在狭义上，也可以认为是人类从事经济活动的原始据点，但这不是我们所要讨论的。

聚落分为城市型和乡村型两大类。实际上，城市型聚落也就等同于城市，所以，随着城市地理学的发展，20世纪50年代以来聚落地理学中的城市部分渐渐分离出去，聚落地理学也就成为乡村聚落地理学的同义语了。不过，聚落地理学很快又与农村社会学结下良缘，为自身求得了新的发展。

由于聚落是研究人类活动空间规律不可缺少的组成部分，因此如何从经济职能和社会形态特征两个方面对聚落进行比较研究，以划分聚落类型，便成了学者们特别注意的问题。又由于城市的职能与形态特征容易为研究工作者把握，所以在聚落的分类研究，特别是职能的分类研究上，其深度远远超过了对乡村聚落的研究，且诸家林立，其中代表性的有20世纪40年代美国学者哈里斯的分类，50年代德国学者施瓦茨的分类，以及60年代苏联学者萨乌什金的分类。

关于聚落的职能与形态特征分类，可参见下表：

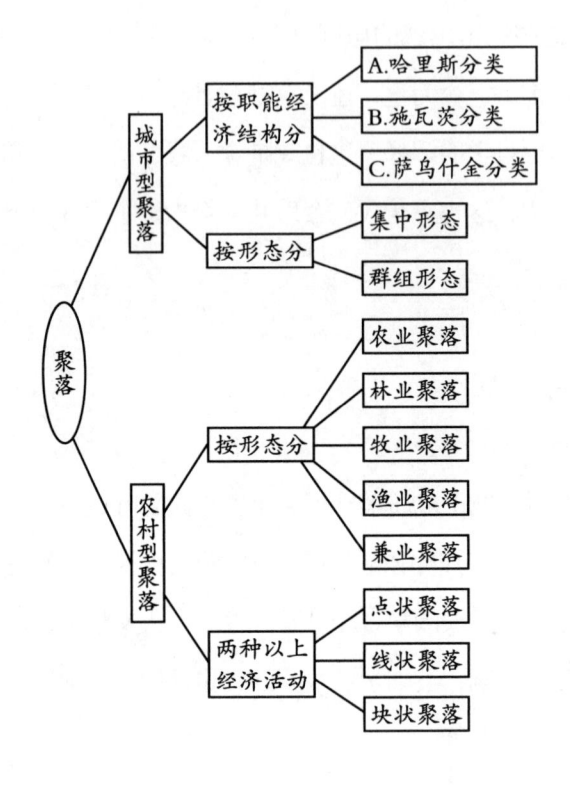

```
                         ┌─ 按职能经济结构分 ─┬─ A.哈里斯分类
                         │                    ├─ B.施瓦茨分类
           ┌─ 城市型聚落 ─┤                    └─ C.萨乌什金分类
           │             │
           │             └─ 按形态分 ─┬─ 集中形态
           │                          └─ 群组形态
   聚落 ───┤
           │                          ┌─ 农业聚落
           │                          ├─ 林业聚落
           │             ┌─ 按形态分 ─┼─ 牧业聚落
           │             │            ├─ 渔业聚落
           └─ 农村型聚落 ─┤            └─ 兼业聚落
                         │
                         │            ┌─ 点状聚落
                         └─ 两种以上 ─┼─ 线状聚落
                            经济活动  └─ 块状聚落
```

附：

A. 哈里斯分类：以美国城市中各个行业从业人数的统计资料为基础，以一种行业从业人数占有关行业全部从业人数的百分比为主要依据，将城市分为9类，即加工工业城市、零售商业中心、多种职能城市、批发商业中心、运输中心、矿业城、学府城、游乐首府城、州首府及其他。

B. 施瓦茨分类。1959年提出，共分三大类。

1. 普通职能城市

2. 特殊职能城市

——由政治职能产生的

——由文化职能影响的

——由经济与交通职能决定的

—国都

—大都市和世界性都市

3. 似城聚落

—传统的工业和工艺聚落

—现代工业引起或改造的聚落

—交通聚落

—旅游聚落

—居住聚落

—军事聚落

—宗教聚落

—文教聚落

C. 萨乌什金分类

1. 首先根据城市在社会劳动地域分工中的地位，可分为：

—参加区内劳动分工的城市

—在区际分工中具有较大作用的城市

—同国际市场密切联系的城市

2. 根据生产性质可分为：

—原料、燃料、动力生产的城市

—中间产品生产的城市

—工业成品生产的城市

—交通职能的城市

—非生产性城市

由于对城市进行分类的要素十分复杂，迄今为止很难制定出一套公认的原则和标准，然而现行的各种分类标准，已涉及城市的形成和成长过程、城市的功能与特征、城市的空间结构特点与变化模式等，并且涉及计量的应用，这些，对于城市史研究无疑具有很多的参照价值。例如，施坚雅便提出，研究中国的聚落，尤其是明清时代聚落的重要性，主要是基于其三种功能，即为腹地提供货物零售和各种服务，连接各经济中心、扮演居中调节的地位，交通网络的位置。

六、城市、区域及城市系统

既然城市是人类社会经济活动的空间投影，那么，在一定区域范围之内，不同类型、不同层序的城市的地理分布，不但综合反映了该区域的政治制度和经济发展水平，而且也构成了该区域的城市系统。比如，具体到中国来说，区域应包含两种概念，一是行政管理区划，一是经济活动范围。

从世界历史的发展来看，城市无不起源于人类文明的早期中心。由于这些中心地区社会生产力的不断发展，部分社会成员从事农业生产也非属必要，因而采取了城居的形式。反映在空间上，城市逐渐成为该地区的行政、税收和宗教中心，并与周围农村腹地或其他城市保持着相互作用的关系，这样便慢慢形成了一个由生产、分配和交换诸方面组成的有机的系统。研究城市，还必须研究区域，这是两个相关性很强的命题。因为城市虽然是人类社会经济活动和经济设施的聚焦点，但总体来看，这种社会经济活动，多是在一定的区域里进行的，而且种种经济设施又总是建立在一定的区域范围之内。施坚雅曾经指出，在空间系统方面，研究中国经济史比较适合的单元，不是府或省，也不是整个帝国，而是由那些具有共同特质的地区组合而成的经济区。我非常赞同这种看法。

几千年来，中国虽然是一个统一的、封建专制的集权国家，但是由于中国传统经济的发展一直具有局部性或地域性，且当时的经济发展，特别是商业发展水平，又从来没有能够达到足以克服农业的地方性和狭隘性的闭塞状态的程度，正如毛泽东同志所说，一直在"某种程度上保留有封建割据状态"。这种"割据状态"反过来又影响到中国的经济发展，使之呈现出浓厚的区域性。

鸦片战争以前，中国传统的区域经济属于农业区域经济。而且在这些农业区域中又可以分为基本经济区域和次等经济区域。那么，什么是基本经济区域与次等基本经济区域呢？中国传统的经济结构，最初是由千百万个不同程度上能够自给自足的村落所组成的，虽然相当于省一级的行政管理单位早在汉代就出现了，但是依靠地形与经济因素组成的那些经济区划却形成得更早，这就是我们所说的传统经济区域。传统经济区域在中国历史上不止一个，而且彼此之间发展也不平衡。如果某一区域内农业生产条件与运输设施，对于提供交纳赋税的谷物或其他实物，比起其他区域优越得多，以致不管哪一个统治集团，只要控制了这一地区，便有了征服与统一全国的可能性，这样的区域便是基本经济区域；其他经济区域，自然便属于次等基本经济区域了。若用这个标准去衡量，在秦汉时期乃至秦汉以前，这个基本经济区域在黄河中游一带，但是到了唐宋以后，这个基本经济区域便逐渐转移到长江流域了。这里我们必须注意的是，彼时的基本经济区域虽然向长江流域发展，但政治重心却渐渐地北移。统治阶级为了保持政权的稳固，修筑一条连接作为政治重心的北方与作为粮食供应基地的南方的运输系统，便成为势在必行的事情。这样，在元、明、清三代，大运河成了由政府维持的交通干线。与此同时，统治阶级虽然多次尝试把海河流域发展成为基本经济区域，但效果都不理想。

与传统经济区域相适应的城市系统，是一个以省、道、府、县序列等大小统治阶级中心与税收中心为骨架的城市等级网络。据统计，有清一代，在20世纪之前，地方行政管理机构最高层为8名总督和14名巡抚，分别管理18个行省中的一个或两个的省总督或巡抚衙门分设在19个省城。督、抚之下设有77名道台，在所管区域内的城中各设一道台衙门。道下为府，另有直隶州和直隶厅，但以府的数量最多。府下有县、州（散州或属州）、厅（散厅或属厅）；直隶州或直隶厅下亦可以领县，但不能领州或厅。省城不一定驻有总督，但必定驻有巡抚、知府或知县。府治除了设府署之外，还要设县署（但多数的府、县并不同城），和上级衙署同在一城的，当时称为首府或首县。一般来讲，府可以统辖1—18个县，但也有例外，像顺天府就辖有24个县，每个府平均领有5—6个县。直隶州兼署所在的县城，称本州，而无有县。直隶厅则无下属单位。

据施坚雅的研究，府可领有的县的数目，越是边缘区越少，越接近核心区数目越多。如统辖范围最广的首府，85%在核心地区；而普通府只有53%在核心地区。统辖2—3个县的府级单位只有23%在核心地区。

所以，在这样一个城市系统中，不少城市既是由政府出于地方行政管理目的而建立的，同时也是由于不断进行经济和交易活动而逐步形成的。新崛起的贸易中心，往往被开辟为行政首府，这可以看成是政府设置城市的策略。

步入近代，随着资本主义的经济入侵，这个传统的区域和城市系统都发生了变化。像商品经济得到发展，交通结构出现变革，社会化的大生产的纷纷建立，等等。而这一切，又无不是在那些具有发展潜势的城市中表现出来的。换句话说，正是这种经济、技术上的变化，首先表现在一部分城市的功能演变上。比如城市的传统功能或传统城市逐渐衰落，那些作为经济活动中心最优区位的近代化城市迅速成长；作为各级权力机构象征的城市，逐步让位于由各种新式产业组成的城市，而且这种变化又是在行政权力之外，自下而上"自发"地进行的。在城市经济不断向近代化演变的促进下，自给自足的农村经济亦开始走上了商品化的道路。比如在传统社会中与城市相对的农村，这时却成为城市工业原料与劳动力资源的供应地，成为城市所需的农副产品的供应地，同时也自然地成为城市工业产品的销售市场；那些位于城市与乡村间的集镇，这时亦充分发挥出城乡交流的中间地带作用，并逐步成长为中小城市。

社会经济的演进，好似一架既有形又无形的推进器，而推进器的指针又总是对准各级各类城市。由于传统的城市系统已不能适应中国社会经济结构转换的需要，重新组合的城市系统遂不可避免地出现。正是在这个意义上，可以说，近代中国由封建社会向半殖民地半封建社会的转换过程，在相当程度上是表现为区域城市类型和城市系统的转换过程。

与传统的区域城市系统相比较，近代城市系统表现出了哪些明显的不同呢？

首先是空间（地域）的不确定性。伴随着区域内城市间、城乡间的经济流动性和互补性不断增强，传统的城市系统的外延被打破，随之而来的，是以行省为单位的行政区划的外延开始被打破，而且在区域间的经济分割中不断被调整。空间不确定性的增加，虽然为我们的区域和城市系统研究添了麻烦，但重要的是体现出了中国近代城市正在走出区域市场的范围，向全国性的市场起步。沿着这条道路发展，必然是区域性城市系统的消失和完整的一体化的全域性城市系统的形成。

其次是经济地位上明显的层次性。与传统的城市系统那种鲜明的政治上的层次性不同，近代城市系统主要表现为深刻的内在经济联系和明显的经济地位上的层次性，而这种经济联系与层次定位，根本上是社会经济演进与变革的结果，很少受到非经济因素的影响与干预。

第三是系统内各级城市关系上密切的互补性。传统的城市系统多半是一种垂直的行政管理层次，尤其是同一级的城市间很少有空间上的联系，或相互间的经济需求。但近代城市系统中各级城市的关系，则表现出多种经济联系和经济内容的互补；也可以说，整个城市系统因相互依赖而生存，因相互补充而发展。

第四是城市功能的综合性。传统的城市系统的功能，是建立在农业与手工业相结合的自然经济基础上的，城市功能单一，城市辐射能力也差。而近代城市系统大多数表现出功能综合的态势，其中，一个城市的地位，往往是由工业、商业、对外贸易、水陆交通和文化教育的发达水平等综合优势决定的。城市的层次（等级）主要取决于自身功能的大小和全面与否，这一点与传统城市系统有着明显的差别。

最后是对外关系的开放性。传统的城市系统可以看成是一个封闭的系统，而且对内、对外几乎都是如此。近代城市系统是在外力压迫下，不得不对外开放之后形成的，因此整个系统无论是在对外关系上，还是系统内彼此之间的关系上，都表现出明显的开放性。在很大程度上，开放性是近代城市系统赖以生存和发展的基础，而且形成了不可逆转的大趋势。

这样说，并不意味着整个近代城市系统已经开始成长为一个健康与蓬勃发展的整体了。因为这里面有一个不容忽视的历史现象，这就是：与近代城市系统形成过程同步进行的，是这个系统被逐渐纳入世界资本主义市场，并成为其中的一个部分。而且，这个传统社会自然经济形成的价值体系，无法与西方大机器生产形成的价值体系相抗衡。再加上不平等条约的束缚，中国的主权完整受到破坏，中国和世界资本主义市场的交往是在不平等的地位上进行的，其结果只能使中国近代城市系统成为资本主义—帝国主义吸吮半殖民地和殖民地国家血汗的网络；区域内的中心城市，最终也只能起到发达国家"抽水机"的作用。

总之，中国近代区域城市系统，一方面摆脱了以政治控制为主体的发展模式，在相当程度上体现了以经济功能为主体的、不同层序和类型城市自然成长和重新组合的趋势。但在另一方面，这个系统又是不健全的，许多城市的成长过程也呈畸形状态，带有半殖民地半封建的烙印。

参考书目：

［美］R. E. 帕克、E. N. 伯吉斯、R. D. 麦肯齐：《城市社会学》，宋俊岭、吴建华、王登斌译，华夏出版社，1987年。

刘光华、邓伟志等编译：《新社会学词典》，知识出版社，1986年。

［美］埃弗里特·M. 罗吉斯、拉伯尔·J. 伯德格：《乡村社会变迁》，王晓毅、王地宁译，浙江人民出版社，1988年。

［美］R. 哈特向：《地理学性质的透视》，黎樵译，商务印书馆，1983年。

［美］萨乌什金：《经济地理学：历史、理论、方法和实践》，毛汉英等译，商务印书馆，1987年。

于洪俊、宁越敏：《城市地理概论》，安徽科学技术出版社，1983年。

冀朝鼎：《中国历史上的基本经济区与水利事业的发展》，中国社会科学出版社，1981年。

原载《城市史研究》第17—18辑，天津社会科学院出版社，2000年

关于城市史研究的若干思考

陈 恒

城市像文明一样古老，实际上城市本身就是文明[1]，因为人类历史上的城市几乎与文字、国家同时出现。城市一经出现便产生了城市化，不断增加的人口导致了定居点超越了先前的边界，城市范围不断拓展的结果便是城市化，人类生产方式、生活经验因此不断得以扩张。这一过程在21世纪初期达到了一个临界点，城市人口在逐渐超过农村人口，2008年城市人口首次超过了农村人口，世界真正迈入城市化时代[2]。预计到2020年，城市人口占世界人口总数的55.9%，2025年占58.3%，2030年占60.8%[3]，城市化呈不断加速的状态。

城市形态万千，包罗万象，可以从不同的角度去审视。城市实体包括建筑、广场、道路、照明、废弃物等；城市文化包括宗教、思想、艺术、符号、文献等；城市政治包括统治、权力、管理、动员等；城市社会包括暴力、不平等、种族歧视、性别歧视等；城市经济包括劳动分工、生产、消费、贸易等，还有各种无形的城市，这是一个丰富多彩的社会，更是一个值得深入探究的知识领域，可以容纳不同学科的学者进行单学科的、多学科的、跨学科的、宏观的、微观的、比较的研究。比如从城市起源开始，城市的相对平等和多样性也意味着它的不稳定——对道德、社会、政治秩序

---

[1] Richard Lawton, *The Rise and Fall of Great Cities: Aspects of Urbanization in the Western World*, London: Belhaven Press, 1989, p. 1.
[2] Peter Clark, ed., *The Oxford Handbook of Cities in World History*, Oxford: Oxford University Press, 2016, p. 1.
[3] Geoffrey Gilbert, ed., *World Population: A Reference Handbook*, Santa Barbara, Calif.: ABC—CLIO, 2006, p. 139.

构成了威胁。城市被认为是充斥着罪孽且道德败坏的地方,在这里,正直的市民可能会屈从于暴徒的恶行①。这一城市现象就不是哪一个学者、哪一个学科可以独立研究完成的,当然,复杂多变的城市万象是社会学家最乐意看到的,但历史学家也不能置身事外。

一、城市历史、城市史与城市研究

历史记述是人类最古老、最持久、最有活力、最能激发人们想象力的文字体裁之一,世界历史编纂又是历史编纂中重要的组成部分。不同时代、不同背景、不同诉求、不同观念的研究者运用历史上各个时期的文献资料、考古材料、图像信息等,采用不同的学科方法与指导思想,在不同的价值观指导下,使用独特的叙事风格与体裁,以期编撰出能反映时代精神的世界历史。随着时代的变迁、视角的转换、时空的拓展,越来越多的历史客体成为研究的对象、阐述的内容、象征的表达。特定时段的强势文明在有意无意之间都想把自己的行为规则变为他人自愿遵守的准则,即把属于自己的地方性转变为他人遵从的世界性,世界史就是在这种时空中变化发展呈现出不同的形态,表现出不同的思想内容、道德观念、价值取向。

所谓世界史,就是人类共同体之间相互交往的历史。历史学家的一个主要任务就是表现人类历史上的边界互动和制度之间的联系。史料范围非常广泛,从个体家庭传说到移民,再到各种叙述都生动地表现着整个人类。但世界史并不仅仅是各类历史的总合②,世界史也不再仅仅是对各文明、地区史、编年史和"伟人"的研究,它还成了承认交流、联系和交换——人类、其他生物、观念和货物的交流、联系和交换——的超越时空的重要的动态学术领域。我们相信,今日的历史家会采取一种日益具有比较性的研究方法,并由此而帮助我们理解生活为什么在所有地方、各个时候并不总

---

① Maryanne Cline Horowitz, ed., *New Dictionary of the History of Ideas*, Vol. 1, New York: Thomson Gale, 2004, p. 346.
② Patrick Manning, *Navigating World History: Historians Create a Global Past*, New York: Palgrave Macmillan, 2003. p. 3.

是一样的[①]。政治史、社会史、经济史、思想史、妇女史、艺术史、城市史……今天看到的一切过去都可以纳入全球史、跨国史[②]、大历史诸范畴中……这些历史都是一个个文化象征，研究者都想把自己的地方性的结点变为世界性的结点、胜利者的结点……比如今天通用的公历时间，这种全球时间（时间的全球史）究其本质是研究者所属的社会在如何推销他们的时间观念，如何使其成为一种标准，这一切都值得学者潜心研究。城市史同样如此，要理解人类世界，理解自然，理解人类，理解社会，城市史绝非多余，研究城市的起源、发展、嬗变及其历史对生活在城市化时代的我们意义非同寻常。

可以大致想象一下前现代、现代、后现代的城市景观，它们之间无论在城市规划、空间分割、交通规划，还是街道布局、城市建筑、城市标识上，乃至工业、农业、商业的布局及内涵上都表现出巨大的差异。这种巨大的地点、空间差异对生活在其中的群体、个人必会产生巨大的影响，决定着生活在其中的人们的行为方式、审美情趣、思想观念、价值理念等[③]，这种存在性差异会永远伴随城市的存在而存在，可见研究城市的意义是非常巨大的。诚如恩格斯所言19世纪的英国："最近六十年的英国工业史，这是人类编年史中的一部无与伦比的历史。六十年至八十年以前，英国和其他任何国家一样，城市很小，只有很少而且简单的工业，人口稀疏而且多半是农业

[①] William H. McNeill, Jerry Bentley, et al., *Berkshire Encyclopedia of World History*, Great Barrington, MA: Berkshire Publishing Group, 2nd edition, 2010, p. xlviii.

[②] 跨国史（Transnational History）这一术语自1990年代以来一直和美国历史研究的那些著作相关联，这一新的研究方法关注的是跨越边疆的人群、观念、技术和机构的变动，它和"全球史"（Global History）相关，但又并不是一回事。"跨文化史"（Transcultural History）或"跨文化关系"（Intercultural Relation）是与"跨国史"相匹配的术语，但研究者认为在阐明那些跨国联系时，这两个术语过于模糊。"跨国"这个标签能够使学者认识到国家的重要性，同时又具化了其发展过程。该方法的倡导者通常把这一研究方法区别于比较史学（Comparative History）。尽管如此，他们认为比较方法和跨国方法彼此是互为补充的。见A. Iriye and P. Saunier主编 *The Palgrave Dictionary of Transnational History*, NewYork: Palgrave Macmillan, 2009, p. 943 。比如Elizabeth Fay主编的由Palgrave Macmillan出版社出版的"新城市大西洋丛书"（The New Urban Atlantic）就是这一指导思想下的产物，该丛书已出版了 *Urban Identity and the Atlantic World*、*Cities and the Circulation of Culture in the Atlantic World: From the Early Modern to Modernism*、*Voices of Cosmopolitanism in Early American Writing and Culture* 等著作，在全球视野下研究城市与文化交流之间的关系。

[③] 陈恒等：《西方城市史学》，商务印书馆，2017年，第528页。

人口。现在它和其他任何国家都不一样了：有居民达250万的首都、有巨大的工业城市、有向全世界供给产品而且几乎全部是用极复杂的机器生产的工业、有勤劳智慧的稠密的人口，这些人口有三分之二从事工业，他们是由完全不同的阶级组成的，可以说，组成了一个和过去完全不同、具有不同的习惯和不同需要的民族。"①

城市是人类进入文明时代的关键标志，是文明成果的荟萃之地。城市不仅仅是非农人口与产业的空间集聚，也孕育了适应时代变化的经济社会文化生活，从古至今都是经济文化的"高地"。"城市史"（Urban History）这一术语尽管存在时间不长，但对城市历史（History of Cities）的研究却可以说与历史学一样悠久。西方文明起源于东方，这不仅仅是当今学术界的共识，也是西方古代作家所称赞的。罗马帝国时代圣奥古斯丁的学生保卢斯·奥罗修斯（约385—420）就声称："罗马帝国兴起于西方，却得到东方、马其顿帝国、非洲帝国遗产的滋润。"②中世纪的弗莱辛的奥托（约1111—1158）也宣称："人类所有的权力或智慧都起源于东方。"③城市也是如此。近东虽然没有如19世纪的欧洲那样发展出复杂的工业经济，但它早些时候向欧洲出口了"城市社会"，只是它后来缺乏金属、木材、煤和水的供应，也不再在这个不断增长的国际贸易系统中占据足够重要的地位。正如柴尔德和其他考古学家所主张的那样，从欧亚大陆书写文化的角度来看，以城市文化为内容的所有文明都发源于古代近东的青铜时代④。

希罗多德的《历史》记录了雅典城邦在希波战争后短暂时间内所创造出的"希腊奇迹"，这使"他们在人类发展史上享有任何其他民族都不能企求的地位"⑤；修昔

---

① ［德］恩格斯：《英国工人阶级状况》，载《马克思恩格斯选集》第1卷，人民出版社，2012年，第100—101页。
② 奥罗修斯这句话出自《反异教史七卷》的第7卷第2节，见Paulus Orosius, *The Seven Books of History against the Pagans*, trans. Roy J. Deferrari, Washington D. C. : The Catholic University of America Press, 1964, p. 286。
③ 奥托这句话出自《编年史》第5卷之前言，见Otto of Freising, *The Two Cities: A Chronicle of Universal History to the Year 1146 A. D.*, trans. Charles C. Mierow, New York: Columbia University Press, 2002, p. 322。
④ David Christian, ed., *The Cambridge World History: Introducing World History, to 10000 BCE*, Vol. 1, Cambridge: Cambridge Unirersity Press, 2015, pp. 272—273.
⑤ ［德］恩格斯：《自然辩证法》，载《马克思恩格斯选集》第3卷，人民出版社，2012年，第877页。

底德的《伯罗奔尼撒战争史》则记录了雅典、斯巴达之间的战争导致了希腊本土的衰落；亚里士多德的《雅典政制》虽然以论述雅典城邦政治制度为主，但不乏对雅典历史的介绍，这仅是亚里士多德对158个城邦进行研究的一部分成果；李维的《自建城以来》也以相当大的篇幅记载了罗马城本身的历史；维吉尔也以《埃涅阿斯纪》来追溯拉丁城邦的渊源。可见古典作家都是围绕城邦进行撰述的。

中世纪城市的凋敝和史学的基督教化使城市淡出了历史研究的视野，只有涉及教区事务时才兼及城市，因此，中世纪晚期才在地方教会史的基础上逐渐发展出城市史，维兰尼的《编年史》就是从中世纪的编年史过渡为城市编年史的重要代表著作。城市编年史首先在11、12世纪的意大利兴起，兴盛于13、14世纪，到15世纪和16世纪早期在欧洲其他地区充分发展①。直到文艺复兴时期，意大利史学家们在城市经济文化繁荣的影响下，才将研究视角向城市聚焦。后期佛罗伦萨学派代表人圭恰迪尼所著《佛罗伦萨史》，略写城市的建立和早期的历史，详写现当代史，以佛罗伦萨的党派斗争、对外战争为主体，这也是文艺复兴时期意大利城市史的基本叙事模式。

城市文明是中世纪的一个辉煌成就，城市不仅创造了充裕的物质条件，便利了人们的生活，而且为知识生产、精神生活提供了广阔的空间，那些从事精神活动、"以传授知识为业的教士"逐渐演化为今日的教授。各个城市兴建的教堂不仅是朝拜之地，而且也是人们学习的场所。勒戈夫说："中世纪的知识分子随着城市而诞生。在城市同商业和工业共同走向繁荣的背景下，知识分子作为一种专业人员出现了，他在实现了劳动分工的城市里安家落户。"②13世纪爱尔兰的托马斯写道：巴黎"分成三部分：第一，商人、手工业者和普通百姓，名为大城；第二，宫廷周围的贵族和大教堂，名为旧城；第三，大学生和教员们，名为大学"③。芒福德认为中世纪诞生的大学"是一项具有头等意义社会发明。单凭这一点，中世纪的历史就足以自豪，足以神

---

① Daniel Woolf, *A Global History of History*, Cambridge: Cambridge University Press, 2011, p. 149.
② [法]雅克·勒戈夫：《中世纪的知识分子》，张弘译，商务印书馆，2002年，第4页。
③ [法]雅克·勒戈夫：《中世纪的知识分子》，张弘译，商务印书馆，2002年，第66页。

气活现"①，这一切都发生在城市里，与城市历史息息相关。

但城市历史不同于城市史，前者是研究的客观对象，城市历史是伴随城市出现而出现、发展而发展的；后者是当代历史学的一个学科分支，是从历史学的角度，研究城市的起源、发展、嬗变以及城市化的进程。城市史研究的兴起不仅是快速城市化给社会带来的巨大影响所引起学者的思考，更是史学研究自身发展的结果，同时还受到其他学科的影响，比如地理学、社会学、建筑学、经济学、政治学、规划学、艺术学、人类学等。而芒福德则将城市史视为理解城市生活和人性全面发展的手段，城市史研究因此值得特别加以关注。

城市史与城市研究最大的不同在于城市史侧重过去的、长期的城市发展状况。各个时期——古代、中世纪、现代早期、现代和当代——都是城市史研究的重要范畴。相对而言，城市规划、城市住房、城市建设、建筑物及基础设施建设在城市研究中则更受重视，即便如此，这些也都是城市史的重要研究主题。城市研究和当代城市史有许多相似之处，特别是在有关最近这几十年的城市发展的研究上更是如此。城市史和城市研究的区别并非泾渭分明②。我们看到那些富有经验的地理学家对于某些城市进行专题研究时，我们便会认为，归根到底，所谓"人文地理学"，也许只不过是采纳新材料、运用新方法、包含新问题的焕然一新的历史学③。可见城市史研究是其他学科进行城市研究的基础。

二、当代城市史研究的几次转型

当今学科意义上的"城市史"发端于"二战"后，美国历史学家阿瑟·施莱辛格（Arthur Meier Schlesinger，1888—1965）把城市融入弗雷德里克·特纳（Frederick

---

① [美]刘易斯·芒福德：《城市发展史：起源、演变和前景》，宋俊岭等译，上海三联书店，2018年，第263页。
② Ray Hutchison, ed., *Encyclopedia of Urban Studies*, Thousand Oaks: SAGE Publications, Inc., 2009, p. 880.
③ [法]吕西安·费弗尔：《大地与人类演进：地理学视野下的史学引论》，高福进等译，上海三联书店，2012年，第403—404页。

Jackson Turner, 1861—1932）的"边疆学说",认为城市才是理解、解释美利坚民族特性的核心,这一概念大大改变了研究者的视角,产生了广泛影响,是城市史研究成熟的一个标志①。美国历史学会则在1950年代成立了城市史小组,历史学家于1974年创办的专业期刊《城市史杂志》(Journal of Urban History)也成为城市史研究的阵地②。经过学者们的不断努力,城市史研究已经在一定程度上改变了人们对人类文明的看法,并赋予了新启示。如果把城市史研究的时间范围放宽到整个20世纪,可以发现这一过程中城市史研究发生了几次重要的变化③。

(一)城市史研究的"传记转向"

现代城市传记是城市编年史传统的延续,但它是一种综合性的通史,以更全面、更广阔、更长时段的手段来审视、解释和理解某一城市的发展历程。现代学术意义上的城市史研究肇始于地方城市传记,地方史是某一特定地方社区、城市或农村的历史研究,是试图涵盖一个社区地方发展大多数方面的一种通史,这一原则仍为大多数城市史家所遵循。例如英国学者西蒙·蒙蒂菲奥里的《耶路撒冷三千年》④,在"一个神的殿堂、两个民族的首都、三个宗教的圣地"的框架中讲述耶路撒冷的沧桑巨变,展现了在宗教、政治和族群三股力量拉扯下这座地方性城市走向全球的曲折历程。本书因美国前总统克林顿的推荐而引起市场关注,更被英国《经济学人》杂志评为年度最佳图书。一言以蔽之,对于现代城市传记来说,"历史上的城市是什么"这个问题已不再重要,重要的是城市是由何构成以及如何构成的。

---

① 施莱辛格在《美国史新论》的扉页上引用特纳担任美国历史协会主席时的就职演说:"要理解当今美国,理解她的兴起和进步,理解她为什么如此,这就要求我们必须从能反映时代的新角度重构我们的历史。"从而来表明他对城市在美国精神形成中的重要性的肯定态度。见Schlesinger, *New Viewpoints in American History*, NewYork: Palgrave Macmillan, 1922。
② Kelly Boyd, ed., *Encyclopedia of Historians and Historical Writing*, London: Fitzroy Dearborn, 1999, p. 1246.
③ 关于城市史研究的五次转向,见拙文《当代西方城市史研究的五次转向》,《光明日报》2019年1月14日理论版(世界史),这里从另一个角度加以论述,并有修正。
④ [英]西蒙·蒙蒂菲奥里:《耶路撒冷三千年》,张倩红、马丹静译,民主与建设出版社,2015年。

（二）城市史研究的"社会转向"

从社会史的原始材料来看，任何事物都是社会史家磨坊中的谷物，从情书到人口登记表，从服饰到烹饪器具，从庙宇到彩绘珐琅[①]，加上数字技术的不断发展与完善，社会城市史就自然出现了。在美国史学界，社会史与计算机技术相结合进一步形成了计量史学，研究者通过将档案数据化等方法开展精密研究，推动城市史研究的对象进一步多元化。领风气之先者如埃里克·兰帕德（Eric Lampard）倡导建立城市"生态综合体"（Ecological Complex），将人口、经济及其他物理要素进行量化研究。于是，大量的城市史著作开始关注工人、女性、移民和少数族裔这些"无名的美国人"，这些人成为社会历史学家们的中心话题[②]。

但与社会史的融合尤其是计量方法的采用，使得许多城市史学家担忧新的研究无法有效地整合城市中的"人"与"物"。罗伊·卢波夫（Roy Lubove）在与兰帕德围绕此一争议的论战中，呼吁用"城市建设"（City-Building）代替"城市化"（Urbanization），因为前者不仅包括建筑、景观、技术、环境，而且包括背后的机制，而"城市化"则将态度、行为等主观因素排除在外。更为重要的是，新的研究引发了对传统范式的质疑，即城市史所关注的城市，究竟应当是作为场所（Site）的城市，还是作为进程（Process）的城市？尽管这一争议直至今天也未有定论，但却有力地推动了城市史的发展，不仅研究作品的数量大幅增加，也使得研究者更加注意城市史作为史学分支领域的重要意义。

---

① ［加］南希·帕特纳、［英］萨拉·富特主编：《史学理论手册》，余伟、何立民译，格致出版社，2017年，第136页。
② 正如查理·蒂利（Charles Tilly，1929—2008）曾指出的那样，人们在20世纪六七十年代书写的社会史，大多讲述的是寻常老百姓如何"生活于大变革之中"。这段时期的社会史拥有两个显著特征：第一，对数据的统计分析确定了分析者选择评估的关系，包括不同群体的投票行为，奴隶与工薪阶层之间的生活条件对比，以及美国城市中各类人群的社会流动；第二，在历史叙事中，作为小角色的普通民众成为被关注的焦点。见Ulinka Rublack, ed. , *A Concise Companion to History*, Oxford: Oxford University Press, 2011, p. 33.

（三）城市史研究的"文化转向"

关注文化并非城市史的新现象，早在迪奥斯（H. J. Dyos，1921—1978）所处时代，城市史研究者已然意识到城市文化的学术价值，迪奥斯本人主编的两卷本《维多利亚城市的形象与现实》[①]就是探讨城市文化的名著。与此不同的是，新文化史影响下的城市史不再"正面"分析和揭示城市的文化维度，而是绕道"背面"，关注城市文化是如何被生产和被表达的。同时，新文化史对"大叙事"模式的冲击启示了历史解释的多重性，继社会史之后继续激发城市史学家们关注微观活动，一时之间，城市史著作呈现井喷状态。阿兰·科尔宾的《污秽与芬芳：气味与法国的社会想象》[②]从嗅觉的角度探讨了香味与19世纪巴黎地下水道工程之间的关系，作为表象的气味不仅是一种文化想象，并且影响现实生活。与之类似，亚当·梅克在《感觉芝加哥》[③]中研究了气味、噪音等感觉在芝加哥不同阶层引起的反应。

（四）城市史研究的"全球转向"

历史研究的范式在几十年里出现了引人注目的变化，解释、撰写和讲授历史的方法呈现出前所未有的全球视野，被称作全球史或新世界史。一方面，从全球史的角度考察城市，既可以比较，也可以连接，从而书写一部全球性的城市史。人类文明从分散的地域性文明走向连接和整合，由此形成了历史的全球化大叙事。在这种连接和整合中，城市扮演了重要角色，它们是贸易网络的结点，是知识与思想的生产和传播平台，是统治广袤区域的中心，是人员往来的枢纽，也是决策与控制的中枢。因此，全球史所重视的文明交往离不开城市所起的关键作用。反观城市，其发展从不限于自身的行政区划，而是组成了区域性、跨国性的城市网络。这一网络不仅是全球流动的基

---

① Harold James Dyos, ed., *The Victorian City: Images and Realities*, London: Routledge, 1973.
② Alain Corbin, *The Foul and the Fragrant: Odor and the French Social Imagination*, Cambridge, Mass: Harvard University Press, 1986.
③ Adam Mack, *Sensing Chicago: Noisemakers, Strikebreakers, and Muckrakers*, Urbana, IL: University of Illinois Press, 2015.

础平台，也成为全球史书写不可回避的核心内容。乔尔·科特金的《全球城市史》[1]可谓城市史与全球史相结合的典范，作者以安全、繁荣、神圣为纲，梳理了不同区域的城市的共同特性。

另一方面，城市在融入全球的同时也保留了自己的地方性，在全球史所重视的"合"之外，注入了"分"的因素，为全球史增添了新色彩。因此，城市史的"全球转向"，也形成了建构本地与全球之连接的研究方法。通过不断地把城市带入全球并把全球放进城市，城市史的"全球转向"不仅使全球史有了更多关于城市的故事，也使得城市故事有了更多全球背景。

（五）城市史研究的"比较转向"

比较是一种常见的研究方法，古典作家希罗多德、塔西佗就经常使用。就当代学术界而言，法国历史学家马克·布洛赫（Marc Bloch，1886—1944）是最早推崇比较史学研究法的历史学家之一，他认为，即使在毫无关联的社会之间也存在一种共通的历史[2]。20世纪上半叶，比较研究作为一种系统的方法为历史学家所普遍接受，出现了一系列经典著作，如马克·布洛赫的《封建社会》、西里尔·布莱克的《现代化的动力》、巴林顿·摩尔的《专制与民主的社会起源》等。比较城市史在这方面也取得了不少成就。比如由萨德维尔—斯特拉斯和南希·卡克等人主编的《让城市走向全球：城市史的跨国转向》[3]收录了一系列城市跨国史的文章，涵盖从规划、贫民窟治理到住房建设等不同领域。即便是传统研究主题也开始切入城市，以求获得全新认识。例如安东尼·金的《平房：全球文化的生产》[4]，尝试从住房的角度观察19世纪

---

[1] Joel Kotkin, *The City: A Global History*, London: Weidenfeld & Nicolson, 2006. 中译本《全球城市史》由王旭教授主译，社会科学文献出版社2006年出版后，不断再版，在国内产生很大影响。

[2] William H. McNeill, Jerry Bentley, et al., *Berkshire Encyclopedia of World History*, Great Barrington, MA: Berkshire Publishing Group, 2nd edition, 2010, pp. 650—651.

[3] A. K. Sandoval-Strausz, Nancy H. Kwak, et al., *Making Cities Global: The Transnational Turn in Urban History*, Philadelphia: University of Pennsylvania Press, 2017.

[4] Anthony D. King, *The Bungalow: The Production of a Global Culture*, Oxford: Oxford University Press, 1995.

的殖民主义，拓宽了殖民主义的研究视角；克里斯托弗·克莱梅克的《大西洋城市更新的崩溃：从纽约到柏林的战后城市化》[1]则比较了现代主义规划理念如何在战后的大西洋世界走向失败。空间研究更是与城市有着密不可分的关系，脱离具体背景来探讨空间往往缺乏历史经验的支撑，近年来"无形"的城市空间逐渐进入城市史的研究视野。城市内部空间如市政厅、教堂、广场等空间的改造，背后体现着权力的意志；节日庆典、嘉年华、加冕仪式的程序和内容，蕴含着不同社群的诉求。在城市外部考察城市空间结构的变迁也成为城市史的题中应有之义。

虽然学术研究呈现的是相对静态的状态，但一切学术研究都脱离不开时代的制约，城市史研究也是如此，伴随时代的变迁而不断调整自身的视角，贡献不同的知识产品。不过就其本质而言，城市史始终在时空框架下探究人与物、场所及其中的进程之间的关系，探寻这些关系是如何形成的，是如何创造城市传统的，又是如何再造城市传统的。

三、城市史研究的不足与展望

中国的城市化可以追溯到城墙的出现，到13世纪，已达到10%的城市化率，但自16世纪以来，城市在总人口中所占的比例却开始下滑，到19世纪早期，降到了仅5%的低位，而到那时，作为对照的欧洲城市化率达到了13%的水平。中国城市化的相对衰落发生在明末特别是清代，它是与中国总人口的急剧增长携手并行的，后者主要集中在乡村、边疆地带。虽然如此，这并不意味着中国城市人口的绝对规模有任何缩减[2]。过去几十年间我国经历了城市的迅速发展，城市化水平迅速提升的同时也导致城市问题丛生，由此催生了一大批相关研究成果。城市研究成为显学，政治学、经济学、社会学、人类学、地理学等多个学科参与其中，城市史也成为其中不可或缺的重要环节。然而，相关的史学研究主要集中在国别史方面，如美国、英国、日本以及中

---

[1] Christopher Klemek, *The Transatlantic Collapse of Urban Renewal: Postwar Urbanism from New York to Berlin*, Chicago: University of Chicago Press, 2012.
[2] Peter Clark, ed., *The Oxford Handbook of Cities in World History*, Oxford: Oxford University Press, 2016, p. 405.

东部分国家的城市史,且大多以个案为主,缺少集成性研究;同时,国内学术界现有研究往往局限于某个时代,缺少贯通性研究。

城市研究在欧美国家已较为成熟,城市史领域也涌现出许多经典作品。个案研究不胜枚举,宏观研究也富有特色,如刘易斯·芒福德的《城市发展史:起源、演变和前景》、安德鲁·李斯的《城市:一部世界史》[1]、彼得·克拉克的《欧洲城镇史》[2]等。乔尔·科特金的《全球城市史》梳理了从城市出现到21世纪的全球城市发展历程,总结了决定城市命运的三个关键因素,即神圣、繁荣和安全。保罗·霍恩伯格、林恩·霍伦·利斯的《都市欧洲的形成(1000—1994)》侧重从人口学和地理学的角度解释欧洲的城市化。布赖恩·贝利的《比较城市化:20世纪的不同发展道路》通过对比不同地区的城市化历程,指出文化背景和发展阶段的差异导致了城市化的不同道路和结果。总之,对城市史的宏观梳理是西方学术界所关注的话题之一,有助于深化我们对城市化规律与城市之间特性与共性的认识和理解。

我国城市化正经历高速发展,也面临着诸如环境污染、人口压力、公共服务不均衡等许多棘手的城市社会问题。反思城市史研究,构建富有自身特色的城市史研究理论框架、概念体系,无疑有助于我国的城市发展,同时也为我国学术界在城市研究领域占据一席之地乃至形成本土的城市史体系打下基础。

作为正处于城市化高速发展阶段的大国,我国亟须借鉴和总结其他国家尤其是发达国家城市发展的经验与教训。目前,我国正在经历着人类历史上最大规模的城市化,我国城市人口已经过半。高速城市化既带来"红利"也提出挑战,总结其他国家的历史经验,将是不可替代的智力资源;我国新型城镇化战略的实施,更离不开对世界城市化规律的深刻理解。

城市化是大势所趋,但城市化水平迅速提升的同时也导致各类社会问题,一方面如何借鉴域外经验应对城市化进程中的中国问题,另一方面,如何保护我国传统都市的历史文脉,都需要借助前人的智慧。诚如笔者在商务印书馆主编的"城市与社会译

---

[1] Andrew Lees, *The City: A World History*, Oxford: Oxford University Press, 2015.
[2] Peter Clark, *European Cities and Towns: 400—2000*, Oxford: Oxford University Press, 2009.

丛"序言中说："城市研究（Urban Studies）是一门新兴的前沿学科，主要研究城市的起源、发展、嬗变以及这一进程中出现的各类问题。目前已出现了众多与这一领域相关的学科，如城市社会学、城市历史学、城市政治学、城市人类学、城市地理学、城市生态学、城市气象学等。从广义上讲，上述学科都可以归入城市文化研究（Urban Culture Studies）这一范畴。可见城市文化研究的一个重要特点是跨学科性，它综合各门人文科学的优势，吸收不同的观念与方法，以独特的视角研究城市文化的历史、现状与未来。而当代中国正处于急剧转型时期，城市化的速度越来越快，伴随这一进程也出现了一系列问题，因此这一研究不但有着重要的学术价值，而且有着现实关怀的实际意义。"[1]

宏观层面的城市史研究迫切需要理论体系的创新和研究视角的转换。我们所熟悉的城市史在时间上集中于工业革命后，是以城市与乡村的二元对立为主线的城市化的历史进程，简单说来，就是城市人口增多、空间扩大的线性发展史。但城市化之前的城市发展同样需要关注，而且上述理论体系只适用于解读工业时代的城市史，20世纪以来，发达国家向后工业社会转型推动城市化进入新阶段，第三世界的去殖民化和工业化催生了城市化的新模式，传统城市史理论体系亟待修正，因此，构建城市史研究新体系也是摆在中国学者面前的重要任务[2]。

原载《华东师范大学学报（哲学社会科学版）》2019年第5期

---

[1] 该丛书已经出版的书目包括：[美] 保罗·M.霍恩伯格、[美] 林恩·霍伦·利斯：《都市欧洲的形成（1000—1994年）》（阮岳湘译，2009年）；[美] 格雷厄姆·郝吉思：《出租车！纽约市出租车司机社会史》（王旭等译，2010年）；[英] A. E. J. 莫里斯：《城市形态史——工业革命以前（上、下册）》（成一农等译，2011年）；[美] R. E. 帕克等：《城市社会学——芝加哥学派城市研究》（宋俊岭、郑也夫译，2012年）；[英] 安德鲁·哈塞：《巴黎秘史》（邢利娜译，2012年）；王笛：《街头文化：成都公共空间、下层民众与地方政治（1870—1930）》（李德英等译，2013年）；[英] 彼得·柏克：《威尼斯与阿姆斯特丹：十七世纪城市精英研究》（刘君译、刘耀春校，2014年）；[美] 唐纳德·L. 米勒：《刘易斯·芒福德传》（宋俊岭、宋一然译，2015年）；[英] 彼得·克拉克：《欧洲城镇史（400—2000年）》（宋一然等译，2015年）；[英] 诺尔曼·庞兹：《中世纪城市》（刘景华、孙继静译，2015年）；[美] 简·德·弗里斯：《欧洲的城市化（1500—1800）》（朱明译，2015年）；[英] 奥斯温·默里、西蒙·普赖斯：《古希腊城市：从荷马到亚历山大》（解光云、冯春玲译，2015年）；[英] 彼得·霍尔：《文明中的城市》（王志章等译，2016年）等，其他陆续出版中。

[2] 见陈恒：《城市史：一门学理与现实兼具的学科》，《光明日报》2017年12月11日理论版（世界史）。

城市哲学——关于城市与城市史的理论思考

郑佳明

近二三十年中国的城市化浪潮是在改革开放的推动下迅速到来的,尽管发展很快,但也走了弯路,有些代价是历史性的。城市建设是综合性的、长期性的和整体性的系统工程,所以城市规划建设决策失误的代价,比一般的决策失误的代价要大得多,纠正也困难得多。只有用城市科学指导城市化才能够减少和避免弯路。在写作《湖南城市史》的过程中,对城市和城市史的理论作了一些思考,梳理如下:

一、城市的本质

什么是城市?城市的本质是什么?城市是指具有一定规模的非农业人口聚居的地域。科特金说:"城市是从自然中分离独立出来的人类家园。"[1]美国城市社会学家帕克说过:"城市作为人类属性的产物,其根本的内涵是城市要符合人性生存与发展,具有人文特色和人文精神。"[2]"城市的本质是人类为满足自身生存和发展需要而创造的人工环境。"[3]然而城市是非常复杂的有机体,城市这种复杂性给人们认识城市、建设管理城市以及论述城市都带来很大的挑战,但是如果能够抓住城市的本

---

[1] [美]科特金:《全球城市史》,王旭译,社会科学文献出版社,2010年。
[2] 鲍宗豪等著:《城市的素质、风骨与灵魂:城市文化圈与文化精神研究》,上海人民出版社,2007年,第9—10页。
[3] 纪晓岚:《论城市本质》,中国社会科学院研究生院博士学位论文,2001年。

质,就抓住了认识城市的线索。如何从本质上把握城市,这是认识城市的难点,也是写作城市史的难点。对于城市本质上是什么,学界一直十分关注,"是整个城市社会与城市空间的对立统一"[①],"城市研究就其本质而言就是空间研究"[②]。这些概括的共同点是,人是城市的主体,人是城市的主人。城市是人类为了满足自己需要而创造的客体。城市的本质是满足人需要的环境,是人群生活、生产和从事社会活动的载体。城市的本质是人与环境的统一,人文与物质的统一,主观与客观的统一,人类社会与城市空间的统一。城市与乡村承载的都是人类社会,不同的是,乡村的人们生活在自然的空间里,城市里的人群是居住在人类营造的空间里。我们说到城市的时候,既可以指城市的社会,也可以指这个人类营造的城市空间,更多的是指人类与城市空间融合的共同体。

二、城市的特殊意义

把握城市就要认识城市的特殊性,认识城市特别的意义和功能。城市从乡村里分离出来就产生了自己的特点,这些特点决定了城市与乡村的不同,也决定了城市与整个人类社会的不同。城市具有的特殊性质和作用在于它的聚集性、空间性、综合性、公共性和中心性。

聚集性是城市特性的集中体现。人的彼此需要使人类不断地聚集,城市就是人类的聚集地。聚集性是城市与乡村的根本区别,是城市文明发展的基本规律和基本原理。我们讲到城市首先就要讲多少万人口的城市。聚集满足了防卫和治理国家的需要,满足了产品交换和人际交流的需要。人类在城市的聚集并不是人口简单的相加,而是新的生产力和文化力的形成,新的社会关系和新的文化的生产,新的能量的聚集。聚集是新生活的推进器,是新文明的生长点。人口的聚集使需求增长、生产扩

[①] 吕勇:《城市史研究述评:意义与方法》,《四川大学学报(哲学社会科学版)》2004年第1期。
[②] 陈蕴茜:《空间维度下的中国城市史研究》,《学术月刊》2009年第10期。

大、分工加深、合作竞争，推动了技术进步和生产力的提高。分工的扩大导致交换的频繁和扩大，带来了市场的繁荣和城市经济的增长。聚集使更多的人从体力劳动中独立出来，形成了专门的精神文化的生产者和传播者，脑体分工展开，文化消费增长，文明大踏步前进。我国从唐宋以来，城市发展较快，经济和技术、文化（包括文学、音乐、绘画、戏剧等）的发展也非常快，带来了文明的高峰。这些新的文明，表现为城市发展和社会生活的新风貌新内涵，如此往复，推动了人类社会的进步，这就是城市的强大功能。人类一些落后的部落，由于没有进入城市生活，也没有跟上人类文明的脚步。

空间性是指城市人造空间的特性。人造的空间是城市的自然性质与人文性质结合的集中表现。城市空间是一种物理和物质的空间，但是它是特殊的空间，是按照人的需求被营造出来的。在城市，地理条件的认识和运用，气候生态的适应和改造，空间规划和土地使用，标志性建筑的建设，城市功能的完善，都是人的意志、知识和经验的体现。城市空间是新的人化的自然，人类文明在这个空间递增和发展。这个空间，既不是简单的物理空间，也不是单纯的人群社会，而是二者的融合，文明的结晶。动物为了生存，也常常成千上万地聚集在一起，但是它们没有营造新的家园和新的环境。乡村的自然环境对人类的影响也很大，但作为人造的环境，特殊的环境，能动的环境，城市对人类的影响远远大于普通环境。人类在建造、改造城市的过程中创造着自己的新家园，同时改变着自己，创造着新的人类。研究这一点是城市学与其他学科的根本区别。正因为城市是人类创造的空间，它可能会存在人性的弱点，城市会犯错误，糟糕的城市会将人置于困境，甚至变成人类的包袱，人间地狱，所以历史上有很多失败的城市，成为文明史上的过眼烟云。

综合性是城市重要的性质和优势。城市可以综合各种要素，又可以产生新的综合功能。由于城市的空间性和聚集性，政治、经济、文化、社会和自然，各种人类生存和发展的因素被集中到一块狭小的土地上，不同族群、不同层次、不同分工的人们被集中在一个紧密的空间里；城市的各种属性、各种功能融会于城市的有机体内，使城市具有综合性。综合性使城市的各个部分、各种属性互相有机联系、互为条件、互相作用、互相渗透。综合性既细化了分工也增进了合作，使城市的各个部分彼此无法分离，使城市形成了一个具有多种功能的综合体，一个协调运转的有机体。各种结构的合力使城市具有了整体性、同一性、系统性和综合性。城市的复杂性综合性要求城市建设、运行具有科学和理性，好的整体规划和设计是这种科学和理性的体现，廉洁有效的管理制度和运行机制能使城市功能逐步完善优化并与时俱进，才可以满足人的物质和精神需求，满足人的社会交往需求，满足人的多方面的需求，体现城市的优势和魅力。公共性是城市发展带来的重要社会意义。城市的综合作用在社会方面意味着城市的公共性的发展。

城市公共空间逐渐扩大，公共秩序趋于完善，公共服务逐步增加，公共意识日益深入人心，市场和法治为大多数人接受，市民人格和权利的平等成为趋势，城市市民社会终于形成，民主与自治成为最终选择。公共性是城市最重要的社会意义。在工业化时代，市场、法治和民主成为主流，市民的参与程度、文明程度和自由与自治的程度都空前提高，使城市充满了活力，高歌猛进。城市发展史向我们揭示了城市是民主政治的摇篮，城市自治是民主的开端，城市与民主有一种深刻的关联意义。在历史的长河中，公共性的发育程度是近现代城市与古代和中世纪城市的根本区别；在世界范围内，是中国城市与西方城市的重大区别。中国的城市化，不仅仅是高楼大厦、农民进城，还应该包括城市管理体制的民主与自治。

中心性，指的是城市与周边乡村、集镇和城市的关系。城市既受到周边这些地域的支持、供给和滋养，又服务、辐射和带动周边的发展。大的城市带动作用较大，对话交流的层级较高。小的城镇直接带动乡村。城市是政治治理的网络上的枢纽，是市场网络上的枢纽和文化风尚传播网络上的枢纽。城市网络把整个社会连接成了一个整体。城市与周边环境的互动，是城市发展的动力之一。当代的全球化、市场化和信息化，催生了国际性大都市和大的城市群，它们的辐射和带动作用与日俱增。

上述城市的特殊性使城市成为城市。但这是城市的普遍规律，因国家、文化、地域和民族等不同原因，每个城市都会形成自己的特点。我们研究湖南城市史，要对此作进一步的探索。

三、城市发展的动力

城市的主体是人,城市是人创造的,是人享用的,是按照人的需要发展变化的,人的需要是城市产生的根源,人的需要是城市发展的永动机。但是人不是抽象的,而是历史的、具体的和变化的,是阶级的和民族的、国家的,归根到底是社会的,是与城市成为一个整体的。所以市民的需要是经济、文化、道德和秩序等多种需要之和,不同民族、性别、团体和利益群体等多族群需要之和,个人、家庭、城市和国家等多层次需要之和。除了与农村人相同的需要之外,城市市民需要的是城市空间的发展和城市社会的发展,城市经济的发展与城市文化的发展。人与城市,城市社会与城市物质空间,城市本身与外部条件的矛盾运动,是城市发展的基本动力。

影响城市社会空间和物质空间的发展以及二者关系的因素,可以分为相对的常量和变量,常量指自然的、历史的、社会的等长期发挥作用的因素。城市在宏观体系中的地位和作用,从城市外部制约城市的发展,国家和区域对城市的需要,也是城市发展的动力。例如,国家对某个城市防卫方面的需要,使之成为重要的军事要塞;经济需要或经济优势促使某个城市成为国家或者区域重要的经济枢纽和发展极;特殊的地理环境和气候使某个城市成为重要的旅游胜地等。变量指政治、经济、文化、社会背景下的具体历史事件、政策、人物等短期起作用的因素。例如一场战争可能使某个城市衰落;一项重要的变革可能使某个城市复兴等。

费尔南·布罗代尔认为,真正意义的历史研究应是以经济、人口、社会结构、文化等历史的深层运动为对象,这种运动是潜隐的、慢节奏的,常常是周期性的,但决定着历史的总方向。长时段的研究就是以这些运动为对象。历史学家只有借助于长时段历史观,才能更深刻地理解和把握人类社会的内在本质。他指出:"长时段是社会科学在整个时间长河中共同从事观察和思考的最有用的河道。"[①]而长时段即"地

[①] [法]费尔南·布罗代尔:《资本主义论丛》,顾良、张慧君译,中央编译出版社,1997年,第202页。

理时间",指长期稳定或变化缓慢的各类"结构"延续与发挥作用的时间,如地理、气候、生态环节、社会组织、文化传统,"它在一方面当然意味着一系列的部分的集成、一个框架,同时它又标志着某些在长时间内一直存在的和只是缓慢地衰亡着的特定实在。一些特别长命的结构,已成为世代相传的稳定因素。它们抗拒历史的进程,也因此就决定了历史的流动"[①]。布罗代尔的长时段理论提出的"时间"和"结构"等重要概念丰富了历史理论。

城市人的需要是多方面的,加之人的利益和观念的不同,又由于物质条件和精神条件不能同时满足所有人的需要,所以城市里人的需求往往是彼此冲突的;协调这些需要,使这些需要形成合力,推动城市发展,还是让彼此冲突的需要抵消甚至产生负面作用,构成了城市兴废变化的基本动因。人的需要推动城市进步,进步了的城市又培育出新人。这种互动是社会存在和社会意识的能动关系,是环境与人的关系,是城市与人的关系,是城市矛盾运动的基本规律。人类正在走向城市化,在工业化、信息化、全球化、市场化的时代,人类终将走向新型的城乡一体化。即使是新的城乡一体化,城市的意义和优势仍将存在并且发展。

在城市发展中,政治、经济、文化、社会和自然,哪个因素起决定性作用?总的来讲,是综合决定论,但是在不同的历史时期,不同的状况下,起决定性作用的因素是不同的。何一民提出了农业时代中国政治中心城市优先发展规律和工业时代经济中心城市优先发展规律。作者给政治行政中心城市优先发展规律定义如此,"即一个城市的发展规模和发展速度与其政治行政地位的高低成正比,政治行政地位越高的城市,规模也越大,发展速度就越快;反之,政治行政地位越低的城市,规模也越小,发展速度就越慢"[②]。他认为政治行政推动力是古代城市发展的最大动力,他分析了三条因素,"首先与中国城市的形成、发展动力机制有着十分密切的关系","与中国中央集权政治制度的不断强化有着直接的联系","由中国农业社会经济形态所决

[①] [法]费尔南·布罗代尔:《历史科学和社会科学:长时段》,参见何兆武主编:《历史理论与史学理论》,商务印书馆,1999年,第808页。
[②] 何一民主编:《近代中国城市发展与社会变迁(1840—1949年)》,科学出版社,2004年,第47页。

定"①。我们在研究湖南城市史的时候，发现了同样的规律。古代湖南城市，政权是城市发展的主导力量。到了近代，特别是甲午战争之后，湖南的经济对城市的作用加大，城市发生重大的变化，经济力量成为推动城市发展的主要动力，但行政力量仍然起着至关重要的作用。

四、城市的结构与城市史

城市是一个包罗万象的复合体，我们描述城市发展过程几乎要涉及和运用全部社会科学专业知识和部分自然科学专业知识，如地理、历史、经济、政治、文化、社会、哲学、宗教、规划、建筑等学科。我把城市解构为六个子系统，即自然的地理生态系统、人为的规划建筑系统、政治的防卫管理系统、经济的生产交换系统、社会的制度组织系统、精神的价值文化系统，这六大系统彼此紧密地连接在一起，彼此渗透，互相影响。

那么城市历史学研究的重点是什么呢？要解决的问题是什么呢？从广义上讲，城市史研究城市的历史，但城市史最具有城市意义的对象是城市空间和城市社会。这里我用了一个概念，具有城市意义。什么叫城市意义？即与城市关系最密切、最具有城市属性的东西。换言之，城市的空间意义、社会意义是我们研究的重点。城市的空间意义包括两个大的方面，是自然环境和规划建筑；社会意义包括四个方面，政治、经济、社会和文化。两个大的方面都不可能单独阐述，总是在相互关联中认识和把握的。城市研究专家卡斯泰尔在其代表作《城市问题》一书中指出，城市空间是社会结构的表现，社会结构是由经济系统、政治系统和意识形态系统组成的②。

隗瀛涛也指出："我们主张城市史应该以研究城市的结构和功能的发展演变为基本内容。……城市史和地方史、城市志的根本区别，在于它重视的是城市本身的发展

---

① 何一民主编：《近代中国城市发展与社会变迁（1840—1949年）》，科学出版社，2004年，第48—56页。
② 转引自夏建中：《新城市社会学的主要理论》，《社会学研究》1998年第4期。

演变，而不仅是城市范围内发生的历史事件和历史现象。只有当这些历史事件和历史现象同城市结构、功能的演变有密切关系时，才成为城市史的研究内容。"[1]所以我认为，城市史的研究对象除了城市里人类社会的历史过程，还包括城市空间发展的历史过程和二者之间互动的历史过程。这是城市史与地区通史、地方志的根本区别。都是研究区域社会发展历史，地方史忽略了城市物理空间的发展过程，地方志忽略了社会空间与物理空间的互动过程。

总的来看，城市文明分为物质和人类两个层面，具有自然属性和社会属性双重属性。在城市发展的进程中，人类创造了的优美舒适的城市环境和绚丽多彩的城市景观，并创造出了许多不同文化的、不同风格的、永恒的伟大建筑。L. 贝纳沃罗的《世界城市史》着重从规划建筑的角度来讲城市，他以大量图片和文字叙述著名城市规划建筑发展的历史，展现这些人造的建筑和景观凝聚的人文精神，以器载道，由物及人，是一部无与伦比的伟大著作[2]。芒福德则侧重文化，兼顾物质层面来讲城市，正如他在《城市发展史》序言中总结的，他"用一种多视角的方法，将城市的宗教、政治、经济、社会等各种活动与城市规模、结构、形式和设施等的演变结合起来，并揭示了这两方面的相互联系和影响"[3]。科特金的《全球城市史》宏观纵论、严谨深刻，勾勒出经典美丽的人类城市发展历史画卷[4]。

城市历史的研究实际上分为两个大的流派，一个注重城市的规划建筑、景观形态，偏重物质层面，算是城市的硬件；另外一个是文化的、精神的、社会的方面，注重人和人之间的关系，是城市的软件。在城市软件的研究中，又分为文化和社会两个视角。

---

[1] 隗瀛涛主编：《近代重庆城市史》，四川大学出版社，1991年，第5—6页。
[2] ［意］L. 贝纳沃罗：《世界城市史》，薛钟灵等译，科学出版社，2000年。
[3] ［美］刘易斯·芒福德：《城市发展史——起源、演变和前景》，宋俊岭、倪文彦译，译者序言，中国建筑工业出版社，2005年，第9页。
[4] ［美］科特金：《全球城市史》，王旭译，社会科学文献出版社，2010年。

五、在城乡关系中把握城市

城市是与农村相比较而存在的，是在处理与农村的关系中发展起来的。在人类历史上，有城市就有城乡差别。中世纪欧洲的城市国家把城乡割裂为两个世界，城市明显优越于乡村，城市是文明的中心，文明的起源或标志。英语和西方大部分语言中的"文明"一词，来自于拉丁文中的Civitas一词，意为城市，城市之外则是蛮荒之地。但是传统中国的城乡差别并不十分明显。自耕农为主的自然经济、氏族传统的宗法社会体系和大一统的皇权专制形成三位一体的超稳定结构，使中国城市与乡村的关系比西方要密切、深刻、稳定得多。

文化上，中国人讲天人合一，以农为本，以农立国，氏族村社以农村为载体。以至于城乡界限往往很不清楚。马克斯·韦伯注意到"中国城市居民在法律上属于他的家庭和原籍村庄，在那里有他的宗祠，在那里有他的精神寄托"①。乡村和小镇是祖庙祖坟所在地，是文化宗教的发源地，是民风习俗的温床。乡村才是真正的家，真正的归宿，真正的安全所在，所以中国向来的传统是"小难避城，大难避乡"。对读书人和老百姓而言，城市往往与一些消极的事物连在一起。城市是衙门和官府所在地，是诉讼和纳税的地点，是商人和市井之徒集中的地方，偷窃、欺诈、娼妓和赌博多发生在城里。在中国重农轻商、重人治轻法治的传统社会里，这些都是人们避之唯恐不及的。司马迁曾引汉文帝时百姓"自年六七十翁亦未尝至市井，游敖嬉戏如小儿状"②，作为汉初时人民安居乐业的标志。到了17世纪时顾炎武还说"人聚于乡而治，聚于城而乱"③。"中国人的理想世界是耕读传家、衣锦还乡、叶落归根。所以，西方历史上的城乡对立或城市的特性、自立地位，与中国迥然不同。"④同时这

---

① Max Weber, *The City*, New York: The Free Press, 1958, pp.81—82.
② 《史记》卷二十五《律书第三》。
③ 《日知录》卷十二《人聚》。
④ 姜义华等编：《港台及海外学者论中国文化》（上册），上海人民出版社，1988年，第181页。

种中国城乡关系的特色又导致了中国城市的相对封闭性,这是中国古代城市发展缓慢甚至停滞的重要原因。明清以来随着所谓资本主义萌芽的出现和市民文化的繁荣,城市无论在规模和数量上都有所发展,城市地位有所提高,但一直到通商口岸的出现,城市的优越性和吸引力才普遍形成。

但是当历史走到今天。我们再回过头来看中国的农村,广袤的乡村本身是小的聚落,拥有千年的历史,蕴含着深远的历史文化。众多的乡村优秀人才在飞黄腾达于城市后,便在暮年落叶归根于乡村,有众多名人雅士在乡村也有自己的寓所。某种意义上讲,中国文化的土壤、根子都扎在村社文化之中,那些星罗棋布、历史悠久的村镇,是承载中国文化的粒粒明珠,要好好爱惜和保护才好。

经济上,自古以来广大农村、乡镇甚至墟场、集市承担了农副产品交换的功能,减轻了城市的负担,降低了交换成本。中国农村的墟市是市镇的胚胎,和市镇一样是介于城乡之间的中间地带,很多市镇由此成长起来,具有重要的意义。施坚雅、牟复礼(Frederick Mote)等人有关中国城乡关系的一个主要观点即是中国城乡差别不明显。他们称之为城乡连续统一体(Urban-rural Continuum),即我们现在说的"城乡一体化"[①]。中国古代城乡一体化有悠久的历史和丰富的经验,值得总结借鉴,千万不要当作落后的东西全盘否定。城乡一体也是湖南的特色,应该备加珍惜。

中国城市化应该把重点放在大城市,还是小城镇,争论不休。其实两个说法都不确切,应该做的是,大中小城市有机协调,贯通区域,连接城乡,建设从小城镇到大都市在内的各种层次的非农业性人口集中的社区,建设符合中国国情的城乡一体化的新社会。城市化不是消灭农村,而是更高层次地发展农村,实现农村现代化。发展农村才是真正的、长远的、可持续的保护资源和环境,才是真正的城市化。

---

① [美]卢汉超:《美国的中国城市史研究》,《清华大学学报(哲学社会科学版)》2008年第1期。

六、区域城市体系研究

区域包含三个方面概念：一是地理区域，涉及交通状况，战略位置；二是行政区，涉及郡县治所、军事要塞；三是经济区，涉及重要经济资源、人口资源。地理区域是行政区和经济区的物质基础。例如，古代湖南由于交通主要依赖水运，城市体系和江河流域密切相关，城市群体坐落于自然水系之中，形成了政治上的防卫、治理体系和经济上的物资交换体系。政治体系和经济体系大多数情况下是重叠的，郡县治所也是当地的经济中心。治所因政治原因转移或者撤销的时候，经济中心也随之衰落。湖南在这一点上十分明显。在特殊情况下，例如战争时期和社会变动时期，治所和经济中心可能是分离的。一些边疆要塞，经济上的重要始终比不上它在政治上的重要性。

相对来说，在中国古代，政治体系占主导地位，经济体系处于从属地位。到了近代，经济区域的概念重要起来。一些政治上不那么重要的地方，经济开始发展起来，成为经济中心，例如近代的上海、重庆等。湘江流域的城市群，在古代防卫治理的意义大于经济交换的意义。施坚雅在他的中国城市大区域研究中指出，到了明清之际，湘江流域的经济纳入了中国九个大经济区内。作为湖南地区的城市发展史，我们将描述湖南地区城市体系的变迁，阐明区域城市体系演变的规律，研究湖南区域内城市的数量、规模、品质、布局、特点和相互联系等。

施坚雅是关于城市体系研究的重要学者。王旭和赵毅指出，施坚雅的宏观区域学说提出以自然地理、交通运输和商业贸易联系为标准划分中国的区域，打破了以往经济史研究以行政区划确定区域的框框；区域发展周期论提出以中心城市为核心的区域作为经济发展和衰落的周期，又突破了传统的王朝更替周期论。施坚雅所强调的是区域作为有序的整体，有其自身结构、发展逻辑和规律；特别是把孤立的城市史、地方史置于区域发展的宏观背景，会有利于某些规律性认识的发现、认同和补充。

施坚雅研究中国城市史，通过对中国城市史的研究而探索中国区域经济史乃至中国的历史结构，是深入研究中国历史的有益尝试。因为城市是人类活动的空间投影，是"在时间和空间上把人类的精神和物质活动联结为一体的指挥部",各级城市(中心地)是通过经济贸易网络联结城乡,进而把区域构成不可分割的有序整体的不同层次的中枢。区域城市化水平是社会进步、经济发展的最重要标志,施坚雅对区域中两千人城镇至区域性大城市的区域城市一体化的考察,实际上也就是对中国区域经济的总体考察。宏观区域学说强调的是区域整体性,区域发展周期论则强调了区域差异性;"核心—边缘"论着重审视区域内部的差别,"等级—规模"论则侧重区域城市一体化程度的探索[1],这些在理论上都有启迪意义。

当代城市体系最重要的发展是城市群的兴起。法国地理学者戈德认为,城市群是城市发展到成熟阶段的最高空间组织形式,是在地域上集中分布的若干城市和特大城市集聚而成的庞大的、多核心、多层次的城市集团,是大都市区的联合体[2]。城市群是在城镇化过程中,在特定的城镇化水平较高的地域空间里,以区域网络化组织为纽带,由若干个密集分布的不同等级的城市及其腹地通过空间相互作用而形成的城市—区域系统。相当数量的不同性质、类型和等级规模的城市,以一个或两个(有少数的城市群是多核心的例外)特大城市(小型的城市群为大城市)为中心,依托一定的自然环境和交通条件,城市之间的内在联系不断加强,共同构成一个相对完整的城市"集合体"。城市群是相对独立的城市群落集合体,是这些城市城际关系的总和。多个城市群或单个大的城市群即可构成经济圈。

城市群的出现是生产力发展、生产要素逐步优化组合的产物。发展城市群可在更大范围内实现资源的优化配置,增强辐射带动作用,同时促进城市群内部各城市自身的发展。城市群是工业化、城市化进程中,区域空间形态的高级现象,能够产生巨大的集聚经济效益,是国民经济快速发展、现代化水平不断提高的标志之一。长、株、潭城市群构想和建设对湖南城市化具有深远的影响。

---

[1] 王旭、赵毅:《施坚雅宏观区域学说述论—中国城市史研究的理论探索》,《史学理论研究》1992年第2期。
[2] 王国平:《城市论:以杭州为例》(上),人民出版社,2009年,第266页。

七、自然地理与城市

城市是在处理人与自然的关系中演变的，虽然城市是由人类建造的，但某种意义上讲，城市是人与自然地理环境互动的产物。自然条件影响着城市规模的大小、特色优势、发展路径和发展方向。城市自始至终享受着自然的赐予，承受着自然的制约，城市始终不变的目标和追求应该是与自然的和谐相处。

自然的影响大致包括城市的地理位置、地形地貌和生态气候三个方面。城市与地理位置的关系极大，城市本身就是地理位置的坐标，地理位置是城市的重要属性。在农耕时代，地理位置及其派生出来的气候、生态、交通、资源和人口问题是制约城市兴废的基本条件，对城市的影响至关重要。城市与自然的关系，反映的是人与自然的关系。人与自然的关系分为三个层次：一是认识和选择自然条件；二是改造利用自然资源；三是适应保护自然的环境。城址的选择是人类认识自然的成果，反映了人类的地理知识和经验智慧。人类经过长期实践，逐步学习城市地理。城市的地理基础、地理特征和地理价值关系到城市兴起、发展与变迁。城址选择，要考虑具体的地理特点，即傍河还是靠山，背水还是面水，环湖还是沿河，平川还是丘陵，港口还是河湾等。有些是以单一的地理特征为主，有些则是多种地理特点共同起作用。城址选择是否正确，能不能使地理优势得到充分发挥，会长期影响一个城市的发展。在我国历史上，许多城市的城址都在不断转移，而转移的主要原因，除了战乱灾害毁城之外，则是地理上的不利因素所造成的。地理位置决定了城市的交通、资源、战略重要性、人口和属性等。

湖南位于中华文明南北中轴线和以长江为轴的东西轴线的交汇点上，湖南城市的发展，受到两千多年中国政治、经济和文化中心在南北方向、东西方向移动的深远影响。古代由于西北方向游牧民族的挤压，中华文明的重心一次次南移、东移；近代资本主义从沿海进入和传播，中华文明重心又一次次北移、西移。湖南形成了极富特色的战争文化、贬谪文化、移民文化、民族融合文化。拿战争文化来讲，湖南城市自古是兵家必争之地，从古代多次南征到近代屡屡北伐，三湘大地，战在人先，和在人后，战乱频繁。所以湖南的城市建筑多为防御性的，墙高池深，且屡屡被毁重建，长沙、衡阳等城市从古至今多次毁于战火。所谓贬谪文化，从春秋直至唐宋，大批政客文人流放于此，带来中原文化。他们身处逆境，深刻反思，留下大量宝贵文字，从屈、贾到李、杜，从《捕蛇者说》到《岳阳楼记》，多情浪漫，忧伤感怀，悲剧情结浸润潇湘，这些文化积淀使湖南的城市散发出人文的光辉。移民文化对湖南城市的影响更大更直接，历史上多次大规模移民，对湖南城市人口的分布、城市人口的多样化、文化的多元化以及宗教、方言和戏剧的多样化都产生了深刻的影响。少数民族的血性也融入了湖南的城市中，湘人血液里可能有一半是苗族、土家族等少数民族兄弟的血液。湘人的倔强、血性、卓励、敢死，铸就了长沙、衡阳这样的铁血城市。

湖南的地形地貌赋予湖南城市婀娜多姿的形态和独特的文化气质。三湘四水一湖，山水纵横、湖光山色，湖南的城市几乎个个都是天然的山水城市和绿色城市，规模不大，环境优美，四季常青，人与自然充分接触。以长沙为例，长沙城四水环绕，橘子洲静卧江心，岳麓山耸峙江畔，山水洲城一体，美不胜收。地形地貌影响着城市的防卫、交通、防洪条件和城市规划设计、土地使用、建筑风格等。内陆盆地的局限，中南丘陵的地形地貌，湿热多雨的气候，纵横交错的水系，艰难曲折的交通，都深深影响了湖南城市的规模、分布和城市的交往与沟通。

生态气候影响到城市的宜居程度、市民生活的品质和城市的文化特色。湖南盆地三面环山，坐南朝北，冬天冷夏天热，气候多变潮湿，地形复杂多灾。生存条件比较复杂、历史发展比较曲折，因而人的抵御能力和斗争性较强，自古湘人吃苦耐劳的品质大概与此有关。北方城市里面出来的人，大气、剽悍、粗犷、憨直胆大；南方城市小桥流水人家、杏花春雨江南，出来的人，文弱、聪明、儒雅。湖南面朝北方，山山水水，山水相连，山使人勇敢坚毅，水让人变化通达，湘人兼有北人和南人的气质，有能打仗、会读书之说。

湖南城市建设应建立在对湖南城市发展的历史经验充分理解和尊重的前提下。湖南淡水充盈、绿地覆盖、气候温和、氧气充足、山水相间、江河纵横，城市与自然天成一体，城市建筑高低错落有致，建设山水城市，建设两型城市有着十分优越的条件。所谓农业大省、鱼米之乡，最大的优势就是美好的大自然，我们有上天对湘人的丰厚赐予。城市如何与自然相处，祖先们积累了丰富的经验，例如，湖南的城市，规模应以中小等城市为主体，城市总体不宜过大，即使是长、株、潭城市群，也应该是中等城市和小城镇的城镇集群和原始自然山水中的建筑群落，不是水泥大饼；城市建设应尽最大努力保护城市中的水面和山丘，长沙地名中有许多"岭"和"塘"，现在踪影皆无，留下的是像北方平原地区一样的平板城市，把自然赶出了城市，又搞一点假景和星星点点的人工绿化来点缀，糟蹋了湖湘山水，令人扼腕叹息！现代化不仅仅是大工业、摩天楼、高架桥，更是向自然的回归，与自然的共生。世界上与自然界结合得好的城市，如威尼斯、彼得堡、布达佩斯、苏州、杭州等，令人永久向往。山水城市是城市的最高境界，与自然的亲密结合是人居的最高追求。

八、规划建筑与城市

规划是主观和客观结合的产物，是使城市的地理生态系统与人文社会系统相匹配的一个连接点，规划建筑系统要准确深刻地认识自然、认识生态，趋利而避害，找到人和自然相处的两利方法，使人和自然达到和谐；也是把城市里经济系统、政治系统、社会系统和文化系统整合、组装到一起的设想和载体。城市的综合功能和多方面协调是通过规划、建筑系统地来实现的。

从规划建筑的角度讲，城市的物质空间本身就是文化。物质的城市是精神的体现，物理的空间是文化的容器，这就是城市规划建筑的文化作用。城市的规划建筑是新的文化范式，是新的文化记录、阅读和传播的方式。"空间的社会功能极其丰富，它还是传播知识体系的媒介。传统中国识字率低下，儒家伦理道德、宗法观念等作为传统知识体系的组成部分有时就通过空间来传播，大至城市中的宫城、官署，小至日常房屋结构、宗祠牌坊，都在安排并宣扬着长幼有序、男女有别、慎终追远的伦理观念，这是儒家思想能够日常生活化的重要基础。近代城市新型空间出现后，空间开始述说现代西方知识体系，空间布局基本的依据就是现代西方的学科分类，中国本土事物也被纳入现代学科谱系之中。如博物馆、博览会等展现、叙述的是现代科学知识，而古物陈列所、国货陈列所等则宣传着历史、经济等知识。"[1]即使是在今天，信息传播极为方便的时候，人类对城市空间的需要也不会减少。

这是因为人类对文化的需求有形而上的东西，也有形而下的东西。《易经》说："形而上者谓之道，形而下者谓之器。"有时我们忽视有形的东西，实际上形而下的东西是非常重要，形而上和形而下的统一是城市最大的特点。一位罗马教皇曾经说，让人们信仰上帝、相信我们，不仅仅要靠《圣经》，还要靠宏伟的大教堂，从存在了两千多年的帕特农神庙到建筑了六百多年的科隆大教堂，都表明建筑对精神的影响有多么巨大。对众多的市民来讲，形而下的东西影响更大，这是城市的人文精神，建筑中的人性。人类的建筑艺术带来的文化震撼只有城市才有，城市是形而下的文化的大工厂。不仅仅是城市的建筑，还包括城市的格局、城市的位置、城市过去的防御设施和公共设施，都是人类宝贵的遗产，它反映了那个时代人们的思想，饱含了人们的精神和智慧，保留传达着古代的城市文化信息，唤起人们对城市认同与情感。许多海外游子回到故乡，仅仅是为了追寻老城的历史记忆。一个城市如果拥有较多古代建筑，一些古老街巷，一些古代地名，一段远古以来的城墙，城市的味道马上就不一样。

"天人合一"的哲学深深影响着中国的城市规划。这种影响不只是文化追求，还是对社会结构的空间安排。"空间就是社会结构运作的基本条件。建筑是构成城市空间最主要的构件，它具有塑造社会组织的功能。史学界对建筑的研究往往偏重于外在形态、风格与文化的关系，而相对忽略建筑的内在结构所具备的社会功能。空间是西方资本主义生产方式、科层组织进入中国的最初形式，当工厂、银行、学校等现代性机构进入中国城市后，空间安排对工人、职员及学生进行有效的管理。这既体现于外部建筑形式从物质感官上引导人们对西方社会科层制有一个初步的认识，也体现于内部空间结构对人的约束。因此，现代机构多采行西式建筑这一空间形式，以促进现代

---

[1] 陈蕴茜：《空间维度下的中国城市史研究》，《学术月刊》2009年第10期。

科层组织与社会结构在中国推展。从空间维度研究城市，可以将组织化、结构化的城市特性更深刻地展现出来。"①

九、行政权力与城市

中国古代城市是皇权统治下的城市，立法、司法和行政一体，表现为行政权力主宰城市，到近现代经济因素的作用才逐渐加大，直到现在政治力量也是城市中最重要的因素之一，这是中国城市发展的一个重要规律。在空间上把物质的东西集约到一起的时候，人类把自己也集中到了一起。在冷兵器时代，人口的集中，使城市加强了三个政治功能：第一，国家的安全功能，城市是国家安全网络上的枢纽，军事防御的要塞和进攻的基地；第二，城市本身的防御能力和周边安全大大增强；第三，城市内部的秩序和治安，不同阶级、等级，不同民族、家族，不同文化、宗教的众多人口，在利益观念上的安排协调，成为一件重要的事情。这三个方面，都是以政权为主导的，在古代是以皇权为主导的。自古以来，湖南的城市便面临水灾、火灾和盗贼的威胁，城市的管理是统治者的重要任务。

刘易斯·芒福德明确肯定了王权制度在城市诞生过程中的重大作用，他说："从分散的村落经济向高度组织化的城市经济进化过程中，最重要的参变因素是国王，或者说，是王权制度。我们现今所熟知的与城市发展密切相关的工业化和商业化，在几个世纪的时间里都还只是一种附属现象，而且出现的时间可能还要晚些。……在城市的集中聚合的过程中，国王占据中心位置，他是城市磁体的磁极，把一切新兴力量统统吸引到城市文明的心腹地区来，并置于诸宫廷和庙宇的控制下。国王有时兴建一些新城，有时则将亘古以来只是一群建筑物的乡村小镇改建为城市，并向这些地方派出行政官去代他管辖，不论是在新建的城市还是在改建的城市中，国王的统治使这些地

---

① 陈蕴茜：《空间维度下的中国城市史研究》，《学术月刊》2009年第10期。

区的城市,从形式到内容,都发生了决定性的变化"①。

人口的集中不仅是物质要素在空间上的简单聚拢,更重要的在于集体力量的凝结和统一意志的形成,而这种状态是专制统治和儒家文化的共同努力下才得以实现的,特别是科举制度,把有利于皇权统治的儒家思想贯穿到教育中,把人生追求和官场规范、庙堂之高和江湖之远、城市科场和乡村故里、中国的南北东西都连接统一起来。科举制度和后来的书院制度,都成为皇权的一部分,深深地影响了中国城市的发展。皇权和城市相互依赖,城市强则国家强,城市弱则国家弱。城市本身的管理和通过城市对广大农村的管理使城市成为国家和社会的管理枢纽,城市体系成为国家统治的体系。

十、精神文化与城市

城市不仅仅满足人们对于物质生活的需要,而且要满足人们对精神生活的需要。城市在满足人们精神需要的过程中,形成了城市的精神属性。这种精神属性不仅直接体现在思想文化领域,还体现在城市的政治、经济、社会、规划、建筑、与自然的关系等方方面面,这种精神属性往往被人忽略。城市的发展极大地促进了精神的拓展。城市使人际交往和交流便捷加快和加深。古代希腊城邦和春秋时期中国城市的兴起(诸侯的兴起与城市的兴起相关),说明在古代交通通信不发达的条件下,城市对于精神发展有正相关性。即使今天的城市对于精神的发展也极为重要,在人的发展过程中,环境起的作用具有重大意义,城市的传播发达,时尚风气变幻多彩,文学艺术繁荣,文化名人星空灿烂,文化事件层出不穷,教育科技文化设施先进,大学和其他学术科研机构云集。城市给予市民的影响是多方面的、深刻的和持久的,市民之间也是互相交流和影响的,一个城里长大的孩子和一个农村长大的孩子迥然不同,各有优缺点,但是城里孩子在城市获得的大量信息,使其在知识学习方面具有巨大优势。

---

① [美]刘易斯·芒福德:《城市发展史——起源、演变和前景》,宋俊岭、倪文彦译,中国建筑工业出版社,1989年,第27页。

理论方法与基本问题
——改革开放以来中国城市史研究的探索

城市是人类精神之花生长的温床,这是因为人类对城市不仅仅有物质的需要,而且有强烈的精神需要。这种精神需要有两个方面,一个方面是人们对城市有哪些精神需要;另一个方面城市是如何满足人类的精神需要。我们都有这样的体验,当我们在黄昏的时候看到城市的轮廓,在天际线上看到巨大的教堂、神庙、陵墓、宫殿身影的时候,我们会产生对这个城市的景仰,这不是景仰它的物质,而是景仰它的精神。人们需要物质的神殿,是因为人们需要精神上的神殿;人们需要物质的城墙,还需要精神的城墙;需要物质的食粮,还需要精神的食粮;除了果腹御寒之外,人们还需要神圣、信仰和皈依。宏伟的建筑、庄严的城市,实质上是人类精神的物化、内心世界的外化。

人类在一定发展阶段,需要一种神圣感和敬畏感,是思想性、社会性高层次的要求,这是动物界没有的。到了近现代,人类强大了,特别是工业革命以来,科学的进步和物质力量的膨胀使神圣性需求下降,而神圣性仍然积淀在历史之中,犹如灯塔熠熠生辉。滚滚红尘中的人们,常常奔向历史的深处去追寻古代的神圣性。现代城市创造了新鲜的时代精神也吸引着人们顶礼膜拜,但是这些精神多样、多层、多变,有待时间的沉淀。纽约洋溢着一种非常强的金融和冒险的精神,香港洋溢着一种商业和创新精神,巴黎洋溢着艺术和浪漫的人文精神,圣彼得堡充满了一种边疆和进取的精神,普希金诗体现的就是圣彼得堡精神。

城市发展史中一条极其重要的历史经验,就是城市的发展往往取决于能不能使人们得到精神文化的满足。有的城市在满足人们的物质需要方面做了大量的事情,但是在满足人们精神需要方面,标准不高、层次不高,使市民道德沦丧、精神生活匮乏,而这些物欲恣肆、人欲横流的状态,导致城市的失败,例如古巴比伦、帝国末期的罗马、南宋末期的临安。城市间的差距在满足精神需求方面相差悬殊。城市之间的人口、生产力、生活水平的差距只是一个方面,偏远的城市、新兴的城市比起其他历史文化名城,差距在于缺乏历史积淀的精神财富。无论过去还是现在,城市之间的差距在于物质更在于精神,从长远一点的观点来看,城市之间的竞争最终是人的竞争,是精神和文化的竞争。无数涌往北京、上海、广州、深圳等大城市的人,一方面追求物质生活，另一方面是因为这些城市有一股精神，有一股活力在张扬着、激荡着，这股精神吸引着年轻人去创造去发挥去追寻。人们向往精神品质更高的城市，而那些精神品质很低的建筑、城区或者城市，往往被抛弃。

城市应该拥有的意义追求和价值选择体现在：一是历史精神。历史就是文化，城市就是文化，城市的历史文化是极其宝贵的精神资源。世界很多城市里教堂林立，唱经声萦绕社区，宗教气氛浓郁。中国上下五千年，儒释道源远流长，祖先筚路蓝缕屡创辉煌，我们的文明曾经数度领先世界，中国城市不能数典忘祖、妄自菲薄，而要慎终追远、怀古念旧，历史文化是认同、是皈依、是回家、是团聚。一个珍惜自己历史，保护历史文化遗产的城市是值得尊敬的，一个洋溢着历史感的城市是有价值的，凡是文明的国家无不十分珍惜自己的历史，世界所有文明的城市无不视历史文化为宝贵的城市资源。二是人本精神。城市要以人为本，以市民为本，充满人性人道人本氛围，关心人、方便人、一切服务人、一切为了人，充满平等、包容、仁爱的精神，弱势群体得到关照，强权和霸道销声匿迹。平等、均富、民主、法治成为共识，公共精神和市民精神洋溢在大街小巷，大写的人字写满城市每一个角落。三是自然的精神。道法自然，天人合一，深切爱惜自然，切实保护自然，珍惜自然的原生状态和原始魅力，保护爱惜动植物，使城市与自然融为一体，让人在城市中亲密接触自然。四是英雄精神。从1840年起，170多年来，中国人可歌可泣的奋斗，慷慨悲歌荡漾在城市之中，英魂如群星闪耀在城市上空，城市不能忘记他们。长沙在抗日战争中历经四次会战，惨遭"文夕大火"，是英雄的城市、铁血的城市、光荣的城市、美丽凤凰涅槃的城市，这种精神不可丢弃。在新的时代，这种英雄的精神再赋予新的内涵，那就是在发展中的进取精神、竞争精神，以同样的英雄气概在商战中再创辉煌。五是科学的精神。中国的传统城市的转型从路径上讲，要靠工业化、市场化和信息化，这些变化背后是人的启蒙、人的变化，人的价值观念的变化、人的知识系统的改变。人的精神的成长、精神世界的拓展、精神世界的强大，主要靠科学和知识。城市应该尊重科学、尊重知识、尊重教育、尊重人才。城市应该有浓厚的学习之风、探索之风、讨论之风和追求真理、捍卫真理的科学态度。崇尚科学和知识应该成为城市重要的精神特征。

六是美的精神。城市要美丽，包括形象美丽，精神美丽。城市要善待文化，市民要热衷艺术，建筑要讲究风格和特色。新文化运动中，曾有人倡导"以美代教"，过去没有条件，现在中国的城市应该以美的精神和美的原则规划建设自己的城市，山美、水美、城市美，城市人更美，城市与人应该与美同行。

十一、生产、交换与城市

城市史要研究自然经济与市场经济、农耕经济与工业经济对城市的影响。总的来看，生产和交换是城市生存基础，也是城市的主要功能。城市的发展是生产力提升的过程、交换扩大的过程和财富积累的过程，城市是社会经济增长的发动机。但是在不同时代和不同文化背景之下，经济的内容、形态和作用是不一样的。需求是城市经济发展的动力。人们物质需要的增长和被满足的过程就是城市经济成长的过程。城市首先要满足人类基本生活和生产的需要，随着历史的进展，人类的需要在不断地增长、丰富和变化。

越是市场机制发达的地区，城市之间的分工越充分，使城市各具特色，千姿百态，城市间的学习竞争协作成了经济社会发展的巨大动力。西方的自治制度，使这种竞争中形成的独立性和个性有政治上的保证和约束。中国自给自足的农业经济性质使中国的城市在功能上趋同，高度集中的政治的统治使城市缺乏内在动力和特性。尽管这样，由于漫长丰富的历史，由于幅员辽阔并多姿多彩的地理环境，中国仍然有许多独具魅力的城市。它们的区别大都体现在自然、历史、文化方面。生产要素包括资本、土地、技术、人才、资源等，特别在现代社会，整个市场要素资本化。城市是整合各种资源的巨手。虽然中国在专制制度下，自然经发展缓慢，但是在宋朝和后来的明清，商业经济都得到很大的发展，城市起了至关重要的作用。改革开放以来，有些地方靠办市场来推动城市经济，也取得了明显成效。各种各样的专业街、专业镇、专业市如雨后春笋。市场经济的规律、交换的效率、交换的效益刺激了生产的规模，使产品在竞争中高级化，不断地升级换代，带动了整个的生产，后来的工业革命和市场扩大有很大的关系，这是城市的经济作用。

城市能形成巨大的生产力，且有很大的辐射、带动作用，带动周围的广大地区，新的生产力辐射到周围的农村并影响到遥远的地方，推进了整个社会的经济运行和增长。城市是经济中心和交换的载体枢纽，市场像一张网，城市是这张网上的结纽，在市场经济充分发展的时代，城市交换份额的大小和便利与否，也决定城市地位的重要程度，城市的经济地位某种意义上就是市场中的地位。城市生产力的规模越大，越催生出具有特色的经济影响力；城市满足了经济交换和交流的需要，使市场向全球延伸，城市是市场网络上的结纽，大城市和城市集群是地区经济增长极。

十二、社会空间与城市

城市是物质空间与社会空间的统一，城市社会是最具有城市意义的社会。第一，城市的聚集性使城市人群结构复杂化。不同阶级、等级、阶层、行业、民族、性别和宗族信仰的人群构成不同的利益群体和文化群体。这些群体会形成自己的组织，例如商会、行帮、社团、宗族、宗教组织和近代的政党。第二，城市的综合性使人群的相关性增加，接触程度增加，物质精神交流增加，利益观念融合加快，矛盾冲突大大增加。城市的社会结构变化，社会制度日益复杂，对社会管理提出更高要求。人们要按照一定的组织形式组织起来，按一定的秩序进行社会活动。第三，规划建筑空间，与城市的社会结构相关联、相适应、相配套。城市功能的分区，建筑的等级、样式，管理的秩序，处处体现出城市的社会性。当我们鸟瞰故宫的时候，我们看到的那些建筑等级森严、层次清楚，由此建筑群体，可以推测出建筑之内人员群体的等级森严。中国古代对城市实行网格化建设和管理，通过限制被压迫阶级的行动来保证秩序与安全，到了宋朝，厢坊制改革，网格化管理才被打破。公共设施如果都是私人的，就没有办法运转，这是城市的重大属性。

国家的政治、经济和文化对城市社会有重大影响。在阶级社会里，最重要的群体是阶级群体，分为统治阶级和被统治阶级。处于统治地位的阶级，占据着城市的主导权和主要资源。古代的城市，是在皇权政治、氏族社会、自然经济、小农经济、儒家文化和愚民政策的基础上建立起来的。血缘关系结成的氏族社会，是以村社为居住单位，以家庭家族为本位，以礼教习俗为道德规范的广阔深厚的农村村社社会，密不可分的城乡关系，深刻影响城市的发展。中国古代的城市，实际上是农村的延伸和集中。中国古代城市与乡村有千丝万缕的联系，使城市具有很强的封建性和乡村基因。皇权的统治，在农村是通过乡绅宗族力量实现的。与农村不同的是，乡绅这个重要的阶层退出了城市社会。

但是城市里的宗法、家族、亲朋故旧等关系仍旧非常深厚，熟人的城市、熟人的小镇带有农业社会"温情脉脉"的特征。官场中的朋党，商业中的行帮，社会里的会党，这种人际关系社会束缚了城市的发展，中国两千多年来在农村化和城市化之间徘徊。另一方面，城市的居民很大程度上脱离了血缘纽带结成的氏族关系，在城市里有了新的身份和职业，有了新的社会地位和社会关系。由血缘关系为主的社会，变成由地域关系为主的社会，是对村社组织的瓦解，是市民社会形成的基本条件，是社会关系的历史性变迁。

城市社会有一种天然的要求，那就是公共性。城市的生产生活和社会活动要求打破血缘的、宗法的关系。公共性的性质是城市和乡村非常重要的区别。乡村也有公共空间，一个村有一个议事会，在氏族部落里面有议事的机构，也有小型的祭祀的宗教场地，这些地方是最初的公共空间。但是乡村公共空间的人数很狭小，所议的事情很简单，大概就和相关的几百口人、几十个家庭有关，他们不太议天下的事情，对内有一点公共性，但是对外却具有私人性质。中国的古代社会具有很强的私人性，国家是家天下，属于皇帝家族私人的，"普天之下，莫非王土；率土之滨，莫非王臣"。农村社会基本上是大家族把持，很多公共事务都属于一个家族、一个家庭、一个个人，都出现在私人空间或者私人领域。

近代机器工业和市场经济的普遍化，推动公共生活的普遍化；公共生活的发展引起城市本身属性的嬗变，引发了城市社会的革命。欧洲的近代城市是突破了王权、神权和领主经济三大束缚发展起来的。中国古代社会在王权上比西方有过之而无不及，虽然在神权上不如西方强大和持久，但是我们的农耕的、宗法的社会有很强的私人性、家庭性、血缘性、宗族性。中国的城市公共性进步与西方城市相比更加艰难和漫长，是中国社会现代化和城市现代化的一个瓶颈。我们的行政性城市管理如何转型，有待于城市公共性的进步突破中世纪束缚以后，城市展现出特有的自治和公共的功能。公共领域、公共空间中的公共生活实际上就是公民生活，拥有平等权利的生活，是公民自治的公共生活。公共社会占了主流，市民就变成了公民。自治是说它只对法律负责，不只对某些人负责，不只对某个家庭负责，更不只对某个人负责。公共是说，城市空间的共有共享，体现的是平等和法治的精神。城市里面，公共空间和公共领域成为城市的主体，公共生活成为城市生活主流，公共权力被迫退到第二线，成为社会的公仆。私人领域被压迫到很狭小的范围内，哪怕是皇家、贵族的权威和领地大大缩小，但是私人利益和私人领域受到法律严格的保护，私人性的神圣不可侵犯成为公共性发展的条件。这样互利共赢的自治基础上的法治社会也就形成了。这种变迁是一个漫长、曲折的过程，当商品经济比较发达的时候，城市的公共性就发展，例如唐、宋、明、清时期。当国家政治动荡，商品经济受阻碍的时候，城市的公共性就降到低点。直到近代，外部强力植入的资本主义经济，大工业商品生产破坏了自然经济的万里长城，城市的公共性才迅速发展起来，从而拥有了公共基础设施、公共社会组织、公共财政税收体系、公共道德意识、公共管理机构、现代法律制度。公共空间的建立、公民意识的形成是城市社会的根本问题，我们面临的改革很大程度上是城市社会改革、城市社会管理体制的改革。我们一直把城市看作是政治单元，近些年又看作是经济单元，其实将来会逐步演变成市民自治的社会单元。

原载《书屋》2012年第10、12期

城市史研究的两种视野：内向性与外向性

戴一峰

虽然中国的城市史研究起步于20世纪二三十年代，但其成绩斐然却是与80年代后中国社会经济的迅猛发展、城市化进程的骤然提速联系在一起的。回顾近二十多年来中国城市史研究走过的学术路径，综观林林总总的实证性和理论性论著，我们可以清楚地看到，城市史研究存在着两种不同的视野——内向性视野和外向性视野[①]。前者指的是研究者探索的目光朝向城市内部，聚焦于城市人口规模的变动、行政管理的建构、市政建设的展开、部门经济的发展变化、各种社会组织的产生与运作、社会空间的分异与变迁、医疗卫生事业的演化、文化教育事业的建设、大众娱乐的普及、生活习俗的变迁、价值观念的更替等；后者则是指研究者探索的目光朝向城市外部，聚焦于城市与所处区域、关联区域的内在联系及其相互影响与制约，城市与城市之间的联系以及由此构成的城市网络的形态与运作等。据不完全统计，目前国内的城市史研究，约占九成的研究成果为单体城市研究[②]，而大多数单体城市研究都偏好内向性视野。也就是说，大多数研究者侧重于对城市人口、组织、管理、社区、阶层、经济、教育、娱乐等某一城市局部或某些城市局部状况的描述，很少同时将视野外放，考量

[①] 熊月之、张生在《中国城市史研究综述（1986—2006）》（载《史林》2008年第1期）一文中指出："90年代中期后，城市史研究向两个方面发展：一是向内的取向，对城市内部区域、人口、功能、结构的深入剖析……另一方面是向外的取向，编写城市通史。"前者所指与本文的内向性视野基本吻合；但后者仅指城市通史的编写，则和本文的外向性视野大异其趣。

[②] 参见张利民编：《近代中国城市史论著索引》，《城市史研究》第13—14辑，天津古籍出版社，1997年；熊月之、张生：《中国城市史研究综述（1986—2006）》，《史林》2008年第1期。

城市内部各部分或各要素的演化与城市周围地区人文生态以及社会变迁之间的关系。

事实上，即便是一个单体城市历史的研究，也需要在以内向性视野关注城市内部的同时，运用外向性视野关注城市的外部关联性。因为任何一个城市都不是孤立的、封闭的，恰恰相反，城市的基本特征之一就是它的关联性和开放性。以粮食为例，如果没有城市外部的农村为城市提供城市居民的基本食品，城市的存在是不可想象的[1]。更为重要的是，城市的产生、发展及其个性特征，总是或多或少与城市所在周围地区或关联地区的自然禀赋、人文生态及其社会变迁密切相关。有些城市的外部关联，可能覆盖一个跨国的地域空间。比如，厦门在近代的发展变化，在很大程度上与它地处的闽南居民建构的南中国海区域移民、商贸、侨汇等网络的发展变化紧密关联。是闽南移民以厦门为中心的常川流动，促进了厦门海洋轮船客运业的发展，并带动了近代厦门的航运业；是闽南移民形成的特殊消费市场，促进了厦门与东南亚的贸易以及国内贸易，并带动了相关近代工业的发展；是闽南移民的投资促进了厦门近代工业的发展，尤其是促进了厦门近代公用事业、市政建设、房地产业的发展。因此，如果仅仅将研究视野局限于厦门内部，我们将难以充分理解和解释厦门城市近代的社会经济与文化变迁[2]。

从城市发育、发展的历史逻辑看，任何一个特定区域的城市都经历了从零星散布的单体城市到城市集合、城市体系的演化历程。城市史的研究似乎沿着同样的逻辑演进。20世纪80年代，中国近代城市史从单体城市史研究起步，其后逐渐进入对群体城市史和区域城市史的关注。与单体城市史的研究不同，区域城市史的研究对象是一个特定空间内一组性质、类型、规模各异但又相互密切联结的城市，即一个城市集合体。是故，区域城市史研究本应当具有总体史观的基本特征，具有表征区域研究特色的空间史观，应当在区域视野下对该区域城市群体作历时性与共时性的探索：前者侧

---

[1] 赵冈曾将城市发展规模的界限与城市外部粮食生产的余粮率相联系，对中国城市发展的若干特征作了颇为独到的解读，详见［美］赵冈：《论中国历史上的市镇》，《中国社会经济史研究》1992年第2期。
[2] 参见戴一峰：《闽南华侨与近代厦门城市经济的发展》，《华侨华人历史研究》1994年第2期；《区域性经济发展与社会变迁》，岳麓书社，2004年，第38—53、297—372页。

重于探究这一特定空间在人文、自然环境的双重制约下，城市群体发育、演化的历史进程，各个发展阶段该区域的城市化程度及其基本特征，以及城市群各要素的阶段性演进；后者则侧重于探讨这一城市群体空间网络的结构与功能，该区域的社会政治、经济、文化等要素透过城市网络的往返流动、运行机制和生成的效应等，以凸显该区域城市体系的区域特征。换言之，区域城市史研究本应当最适合交错运用内向性和外向性两种视野。但遗憾的是，研究者大多侧重于粗线条地叙述作为研究对象的区域内城市规模的扩展、城市体系的形成，而甚少深入探讨区域城市群体发展变化与该区域社会政治、经济、文化等要素变迁间的内在关联，也甚少细致入微地探讨区域城市群之间的商品、资本、技术和信息流动的具象以及与城市群个体发展变化之间的关联。所以，在今后的城市史研究中，应当大力提倡内向性视野与外向性视野的交叉并用。

首先，尽管对城市化的定义和解读尚有分歧，但城市化是城市史研究的核心问题已是学术界的一个基本共识。城市化作为一个动态的历史过程，总是在时间与空间的交集中进行的。这一空间并非由城墙所界定的地理空间，也不是为行政管理权力所覆盖的地理空间，而是与城市形成和演化密切相关的一个人文生态系统，一个在地理空间上覆盖城市内外的特定区域。是故，单一的内向性视野显然无从令人满意地解释和揭示城市化进程及其阶段性结果，唯有借助内向性和外向性双重视野的交错考察，我们才有可能获得城市化的准确认知。

其次，由于法国年鉴学派的倡导，史学研究应当富含"问题意识"也成为学术界的共识。研究者面对自己的研究对象，可以产生各种问题。但有两个最基本的问题即"是什么"和"为什么"，是研究者面对任何研究对象都应当回应的。就城市史研究而言，无论我们研究的对象是一个单体城市还是群体城市，我们也总要问这两个最基本的问题：一是研究的城市或城市群是什么样的？二是研究的城市或城市群为什么是这样的？就近二十多年国内的城市史研究观之，相当一部分研究者偏重于描述和回应第一个问题，而忽视探索和回应第二个问题。究其原因，应与研究视野过于单一、狭窄有关。是故，唯有内外两种视野的有机结合，才有望完整地回应上述两个最基本的问题。

再次，唯物史观的一个基本原理是强调历史事物联系的客观性、普遍性和多样性。法国年鉴学派所倡导的"总体观（或整体观）"，正是吸纳了这一原理之精髓。作为一种认识论，总体观的提出，原本就是针对此前史学研究在"专业化"的名义下，将研究对象不断割裂和细碎化的倾向。就城市史研究而言，单一的内向性视野易于引致就城市论城市，忽略城市作为一种复杂关系体的外部关联，甚至就城市的局部论城市的局部，忽略局部与整体的关系，从而导致被学术界责难的研究"细碎化"。因此，唯有内向性视野与外向性视野的综合运用，才能避免陷入局部、片面的城市解读中。

最后，两种研究视野的交错并用，有望为城市史研究开拓出更为广阔的领域，深化城市史研究理论，并使城市史研究更贴近现实。对此，国外学术界城市史研究的经验和成果值得我们借鉴。如在城市史研究发源地美国，20世纪五六十年代，学术界开始对以往美国城市史研究大多聚焦于城市内部问题的研究倾向提出质疑。著名美国城市史专家埃里克·兰帕德主张扩展研究视野，重视城市化动态过程的研究，由此形成其影响甚广的、包含四个层次十一种要素的城市化理论。其中第三层次即强调关注城市与外部的关联。90年代初，萨缪尔·海斯发表的《从城市史到城市化社会的历史》一文，更是融合内外视野，同时关注城乡的社会变迁及其互动关系，进一步深化城市化理论[1]。而在加拿大，由于20世纪50年代J. M. S. 凯尔莱斯提倡的都市主义理论的影响，其城市史研究具有明显的内外视野结合的特征，并逐渐形成都市—区域理论。凯尔莱斯于70年代末发表的《都市与区域：1914年以前加拿大历史上城市与区域的相互作用》一文，就是这一理论的代表作。80年代初，吉尔伯特·斯蒂尔特发表《城市史的区域结构》，主张应改变以往将城市作为一个实体来研究的习惯，而将城市视为一种复杂的关系来研究，由此进一步发展了都市—区域理论[2]。反观中国城市史研究，

---

[1] Eric E. Lampard, "American Historians and the study of Urbanization", *American Historical Review*, Vol. 67（《美国历史评论》第67卷）；Samuel P.Hays, "From the History of the City to the History of the Urbanized Society", *Journal of Urban History*, Vol. 19, No. 4（《城市史杂志》第19卷第4期）。

[2] 参见姜芃：《城市史研究中的都市—地区理论》，《史学理论研究》1997年第4期。姜芃将"region"译为"地区"，本文按国内学术界的通行译法译为"区域"。

理论方法与基本问题
——改革开放以来中国城市史研究的探索

虽然美国学者施坚雅运用其宏观区域理论对中国区域城市化的研究已久为学术界所熟知，但国内学术界似乎更多关注施坚雅所建构的宏观区域城市体系理论与实体，而甚少体察他对中国城市史研究的视野与路径。施坚雅于1977年主编出版的《中华帝国晚期的城市》一书，堪称融合运用内外视野的典范。诚如他在导言中所言："本书是围绕着中华帝国晚期城市的三个方面组织起来的。第一编论述城市的建立与扩展，以及影响其形式与发展的诸种因素。第二编着重城市在各自的腹地和区域中扎根，论述城市与城市以及城市与乡村间的联系。第三编论述城市内部的社会结构。"[1]我们由此可以透视他的研究思路与视野。该书所收日本著名史学家斯波义信的《宁波及其腹地》一文，则可以成为我们如何在单体城市研究中综合交叉运用内外视野的范例[2]。另一位日本著名史学家滨下武志以亚洲网络的视野对香港的研究，也充分显示其融合运用内外视野的学术魅力[3]。

综上所述，在城市史研究中，研究视野的选择，自然在很大程度上取决于具体的研究对象与研究者的问题意识，内向性视野与外向性视野各具其特点与功能，各有其优势和局限，并无高下之分。本文所提倡的，是研究者应当对此了然于胸，交错、综合运用，以求在内向性视野和外向性视野的交集中，更全面、深入地解读城市，扩展和推进中国的城市史研究。

原载《学术月刊》2009年第10期

---

[1] ［美］施坚雅主编：《中华帝国晚期的城市》，叶光庭等译，陈桥驿校，中华书局，2000年，第7页。
[2] 施坚雅在第二编导言中评述斯波义信的文章时称："他的分析把城市内部结构与腹地结构联系起来，也愈加值得注意。他对宁波的地区和城市贸易体系的论述，为拙作中提出的光有骨架的模式加添了血肉；在强调地区经济所依的地方体系专业化时，他以理论上很重要的方式补充了我的叙述。"这是一段很值得细细体味的话。
[3] ［日］滨下武志：《香港——亚洲的网络都市》，筑摩书房，1996年；《香港大视野：亚洲网络中心》，马宋芝译，（香港）商务印书馆，1997年。

中国城市发展模式研究

何一民 范 瑛 付 春

世纪之交，随着中国城市化的加速发展，城市的地位和作用不断增强。在这样的背景下，研究城市发展模式有着越来越重要的意义。

中国城市发展在其漫长的历史演变进程中先后出现有三种模式：独立型发展模式、依附型发展模式、互动共生型发展模式。这三种模式在不同的时期有不同的表现。

一、独立型城市发展模式

独立型城市发展模式主要是指在特定的空间范围内的城市之间相互联系不紧密，社会交流较少，经济联系薄弱，单体的城市大都在相对封闭的环境中独立发展。这种发展模式由于各种原因在不同时期都存在。

在农业社会时代，独立型发展模式是城市发展的主要模式。这是为当时的经济条件和政治条件等所决定的。

从经济的角度考察，此一时期，城市的发展是以小农业和家庭手工业相结合的自给自足的自然经济为基础，农业经济具有单一化、低效率、小区域、周期性的特点，并对整个社会经济运转起着决定性作用，农业的兴衰决定着城市手工业商业的兴衰。在自然经济条件下，城市的规模一般都较小，大多数城市是消费性城市，各城市经济的发展是以自给自足为主要目标；城市的工商业大多数属于非基本经济部门，主要是为城市内部服务，因而对社会资源的集聚、辐射作用弱小的经济运行方式明显受到时空的制约，呈现封闭、半封闭的态势。其特征表现为：一，城市经济腹地狭窄；二，经济结构雷同；三，商品经济发展不充分，非经济力量干预强大。城市经济力量弱小，缺乏竞争与合作，专业化生产不突出，封闭性、保守性和小生产性的特征明显，因而对城市发展的推动作用较小。

农业时代的政治状况也是导致独立型城市发展模式形成的重要原因之一。中国自秦以来实行中央集权的封建专制制度，历朝历代的封建王朝都实行严厉的社会控制和重农抑商政策，在封建政治的严重束缚和影响下，城市表现出明显的封闭性。

农业时代交通工具和运输技术的不发达对独立型城市发展模式的形成也起着十分重要的作用。

近代以来，随着中国的封闭状态被打破，城市的独立性也发生变化，但总体上考察，自然经济仍居主导地位，不发达的生产力、不正常的国际联系、不完善的交通网络、不健全的市场体系、半殖民地半封建制度的束缚和战争的破坏，使得除了沿海和沿江城市对外联系较为密切外，国内大部分城市仍是处于相对封闭的独立发展状态。

中华人民共和国成立后，由于西方世界对中国的经济封锁，中国城市与外部的联系减弱，处于相对独立发展状态。同时由于采用计划经济体制和均衡发展战略，从而进一步强化了城市的独立性。

在"全国一盘棋"思想的指导下，国家实行区域均衡发展政策，各地都尽可能建立本地区相对独立和完备的国民经济体系尤其是工业经济体系，追求"大而全""小而全"。这种自成体系状况的形成和发展，是通过高度集中管理的计划体制来实现的，因而造成各地行政分割和相互封闭。计划经济体制在调节手段上，排斥市场机制，以国家的指令性计划调拨配置区域发展资源，人为地把经济的内在联系割裂了。在计划经济体制条件下，所有的产品计划调拨，原材料计划供应，人口不能自由流动，城市之间的经济联系、政治联系、社会联系都受到很大制约；区域自成体系，行政条块分割严重，人为地切断了各地区之间正常的商品交换、流通和分工合作。即使实行的一些经济协作也是行政式、计划性的区域经济协作，只是一种单纯的产业分工，经济联系主要是以计划调拨为纽带，缺乏市场为纽带的区域城市经济分工合作。

如长江三角洲地区虽然属于同一个经济地缘板块，但由于受不同行政管理体制的制约，城市之间通过市场进行的经济内在联系被割断，仅有的经济联系只是通过中央计划和行政手段得到部分实现，产品交换是从上而下层层调拨的。

在计划经济条件下，城市的发展表现为一种不同于农业时代的独立性，在部分区域也初步形成了城市的空间聚集，但这种城市的聚集仅仅是一种孤立的行政计划的空间聚集，而不是经济的聚集，故被称之为行政布局式城市群[1]。中国城市体系表现出典型的封闭型特点，中国城市体系一体化程度很低[2]。

改革开放后，在由计划经济向市场经济转变过程中，由于地域文化结构及历史形成的区域自成体系，加之交通、通信技术发展的有限性，区域经济发展的不平衡性，地区分割及体制的限制和市场经济的不完善，计划经济体制的残留影响，使得不少城市仍有很大的独立性。20世纪80年代初，国家实行"以大城市为中心组织经济活动"的政策，并将14个城市列为计划单列市，实行"市带县"，撤县并区，在一系列政策的推动下，不少区域性大城市得到强势发展，区域内城市联系有所增强。但值得注意的是，城市之间、城市与区域之间的联系是不平等的，也没有真正达到一体化，相反，在某种程度上城市与城市之间的不协调更严重，独立性越来越明显，这突出表现为区域大战、地区保护主义、经济壁垒等。20世纪八九十年代中国先后出现了两轮区域大战，中国1997年跨省贸易壁垒高达46%就是一个有力的证明[3]。

此一时期，区域管理体制也不适应区域整体化发展趋势，缺乏有效的协调机制。一方面，现有的管理体制存在鲜明的纵向层级化和横向部门化的特征[4]，强调层级控制，而忽视层级、部门之间的协调对话。区域内部的行政关系复杂，有横向的并列关系、纵向的层级关系以及斜向的交叉关系。另一方面，我国的渐进式的行政体制改革和地方分权客观上强化了地方政府的经济职能，地方政府成为地方利益的代表者，加

---

[1] 王茂林主编：《新中国城市经济50年》，经济管理出版社，2000年，第96页。
[2] 张莉：《改革开放以来中国城市体系的演变》，《城市规划》2001年第4期。
[3] 上海财经大学区域经济研究中心：《2003年中国区域经济发展报告——国内及国际区域合作》，上海财经大学出版社，2003年，第273页。
[4] 谢庆奎：《中国政府体制分析》，中国广播电视出版社，1995年，第91页。

上地方政府的政绩考核以行政区为主要范围，而不是以区域发展为原则，导致地方利益之间、地方利益与区域整体利益之间的冲突显化，表现为各种形式的地方保护主义和经济壁垒，造成恶性竞争、重复建设及环境资源破坏等严重后果。各城市在制定发展战略和发展规划时一般都难以跳出行政区划的框架，在制定产业发展规划时，各城市仍热衷于自成体系、自我配套。在城市基础设施建设方面更是局限在行政管辖的区域范围内，而对城市与城市间相互贯通的重要基础设施却难以兼顾。

此一时期，中国城市的独立性还表现出一种新的现象，即对国外开放度较高，对外联系密切；对国内的开放度较低，经济联系和分工合作较差。不少城市为了加快经济的发展速度，往往都想争取到同一外来投资者或同一买主，由此导致恶性竞争，这些竞争更降低了城市之间的合作和分工的可能性。

独立型发展模式长期存在的结果，导致城市发展的不平衡，自然资源、人力资源等各种资源浪费严重，不利于区域的整体发展，也不利于城市综合竞争力的提升。特别是在全球经济一体化进程加快的背景下，独立发展的城市很难形成强大的竞争力，因而改变这种独立型发展模式已是当务之急。

二、依附型城市发展模式

依附型城市发展模式是指城市之间的经济联系密切，但是两者之间关系是不平等的，是主从关系、依赖与被依赖的关系。依附型城市发展模式主要是在近代以来所形成。

鸦片战争打开了闭关自守的中国门户，沿海沿江以及内陆边疆地区的部分城市被迫对外开放为通商口岸，西方资本主义国家开始通过这些通商口岸城市对中国大量倾销工业品和输入资本，同时中国也逐渐引进西方近代工业、交通和技术等。由于开放和通商不断扩大，中国（尤其是沿海、沿江地区）自给自足的自然经济迅速解体，近代资本主义初步发展，导致中国城市功能结构和城市体系发生变化，出现了一批半殖民地半封建性质的港口贸易城市和陆路商埠城市,总计70余处[①]。

近代中国的开放城市都在不同程度上参与了国际分工,与国际城市和国际市场有着越来越密切的联系,成为世界城市体系的一部分。但由于国际分工的不平等,在世界核心—边缘城市体系中,中国城市是处于边缘的从属地位,是次级城市,依附于国际中心城市。如上海、天津、武汉、广州等综合性的开埠通商大城市在对外贸易方面严重依附于伦敦、纽约、巴黎等西方重要城市,这些城市以低廉的价格大量向西方出口中国的农产品原料,如生丝、茶、豆类、花生仁、苎麻、蛋类、猪肠、麦皮、桐油、棉籽饼、猪毛、生牛皮等,而从西方则进口大量的机制工业品以及原料和材料,其价格则受西方市场控制。另外这些城市的制造业、金融业、交通运输业等也都受控于外资,如在上海的棉纱业中,外资企业的资本要占整个行业的80%以上,此外卷烟业、面粉业等初加工工业的外资都占一半左右[②]。因而如上海等中国少数对外开放城市,相对于世界城市而言,是处于依附地位,两者的关系是一种不平等关系。这种依附型发展模式是一种畸形的发展模式,最终导致上海等城市的畸形发展[③]。

如果说上海等中国新兴开埠城市依附于西方城市的话,那么中国国内大多数城市则依附于上海、天津、武汉、广州等综合性的开埠通商大城市,比如近代上海与宁波的经济联系是以"上海为主导、宁波为附属,宁波经济深受上海的影响和制约,对上海的依赖性日益严重"[④]。据海关统计,1936—1940年,向上海输出货物占其总输出一半以上的城市有秦皇岛、烟台、胶州、重庆、万县、沙市、九江、苏州等17个城市,向上海输出货物占其总输出1/3以上的还有威海卫、宜昌等7个城市,这些城市在经济上都不同程度受到上海的影响和制约,缺乏自己独立的经济体系。对于这一点,当时的有识之士也有深刻的认识,有人就曾指出:"上海为外国贸易之总汇,汉口者为内地贸易之中枢,扬子江流域其他各港,皆不过为此地之附庸而已。"[⑤]

中华人民共和国成立后,国家获得独立,中国城市不再依附于西方城市。20世纪70年代末改革开放以来,中国城市与世界发生了越来越密切的联系。为了加快发展,

---

① 隗瀛涛:《近代中国不同类型城市综合研究》第二篇,四川大学出版社,1998年。
② 张仲礼主编:《近代上海城市研究》,上海人民出版社,1990年,第162页。
③ 参见张仲礼主编:《近代上海城市研究》第一章,上海人民出版社,1990年。
④ 竺菊英:《论近代宁波经济与上海的关系》,《华东师范大学学报(哲学社会科学版)》1992年第5期。
⑤ 《国风报》第1卷第23号,1910年9月24日,第24页。

中国从过去的均衡政策向非均衡政策转变，沿海地区的开放城市由于地缘的关系，充分利用国家对沿海地区的倾斜政策，获得超前发展，中国区域城市发展不平衡加剧，内地城市对沿海城市有很大的依附性，大量的人才、劳动力、物资、资金、技术都向沿海开放城市转移，出现了所谓的"孔雀东南飞"现象。

同时，中国正处于城市化的前期，此一时期大城市优先发展规律也决定了城市发展以聚集为主，各种资源在此一规律的作用下向大城市高度聚集，由此推动中国各区域的主要大城市、超大城市在20世纪八九十年代均得到强势发展，这些城市又往往以其强大的聚集力和扩散力（主要是前者）将区域内的中小城市紧密联系起来。值得注意的是，此一时期的城市体系是呈金字塔形的，是梯度转移的，经济联系主要也是依附关系，是下对上、小对大的依附，相互关系也是不对称和不平等的。如珠江三角洲城市对香港的依附，长江三角洲城市对上海的依附，成都平原的中小城市对成都的依附。由于这种不对称和不平等，导致资金、智力、人力、物力、信息、技术都向这些中心城市聚集，这些中心城市因其政治行政的聚集力、市场的聚集力、环境的聚集力、文化的聚集力、交通的聚集力的不断增强，在加速发展过程中，主要考虑的是自身的发展，而较少考虑周边城市的发展，在相互的竞争中，由于不在一个起跑线和力量的不均等，周边的中小城市一方面加强了与中心城市的联系，另一方面往往也不得不处于依附中心城市的不平等状态。这种状态长久持续下去，不利于区域城市的整体发展和综合竞争力的提升。特别是在全球化时代，全球化也意味着同质化，大城市的影响与控制可能会使中小城市的功能类型进一步趋同，对大城市的依赖程度会进一步加深。

三、互动共生型城市发展模式

互动共生型城市发展模式是指城市之间是有机结合的关系，强调优势互补、互惠互利、长期协作、共同发展的平等关系。这种发展模式是正在形成和将要发展的一种新的模式。

20世纪90年代中后期以来，随着中国进一步对外开放，国家加大了对计划经济体制进行根本性改革的力度，从计划经济向市场经济转变成为新的趋势，区域之间的行政分割逐步被打破，国家的一系列制度也发生巨大的转变，如户籍制度、住房制度，以及各种城市福利制度都进行了深刻的改革，这些改革使城市由各自封闭发展、依附发展逐步向开放式、互动式发展转变。资源的配置和调节手段由以行政计划为主转变为以市场调节为主，行政区划对区域经济的影响逐步减弱。全国总体市场化程度已由80年代初期（1980—1984年）的14.2%提高到90年代中期（1996—1997年）的61.1%[1]。市场化进程的推进，使得区域之间要素得以合理流动，区域行政分割逐渐打破，市场成为配置区域经济资源的基础性调节手段，城市之间的经济联系不断得到恢复，经济一体化新格局已在逐步形成。这就为城市之间、城市与区域之间的互动共生发展奠定了基础。

20世纪末以来，随着经济全球化进程的加快，任何单个的城市在日益激烈的国际竞争中都显得力量薄弱。与经济全球化同时出现的一个新现象就是区域经济一体化，提高城市的综合竞争力和核心竞争力成为每一个城市面临的重大课题。然而，要提高城市竞争力，仅依靠城市内部的资源和生产要素已经远远不够，必须寻求城市之间的合作和城市与区域的合作。越来越多的城市领导人对此有深刻的感受和认识，开始主动寻求合作。如珠江三角洲穗、深、珠等城市与香港的合作，长江三角洲16个城市的合作，大连、营口等城市也正在谋求几个城市之间的人才市场一体化。

改革开放以来，中国城市体系日趋合理，如长江三角洲的城市体系比较完备，城镇等级齐全，类型多样，各类城市的数量也呈现出"宝塔型"的特点，大中小城市的数目之比为4∶17∶30，有利于实现各级城市之间的合理分工，发挥城市带的整体优势[2]。市场这只看不见的手正在把城市群中各个城市的经济连接起来，其集合能量已初步得到发挥，为区域城市一体化建立了良好的基础。区域城市一体化主要表现为商

---

[1] 陈宗胜等：《中国经济体制市场化进程研究》，上海人民出版社，1999年，第49页。
[2] 朱敏彦等：《21世纪初长江三角洲区域发展战略研究》，上海人民出版社，2001年，第49页。

品市场、产业发展、人才和技术市场、投资市场的一体化。

当前，区域城市之间的互动联系还表现在区域分工和合作有了一定发展。如长江三角洲已经逐步形成若干各有特色的经济区，各个城市也形成了一批自己的优势行业和特色，一个充分发挥优势、分工明确的区域经济发展格局初现端倪。同时区域内和区域间的经济合作也在不断发展，政府间协作项目不断增多，以企业为主体的跨地区兼并和投资也有很大的发展。区域协调机制正在形成，长江三角洲目前有关政府部门和企业共建并参与的区域性合作组织有4个，还建立了市长联席会议等协调机制。

四、走互动共生之路是城市发展的必然选择

综上所述，中国区域城市发展的三种模式的出现都有其历史的合理性。

在农业时代和计划经济时代，独立型发展模式是当时的经济条件和政治条件所决定的；而依附型发展模式也是近代以来由于外力的介入和城市化发展初期大城市优先发展规律所决定的。但在新的世纪，国际国内形势都发生了巨大变化的背景下，再强调城市的独立发展，搞"大而全、小而全"，或者只顾自身的发展而不考虑区域或周边城市的发展已经不能适应发展的需要。

实际上早在20世纪90年代，就有不少政府领导和专家学者已经认识到区域城市分工合作的重要性，但一般只停留在宏观的理论阐述层面，一旦谈到具体的合作问题，实行起来却困难重重。一个主要原因就在于缺乏对区域城市互动共生的深刻认识，往往只讲互动、讲合作，而不讲共生，都希望以我为主，而较少考虑其他弱势城市或区域的整体利益，因此各自所提出的方案很难为对方所接受。如关于长江沿岸城市的合作，居于强势方的下游城市领导和专家学者往往强调下游城市重点发展金融、信息产业、高新技术、汽车产业等，而上游城市则重点发展特色农业、旅游，强调进行生态环境保护等。但由于没有充分考虑到上游主要城市的现状、发展趋势和相关利益，其合作建议很难得到上游城市的呼应，因为上游的城市同样也强调要发展金融、信息产业、高新技术、汽车产业等。

因而必须改变发展思路，不仅强调区域城市互动合作，而且更应重视区域城市互动共生、协调发展。

互动共生型城市发展模式突出城市与城市之间优势互补、互惠互利、长期协作、共同发展的平等关系。城市相互依存理论和区域经济发展理论与实践一再表明：城市的发展是相互依存、互动共生的，区域经济的活力在于联合，实现优势互补。根据系统论的原理，大系统可以通过整合各子系统的要素构成子系统所没有的功能，即1+1>2的非加和效果[①]。互动共生型发展模式可以使城市具有更强的竞争力，城市之间又是长期的对等关系，具有可持续性，因此选择新的互动共生型城市发展模式成为明智之举。

（一）走互动共生型城市发展之路是城市化进程的要求

21世纪以来，中国城市化开始出现快速发展的趋势。城市区域化和区域城市化成为城市发展的主导方向，单体城市的演化已融入城市群之中。城市化进程不仅关系到区域人口、经济和环境的可持续发展，而且关系到区域平衡和区域生产效率，关系到区域国际竞争力。从发达国家的城市化发展现状来看，一个重要趋势就是区域城市互动共生化，大都市带或城市群将成为全球经济竞争的基本单位。当今世界一些最发达国家的城市连绵区已经成为世界经济、贸易、金融中心，比如美国的纽约—波士顿—华盛顿都市带、日本的东京—大阪城市带。发达国家的城市发展基本上都呈现区域内所有城市优势互补、联动发展的态势，形成更大范围、更高层次的都市圈甚至跨国都市圈，区域城市一体化越来越成为一种突出的趋势。中国在世纪之交也初步形成了长江三角洲、珠江三角洲、环渤海圈三大城市群。城市群的发展就要求城市群内部的各大中小城市之间互动共生，构成相互联系、相互依存的关系。加快城市化，必须进一步开放城市，使市场机制作用下的商品和生产要素跨区域流动得以实现。

---

① 朱敏彦等：《21世纪初长江三角洲区域发展战略研究》，上海人民出版社，2001年，第15页。

（二）走互动共生型城市发展之路是经济全球化、区域一体化和全球信息化的要求

城市是一个开放系统。随着中国加入世界贸易组织（WTO），我们将更加主动地打开大门，更加主动地接受外来的投资、人才和人口的流动、商品的销售和科学技术的影响等，因而中国城市也将越加开放，城市的发展也就越不可避免地要受到经济全球化和区域化的影响与冲击。经济全球化的核心是资源配置的全球化和市场的一体化，经济全球化意味着专业化分工，而专业化分工的新动向是由垂直型向水平型转变，为不同城市实现功能完善与提升创造了条件。在经济全球化的趋势下，新的世界分工不再以国家为界限，而是按照区域的竞争力来进行[1]，竞争的形式已经从单个城市之间的竞争演化成区域之间的竞争。全球化一方面使得国际分工不断深化，各个区域之间相互依赖、相互渗透的程度不断加深；另一方面使得各个区域之间的竞争更加激烈。这就必然要求城市与区域一体化，要求城市之间、城市与区域之间增加沟通、谅解，更多地考虑相互的利益，从而克服资源禀赋不足和本地市场狭小的制约，在更广阔的市场上充分发挥区位优势、比较优势、整体优势、专业化和规模经济的优势，增强国际竞争力。

与经济全球化趋势同样重要的是信息技术和网络技术的快速发展，原有的市场"时空"观念发生了巨大的变化，地域的概念在淡化，这使企业可以在更大范围的市场空间里实行资源配置，即时同步地传递、交换和共享信息资源，城市和城市之间、城市和区域之间的依存度也随之提高，经济发展的区域一体化特点更为明显，并为城市的联系提供了有利的物质基础，也为城市参与经济全球化、区域一体化创造了条件。信息技术的发展，使世界城市的职能分工专门化趋势进一步强化。"在信息社会，城市发展潜力取决于该城市与全球其他城市的相互作用强度和协同作用程度，并不完全取决于它的规模大小。"[2]

---

[1] 王德禄主编：《区域的崛起——区域创新理论与案例研究》，山东教育出版社，2002年，第23页。
[2] 顾朝林等：《经济全球化与中国城市发展》，商务印书馆，1999年，第21页。

经济全球化正在迫使区域城市群统一组织市场优势，以集团的形式介入国际竞争，全球信息化的加速发展也将区域内所有的城市结成一个有机的统一体，促进了区域城市共同发展。

(三) 走互动共生型城市发展之路是增强国家整体竞争力和可持续发展的要求

加入WTO意味着融入经济全球化的进程，以国际市场规则为准，促进国内外市场一体化，加快我国社会主义市场经济体制的建立，推动我国对内对外开放，为区域城市一体化创造条件。加入WTO也使中国面临更加激烈与复杂的国际竞争。为了提高国家竞争力，要求形成国内统一市场，实现国内各种资源与力量的有机整合，发挥区域间互补的综合优势，以形成合力，提升中国的国际竞争力。

21世纪是城市的世纪，城市之间的分工、合作和竞争，将决定21世纪世界经济、政治的格局。如何形成牵引中国经济持续增长的大城市群（圈）或城市连绵带，是中国赢得21世纪全球经济一体化下激烈的国际竞争、获得持续的社会经济发展的一个关键所在。中国作为一个经济大国，国内区际分工状况直接影响着国家的整体国际竞争力。最新的研究表明，分工对经济增长的促进作用有可能比资本和人力资源投入更为重要[1]。大力发展区域内的分工和合作，有助于促进区域生产方式从粗放型向集约型转变。关键的问题在于分工必须建立在城市之间的互动共生和协调发展基础之上，才具有可操作性和持续性。城市群内大中小城市的合理布局、分工合作，不仅可以防止能源紧张、交通阻塞、环境污染等"城市病"，而且城市与城市之间、城市与区域之间还可以形成合力，发挥规模效益、集聚效益，兼具大城市和中小城市的优点而避免二者的偏颇，从而实现城市经济和社会的可持续发展。

(四) 走互动共生型城市发展之路是当前我国政策和体制改革的必然结果

当前中国改革正进入一个关键时期，市场经济的发展和体制改革的深化为城市互

---

[1] 朱敏彦等：《21世纪初长江三角洲区域发展战略研究》，上海人民出版社，1999年，第53页。

动共生创造了条件。随着全国市场的统一和现代企业制度的建立，一些阻碍城市生产协作和交流的计划体制因素将逐步消失，地方保护主义终将被打破，市场机制将使城市之间的资源与要素自由流动。中国的现代化战略从根本上说必须依靠市场化取向的各种要素投入，进行良性开发。这就要求在国内统一市场的基础上强化市场的引导力与驱动力，促进各大经济区域之间各种要素的多向流动，充分体现市场对区域比较优势和比较利益的选择功能。

（五）区域城市合作和协调的基础已经初步形成

进入21世纪以来，中国城市体系日趋合理，区域城市的分工合作日益密切。中国城市群正在兴起，中国珠江三角洲、长江三角洲和环渤海圈三大城市群已初步形成，全国各区域内还有其他规模不等的城市圈，而且区域城市间体制协调时机成熟，协调机制正在形成，这无疑为区域城市分工协作、互动共生发展打下了基础。

五、结语

当前，中国正处于城市化的加速期和体制转型的关键期，由于多种原因，城市自成体系，城市产业结构趋同、重复建设严重，地方保护、市场分割和区域大战仍然不同程度存在，这不符合我国加入WTO和社会主义市场经济体制改革的要求，不利于国家整体竞争力的提升。所以改变城市独立型发展模式和依附型发展模式成为必然，走区域城市分工合作、互动共生、协调发展之路才是正确的选择。

为了形成城市之间、城市与区域之间的合作，首先要解放思想、更新观念；其次，建立跨行政区划的协调机构是十分必要的；更为重要的是要在观念更新、制度创新的基础上制定科学的、合理的、系统的合作发展计划。要在整体发展的基础上重新确定各城市、各区域的发展道路，才能使整个区域内各城市取得最佳和最协调的发展。

原载《社会科学研究》2005年第1期

区域经济变迁与中国古代城市体系的演化

鲍成志

中国古代城市体系的演化，主流是行政中心城市体系的形成和发展，与区域经济变迁紧密相关。唐代以前，行政中心城市体系在强大政治因素作用下得以逐步确立，并不断发展完善。在此过程中，以服务行政城市为基本目标的城市商业的发展往往会受到城市行政级别和规模的限制，行政中心体制的变动也常常会影响区域商业城市的兴衰乃至区域经济水平的消长。古代中国的这种由政治带动商业的城市发展模式自唐代以后出现变化，其明显特征是东南地区经济发展和国家经济重心转移使作为行政中心城市体系结构内补充的大运河沿线城市率先兴起。明代中期以后的商业化趋势则促进了以经济为主要功能的沿江沿海城市的形成和发展，从而再次推动了行政中心城市体系出现结构性演变。由区域经济变迁所带动兴起的经济型城市最终与各级行政中心城市一道成为近代中国新的城市体系的重要组成部分。

一、行政中心城市体系的形成及其特征

相比于中东、埃及、印度、欧洲等城市文明起源较早的国家或地区，从诞生之日起，中国城市便具有更加强烈的政治、军事色彩。这一特征可从对早期城市遗址的考古发掘中得到印证。例如在属于龙山文化晚期的王城岗遗址中，呈方形的城垣内"未发现一般的居民区，也未发现手工业区、商业区，只存在一些比较高级的建筑物遗

迹，说明只有统治阶级上层人物才有权居住在城内"[1]。对于这种城市起源的政治、军事性，古代典籍中亦多有论及，《礼记·礼运》中有"城者，所以自守者也"的论断，《博物志》中也有"禹作城，强者攻，弱者守，敌者战"的说法，而《吴越春秋》中"筑城以卫君，造郭以守民"更是人所共知。

由政治、军事性城市构建起来的等级城市体系初成于周代。西周初年，"封诸侯、建藩卫"，政治或军事中心城市在黄河流域乃至长江流域的广大地区纷纷建立起来[2]。这些城市已具有典型的等级特征。自周天子至各级贵族，其城邑的规模皆有定制："先王之制，大都不过三国之一，中五之一，小九之一。"[3]也正因如此，有考古学专家断言，中国三代以来所建造的城邑"不但是建筑的行为，也是政治的行为"，不同城邑的宫殿大小、城墙高低以及规模上的差异反映了它们所享有的不同等级的宗法性政治权力[4]。西周时期所形成的以周王城为核心、以诸侯城为次、以卿大夫都为三的城市等级序列关系，成为后来首都、省会、县城三级自上而下城市等级规模体系的滥觞。

春秋战国时期，由于战争频仍，无视"礼法"的各诸侯国比以往更加重视筑城，甚至有学者认为出现了一场"大规模的筑城运动"[5]。据统计，此一时期城邑数量之多，现于《春秋》《左传》《国语》者即达1016个。国外学者以此推断，认为春秋城邑可达两千之数[6]。在数量增加的同时，城市规模也不断扩大。"古者四海之内，分为万国。城虽大，无过三百丈者；人虽众，无过千家者"，"今千丈之城，万家之邑相望也"[7]。与西周按照分封制所设立的等级城市体系相比，春秋战国时期城市行政设置上最大的变化即为郡县城市的出现。在诸侯争霸过程中，"克敌者上大夫受县，

---

[1] 丘菊贤、杨东晨：《中华都城要览》，河南大学出版社，1989年，第41页。
[2] 何一民：《中国城市史》，武汉大学出版社，2012年，第80页。
[3] 《左传》，阮元校刻：《十三经注疏》，中华书局，1980年，第1716页。
[4] 张光直：《中国青铜时代》，生活·读书·新知三联书店，1983年，第110—117页。
[5] 马世之：《关于春秋战国城市的探讨》，《考古与文物》1981年第4期。
[6] 张鸿雁：《春秋战国城市经济发展史论》，辽宁大学出版社，1988年，第121页。
[7] 《战国策》，上海古籍出版社，1998年，第678页。

下大夫受郡"①。许多被吞并的诸侯国封邑转变为郡县一级的地方行政单位,从而形成了国之下的郡县两级地方行政组织,郡县制城市体系已现雏形。

秦代是全国性行政中心城市体系得以确立的重要时期。秦大一统专制王朝建立后,推广郡县制至全国,"从而初步确立了以朝廷所在城市为中心,以郡县城市为网络状分布的封建大一统的首都郡县制城市体系"②。在汉代以后的各朝代中,由于行政制度的因革,这种郡县制城市体系的建置在不同历史时期也有所变化,如唐宋时期更改为道、州、县,元代以后则随着行省制度的出现,逐渐演化为自京城至省、府、县的行政中心城市体系,直至清代。

与中世纪欧洲城市有很大不同的是,中国古代城市主要是国家为实现疆域控制与行政管理而建造的,由各级行政中心所建构的城市体系因此具有强烈的政治性特征。在此体系中每一级城市都是国家行政行为的结果,不仅选址取决于国家意志,而且规模、空间布局等也都以政治、军事为导向。几乎所有城市都有自己的行政级别,等级界限非常明确,其发展往往也被局限于某一范围之内,很难有所超越。

强大的中央政权除了在级别、规模等方面对行政中心城市进行控制,最为重要的还在于对作为城市发展主动力的经济加以制约。例如在周代,周人重农,以为本业。"工商食官"依附于统治机体,与周朝社会严密的礼治秩序相一致,商业贸易因而处于严格的规制之下。除了各级城中之市以外,对王都周围500里以内也作了规则的市场布局。《周礼》记载:"凡国野之道,十里有庐,庐有饮食;三十里有宿,宿有路室,路室有委;五十里有市,市有堠馆,堠馆有积。"从《周礼·地官·司市》及《礼记·王制》等文献又可看到,西周对市场有全面的组织管理,概括起来有如下措施:一是限制参与流通的商品;二是贵族不得直接参加交易;三是规定市的类型与各种人等交易的时限,市外不准交易;四是设置专职来掌管市场秩序;五是商品以种类价格按肆排列,严格市门管理。这样,在施行有效的监控之后,一方面可以保证必要

---

① 《左传》,阮元校刻:《十三经注疏》,中华书局,1980年,第2156页。
② 何一民:《中国城市史纲》,四川大学出版社,1994年,第33页。

的商品交换，维持包括城市在内的整个社会的正常运转；另一方面也扼制了商业的进一步发展，最大限度地规避了商品经济与封建统治者赖以立足的自然经济之间天敌般不可调和的矛盾。但这就导致城市经济活力变得极其微弱，各级城市之间的关联主要表现为层层控制的政治关系，经济上的联系趋于次要。而这样庞大却缺乏动态活力的城市体系则成为国家稳定的一个保障。春秋战国时期，"工商食官"制度虽然被突破，但取而代之的具有浓厚轻商色彩的"坊市"制度在秦汉乃至隋唐又开始长期推行，依然将城市商业压制在十分有限的范围内，使之只能作为维持政治性城市生命活动的一个条件、一种需要而存在，其发展很难超出所在城市的行政级别和规模的限制。

然而，城市毕竟是社会经济发展的产物，与区域经济尤其是商业有着割不断的联系。虽然中国封建统治者屡屡对商业发展横加限制，但是"城市一旦形成之后，内部就必然要出现手工业生产和商业活动"，"城市的产生为城市商品经济的活跃提供了条件"[1]。当行政中心城市体系发生变动时，如某一行政中心城市的建立或撤销，会对区域经济产生重要影响。大量城市人口的集聚或消散毫无疑问会带来生产和消费的大量增加或减少，进而会推动城市工商业乃至区域经济的繁荣或衰退，甚至还会带动周边商业城市的兴起或衰落。据史料记载，西周时期，许多受封国的都城都是在尚未开发的荒野之中建立起来的。齐国初建时"辟草莱而居焉，地薄人少"[2]，楚国初建时"筚路蓝缕，以处草莽"[3]。这些依靠政治力量几乎是在荒野之中建立起来的城市形成之后，对于区域经济发展的推动是非常明显的。齐国建立后，"通利末之道，极女工之巧，是以邻国交于齐，财畜货殖，世为强国"[4]。楚国建立后，在郢都逐渐发展为著名商业都会的同时，还带动了周边陈、宛等商业名城的兴起。这样的例子在周以后还有很多。隋朝营建东都洛阳，"徙天下富商大贾数万家于东京"，并命"河北

---

[1] 胡如雷：《中国封建社会形态研究》，生活·读书·新知三联书店，1979年，第248页。
[2] 《盐铁论·轻重篇》，王利器校注：《盐铁论校注》，中华书局，1992年，第178页。
[3] 《左传》，阮元校刻：《十三经注疏》，中华书局，1980年，第2064页。
[4] 《盐铁论·轻重篇》，王利器校注：《盐铁论校注》，中华书局，1992年，第178页。

诸郡送工艺户陪东都，三千余家"①，商品经济在这里大为活跃。当然，相反的例子在古代中国亦有很多。

由此可见，由于政治因素的强力介入，中国古代行政中心城市体系在其形成和初步发展过程中与区域经济之间构成了一种十分特殊的关联。这种或许可以称之为政治带动商业的城市发展模式自先秦时期已经出现，此后又历经秦汉时期的强化发展，一直持续到唐宋时期才有所改变。

二、国家经济重心转移与大运河城市的补充性发展

在中国古代行政中心城市体系序列中，毫无疑问，位于金字塔顶端的首都是最核心、同时也最为重要的城市。在国家政治机制的作用下，为了削弱地方势力和充实京师力量，首都不仅是同时期全国各城市中空间规模最大的城市，也必然是同时期人口最多的城市。秦始皇统一中国伊始，便下令"迁天下豪富于咸阳"②，有学者甚至认为，秦都咸阳是世界上第一个人口超过百万的特大城市③。在此后的汉、唐、宋、明、清等历史时期，也仅有首都人口规模会超过百万。

首都规模的庞大也就决定了其存在与发展较地方行政中心城市需要更多的农产品补给。早在西周初年，周公营造洛邑，选址的最重要原因便在于此处在地理位置上居"天下之中"，"四方入贡道里均"，可以通过对四周区域农产品的便利征集和运输而保证首都消费者的生活需要④。然而，在以人力、畜力以及风力为主要交通运输动力的条件下，路途的遥远以及运输成本的高昂导致能够为城市提供农产品的区域范围必然会因空间距离而受到限制。为此，将都城建于当时农业生产最发达、可提供剩余农产品最丰富的关中地区便成为此后乃至秦汉大一统封建王朝的必然选择。在汉代，

---

① 《隋书》卷三《炀帝本纪》，吉林人民出版社，1995年，第39页。
② 《史记》卷六《秦始皇本纪》，线装书局，2006年，第31页。
③ 何一民：《中国城市史纲》，四川大学出版社，1994年，第36页。
④ 《史记》卷四《周本纪》，线装书局，2006年，第14页。

"关中自汧、雍以东至河、华,膏壤沃野千里,自虞夏之贡以为上田……关中之地,于天下三分之一,而人众不过什三;然量其富,什居其六"[①]。关中平原的富庶使建在这里的都城长安即便缺乏其他区域的农产品支持,也能够较好地保证其首都功能的发挥。

但是,汉代以后,中国经济重心却开始自西北向东南方向转移。一方面,因长期过度开发,水土流失、水源枯竭、水利灌溉衰退及土地日益贫瘠等致使关中地区生态环境不断恶化,自然灾害日益增多。到唐代时,频繁的自然灾害使这里的农业生产已经不能满足都城长安的需要[②]。此时的关中虽"号称沃野",然"所出不足以给京师、备水旱,故常转漕东南之粟"[③]。另一方面,魏晋以来,随着北方人口的大量南迁,长江流域及其以南,特别是长江中下游地区的经济呈现出快速发展的趋势。到南北朝时期"江南之为国盛矣。……地广野丰,民勤本业,一岁或稔,则数郡忘饥。会土带海傍湖,良畴亦数十万顷,膏腴上地,亩直一金,鄠、杜之间,不能比也"[④]。毫无疑问,"六朝时期的江南经济,无论在农业、手工业和商业等方面,均已超过北方"[⑤]。尤其是中唐以后,甚至形成"军国费用,取资江淮","赋出于天下而江南居什九"的局面[⑥]。

在国家经济重心自西北向东南方向转移的同时,受北方游牧民族与南方农耕民族之间矛盾的影响,中国政治重心却始终未曾离开过北方[⑦]。由此而造成中国政治重心与经济重心的分裂。为了更接近南方经济重心,北方草原民族的势力亦随中原经济重心的变化而由西向东逐渐转移。此即意味着,自西周以来北方少数民族不断由西北方向南下的侵略道路,开始更多地改由东北方向南下,于是,东北地区的政治、军事意

---

① 《史记》卷一百二十九《货殖列传》,线装书局,2006年,第540页。
② 董咸明:《唐代的自然生产力与经济重心南移》,《云南社会科学》1985年第6期。
③ 《新唐书》卷五十三《食货志》,中华书局,1975年,第1365页。
④ 《宋书》卷五十四《沈昙庆传》,中华书局,1974年,第1540页。
⑤ 罗宗真:《六朝时期全国经济重心的南移》,《江海学刊》1984年第3期。
⑥ 参见《全唐文》卷六十三《宪宗元和十四年七月二十三日上尊号赦》,中华书局,1983年,第677页;《韩昌黎集》卷十九《送陆歙州诗序》,商务印书馆,1934年,第320页。
⑦ 邱国盛:《再论古代北京发展成为中国首都的原因》,《北京社会科学》2004年第3期。

义便开始超越西北地区而显得更加重要了,"到辽之后,形成了这样一种局面:不管是汉人还是少数民族,谁想掌握全中国,就必须占幽燕"[1]。也正是由于这一原因,作为国家统治中心的都城必然要随政治重心的转移而转移。在此基础上,北京在中国政治中的地位开始凸显,正如有学者所指出的,"由于北方的少数民族契丹、女真、蒙古族的先后兴起,并不断南侵,原有的大一统王朝进入了一个新的阶段。由于北京在民族关系中的重要地位,它继续保持着区位的优势,成为中国政权格局演变中的受益者"[2]。

既然首都不能通过选择"天下之中"而"四方入贡道里均",政治重心与经济重心的分离便使为保障首都生活的物资的运输压力陡增。但是,在传统交通条件下,"假若在这两都市间,除陆运外,没有其他交通方法,那么除了那些重量不大而价格很高的货物而外,便没有什么商品能由一地运至另一地了"[3]。因此,与这一政治、经济重心相继转移相伴随的是,自隋朝开始,连接南方经济重心与北方政治重心的大运河通道开始受到重视。隋炀帝大业元年(605),"发河南、淮北诸郡民前后百余万,开通济渠……发淮南民十余万开邗沟,自山阳至扬子入江"[4]。后又经元代的开辟和修整,京杭大运河全面贯通,南北物资大规模运输因而通畅。

大运河的开凿,不仅极大地缓解了隋唐以来中国政治重心与经济重心分离的矛盾,而且对中国城市的发展产生了深刻的影响,集中体现在行政中心城市体系之外,出现了以扬州、临清、天津等为代表的大运河城市。

相比于行政中心城市,沿大运河分布的这些新兴城市尽管在区域行政功能上并未发挥太大作用,但在经济功能上却表现得尤其强大。以扬州为例,随着大运河的开

---

[1] 王玲、毛希圣:《辽代南京(燕京)的历史地位》,载北京史研究会编印:《北京史论文集》(内部资料),1980年,第86页。
[2] 卢培元、卢宁:《北京:中华民族历史发展中的特殊城市》,《北京联合大学学报(人文社会科学版)》2000年第1期。
[3] [英]亚当·斯密:《国民财富的性质和原因的研究》(上卷),郭大力、王亚南译,商务印书馆,1972年,第17页。
[4] 《资治通鉴》卷一百八十《隋纪四》,中华书局,1956年,第5618页。

通,在唐代便因地"当南北大冲"而"百货所集",城市繁荣异常[1]。宋时更是"自淮南之西、大江之东,南至五岭、蜀汉,十一路百州之迁徙贸易之人,往还皆出其下。舟车日夜灌输京师,居天下之十七"[2]。而位于南北大运河交通枢纽的汴梁也以其转输中心的位置而迅速崛起,成为后周乃至北宋帝都之所在。延及明清时期,大运河沿线城市在经济上表现得更加活跃。不仅扬州等传统运河城市持续繁荣,京杭大运河沿线包括天津、德州、临清、济宁、淮安等一系列以漕运为主的城市和苏州、杭州等因漕运而商业贸易活动规模不断扩大的行政中心城市开始兴起。这些城市甚至形成了在结构和功能上都与行政中心城市体系有很大不同的新兴运河城市体系[3]。

在中国古代行政中心城市体系因区域经济的变迁而出现结构内失衡的情况下,作为一种新的城市类型,大运河城市的补充性发展不仅化解了行政中心城市体系的危机,而且更推动了行政中心城市体系的进一步完善,使其得以在传统格局下继续保持正常、平稳的运行。

三、明清商品经济繁荣与江海城市的兴起

明清时期是中国古代行政中心城市体系出现重大变化的又一个重要时期。明中叶以后,随着商品经济的发展,农业和手工业的专业化分工得以加强,水运航道进一步延伸,江南地区逐渐兴起了以松、苏、湖、杭等为代表的一批商业城市。据范濂《云间据目抄》记载,松江在嘉靖时还是"城多荆榛草莽",但自隆庆、万历以来迅速兴起,"生齿日繁,民居稠密",棉布纺织由家庭手工业向颇具规模的作坊经营过渡,此时"纺织不止村落,虽城中亦然",遂成为江南棉纺织业中心[4]。苏州是江南地区的商业中心,到成化年间已是"列巷通衢,华区锦肆,坊市棋列,桥梁枅比……货财

---

[1] 《唐会要》卷八十六《市》,中华书局,1955年,第1582页。
[2] 王象之:《舆地纪胜》卷三十七,中华书局,1992年,第1561页。
[3] 傅崇兰:《中国运河城市发展史》,四川人民出版社,1985年,第55页。
[4] 正德《松江府志》卷四《风俗》,明正德七年刻本。

所居，珍异所聚"，一派繁华景象①。杭州城在嘉靖以前远不如南宋时繁华，嘉靖初年还是"市井委巷，有草深尺余者，城东西僻有狐兔为群者"，然而到了万历年间则已是"舟航水塞，车马陆填，百货之委，商贾贸迁……其四方游士贾客肩摩踵蹑"，成为一个商业繁盛的大都市了②。

江南地区商品经济的繁荣和大批商业城市的兴起，打破了全国范围的商品供求格局，改变了南宋时期形成的"苏湖熟，天下足"的观念，商业人口的密集与城市消费的增长使传统上的鱼米之乡失去了天下粮仓的地位。此时的江南地区，在向其他地区输出各类手工业产品的同时，大量的粮食及手工业原料则需要从其他地区输入。江南这一供求关系的转变直接推动了全国范围内商品交换和跨区域长途贸易的日益繁荣。明代有关这方面的记载很多，比如，吴应箕在《楼山堂集》所谓"半仰食于江、楚、庐、安之粟"，即是说长江三角洲一带所需粮食大半须由湖北、江西、安徽运入。而长江下游的手工业产品则输往全国，"秦、晋、燕、周大贾，不远数千里而求罗、绮、缯、币（帛）者，必走浙之东也"③，从而出现了"燕赵、秦晋、齐梁、江淮之货，日夜商贩而南；蛮海、闽广、豫章、南楚、瓯越、新安之货，日夜商贩而北"的繁荣景象④。因此，学术界较具代表性的观点认为，由于明代长距离的商品运销已是以民生用品为主，这就和宋以前的珍奇宝货等奢侈品贸易以及土贡式的土特产贸易有所不同，反映了商品经济的重要发展⑤。

商品经济的发展势必带动区域贸易中心城市的兴起。商业贸易要求尽量减少运输成本，而在当时交通条件的限制下，只有水运才符合要求，并能"开拓比陆运所开拓的广大得多的市场"⑥。因而自明清出现商业化趋势以来，在区域间不断加大的商品

---

① 同治《苏州府志》卷二《苏州赋》，转引自王国平主编：《苏州史纲》，古吴轩出版社，2009年，第658页。
② 万历《杭州府志》卷十九、三十三，明万历刻本。
③ （明）张瀚：《松窗梦语》卷四《商贾记》，上海古籍出版社，1986年，第75页。
④ （明）李鼎：《李长卿集》卷十九《借箸篇》，万历四十年豫章李氏家刻本。
⑤ 许涤新、吴承明主编：《中国资本主义发展史》第1卷，人民出版社，1985年，第99页。
⑥ ［英］亚当·斯密：《国民财富的性质和原因的研究》（上卷），郭大力、王亚南译，商务印书馆，1972年，第17页。

流通中，于中国的沿海、沿江地区逐渐崛起了一批重要的以水运为主的区域性商品集散中心和交通枢纽。按照施坚雅中国九大区域的分类，在长江流域的东西向商品交流中，兴起了上游的重庆、中游的汉口等城市；在中国东部南北商品交流中，出现了沿海的天津、上海、厦门等城市。乾隆年间的重庆府城，"万家烟聚，坊厢鏖市，傍壑凌岩，吴、楚、闽、粤、滇、黔、秦、豫之贸迁来者，九门舟集如蚁，陆则受廛，水则结舫，计城关大小街巷二百四十余道，酒楼、茶舍与市囷铺房，鳞次绣错，攘攘者肩摩踵接"①。康熙年间开放海禁以后，因为沿海贸易上海也出现了"闽广辽沈之货，鳞萃羽集，远及西洋暹逻之舟，岁亦间至"的繁盛景象，从而成为"江海之通津，东南之都会"②。

与大运河城市在很大程度上依赖于官方漕运有明显不同，沿江、沿海新出现的一系列以商业贸易为主的经济型城市更多地服务于区域性民间商品流通。它们的兴起对行政中心城市体系产生了巨大的影响：一方面，改变了行政中心城市体系结构下城市之间联系的松散性。正如施坚雅所观察的，"比起行政流动和其他都市联系的机制来说，贸易显然是塑造中国城市体系的更有效的途径"③。以经济为纽带，无论是同一区域内部，还是不同区域之间，城市的联系开始变得越来越紧密。在同一区域内部，上下级城市之间开始形成一定的经济分工。以明清时期的棉纺织中心松江与贸易中心苏州为例，松江所产棉布往往通过苏州运销外地，其经营渠道往往是客商设于苏州的布号，这些布号在松江等地设立分号，收购棉布，转送苏州发卖，即碑刻资料中所说的"布店在松，发卖在苏"④。至清代，不同地域间已形成粮食、棉布、木材、纸张、蔗糖等区域性生产分工，大规模区域性商品流通日益频繁，全国性市场已初步成

---

① 乾隆《巴县志》卷二《建置》《坊厢》，清乾隆二十六年刻本。
② 嘉庆《上海县志》序，嘉庆十九年刻本。
③ G. William Skinner, "Cities and the Hierarchy of Local Systems," in Arthur Wolf, ed., *Studies in Chinese Society*, Stanford: Stanford University Press, 1978, p. 2.
④ 《苏松两府酋奉抚院宪禁布商冒立字号碑》，载上海博物馆图书资料室编：《上海碑刻资料选辑》，上海人民出版社，1980年，第84页。

形,并使不同区域流通枢纽城市间的经济联系越来越紧密[①]。

另一方面,江海城市的兴起又在一定程度上突破了中国古代行政中心城市体系的内陆性特征。中国古代行政中心城市体系是一个典型的内陆型城市体系,虽然两晋以来随着对外贸易的发展沿海城市已有出现,但从唐至元,以对外贸易为主的沿海城市不仅数量少,而且多以不切于民用的奢侈品贸易为主。明代的海禁政策更制约了沿海城市的发展。但到了清代康熙朝以后,以海路运输为主的国内不同区域间的贸易出现大的发展,沿海流通枢纽城市也随之大量兴盛起来。以这一时期榷关设置和税收为例,明代大运河是全国商品流通的主干,全国八大钞关有七个设在运河沿线,从北至南依次为:崇文门、河西务、临清、淮安、扬州、浒墅、北新。而到清代,自康熙二十三年(1684)开放海禁,清政府在东南沿海设立江、浙、闽、粤四海关作为沿海贸易的主要口岸,其关署分别设在上海、宁波、厦门和广州。据统计,从康熙至嘉庆年间,沿海诸关税收总额在全国关税总额中所占比重从15%上升到37%[②]。

明清以来商品经济的繁荣改变了传统的依附于行政体系的中国城市发展格局。在全国性商业贸易获得较大发展的情况下,作为一种适应于大规模商品流通的新的城市类型,江海城市的突破性发展不仅极大地丰富了包括大运河城市在内的行政中心城市体系,而且显示出中国古代城市体系演化的新动向。

四、余论

隋唐以来的区域经济变迁,先后促成了大运河城市和江海城市的兴起。前者是行政中心城市体系内的修补,后者则是行政中心城市体系的结构性演变。这两次巨大而深刻的变动无疑体现了中国古代城市体系独特的发展规律。甚至可以这样说,中国古代城市体系的演化为近代中国新的城市体系的形成奠定了基础。有学者分析认为:

[①] 李绍强:《论清代主要手工业品与市场的关系》,《齐鲁学刊》2000年第3期。
[②] 许檀:《明清时期城乡市场网络体系的形成及意义》,《中国社会科学》2000年第2期。

"19世纪中叶外国资本主义的入侵,并非创建了一个新的市场体系,不过是利用和部分地改造了中国原有的市场体系来为之服务。鸦片战争后,帝国主义列强选择的通商口岸都是原来重要的流通枢纽,侵略者的洋货倾销和原料掠夺也都是利用了中国原有的市场网络——从城市直至农村集市。"[1]这也就构成了近代以来中国城市早期现代化进程中与印度、东南亚等国家极为不同的独特发展轨迹,即"所有中国的通商口岸都在中国原有重要贸易中心的附近",而在印度和东南亚"殖民地的港口城市都是新兴的,不仅在性质上和功能上如此,并且其兴起和当地原有的城市是不相干的"[2]。

但是,还是需要特别指出,从大运河城市的发展再到江海城市的兴起,这只是体现了中国古代城市体系演化的基本趋势,截至1840年,这些城市的发展其实还远未能从根本上改变中国行政中心城市体系的主导地位。这主要是因为,即使到近代前夕,中国不同地区间的商品流通的核心动力依然是为了弥补自然经济不足而生成的内向型经济循环,对外贸易也还只是"天朝加惠海隅"的一种羁縻之法,运河城市和沿海沿江新兴的区域性贸易中心城市仍然处于中国行政中心城市体系的边缘,它们的兴起不仅没有真正突破传统政治型城市体系,而且使明清时期"行政中心城市网更趋完善"[3]。因之,中国古代商贸型城市的兴起及其对当时主流城市体系的作用并没有超越时代的限制,从而与近代以后中国城市体系的演变形成明显的差别。

原载《四川大学学报(哲学社会科学版)》2014年第1期

---

[1] 许檀:《明清时期城乡市场网络体系的形成及意义》,《中国社会科学》2000年第2期。
[2] 罗荣渠、牛大勇主编:《中国现代化历程的探索》,北京大学出版社,1992年,第100—101页。
[3] 顾朝林等:《中国城市地理》,商务印书馆,1999年,第63页。

近代中国城市史理论与方法

理论方法与基本问题——改革开放以来中国城市史研究的探索

近代中国城市史研究的几个理论问题

隗瀛涛

中国近代城市史的研究，在国内刚刚起步，有许多问题需要探索。我们在研究过程中，对城市史研究的理论和方法进行了一些思考，对重庆城市近代化的进程、近代重庆发展的原因与特点等方面的问题作过一些探索，有一些初步看法。现将这些思考与看法提出，谨向读者们求教。

城市史学作为历史学和城市学相交叉的一门新兴学科，兴起于20世纪20年代前后，至六七十年代在国外，城市史研究取得了长足的进展，以城市史为题的团体、刊物、著作、会议和课程大量涌现。但总的说来，城市史作为一门新兴学科或新的研究领域，还很不成熟，尤其是城市史还没有形成自己的理论体系。为了完成本课题的研究任务，我们对近代中国城市史的一些理论问题作了如下探索。

一、近代中国城市史研究的意义

（一）推动中国近代史研究的深入

中华人民共和国成立后中国近代史研究已取得了长足进展，但比较偏重于政治斗争史，对近代中国的经济、社会、文化研究则比较薄弱。我们认为，开展近代中国城市史研究不失为推动中国近代史研究深入的一个有效的途径。

首先，可为认识近代中国社会的过渡特征和复杂局面提供新的视角。从总体上讲，近代中国是一个过渡的社会形态，呈现出错综复杂的历史运动过程：一方面由一个独立的封建社会逐步变为半殖民地半封建社会，另一方面又逐渐从中世纪社会向近代社会演进，从闭关自守的孤立状态向开放面对世界转变，其重要特点是半殖民地化和近代化同步进行，既相互依存又相互斗争，使近代中国的历史事件、历史人物、社会思潮都呈现出复杂矛盾的特色。近代中国城市是近代中国社会变化的集中点，其半殖民地化较深，其近代化水平也较高，错综复杂的历史过程在近代城市中表现得最为突出，因此，研究近代中国城市，便可以为我们认识近代中国社会的过渡特征和复杂局面提供新的视角。

其次，可以为目前近代史学界争议颇大的一些问题开辟新的研究领域。近代中国城市既是帝国主义侵略中国的主要基地，又是西方近代文明输入的窗口；既是封建势力盘踞的政治中心，又是近代中国资本主义发生发展的重要场所。目前中国近代史研究中的一些重大课题，诸如半殖民地化和近代化的关系、中国资本主义的发展与不发展、中西文化的冲突和交融，等等，在近代城市更具有典型意义。而且在不同的城市，这些问题会有共同的和不同的表现形式，也有共同的和不同的特点。那么，通过对近代中国城市具体而深入的研究分析，便有可能深化对这些问题的认识，得出一些新的结论。

再次，可以为中国近代史研究中比较薄弱的环节提供研究成果。中国近代史研究需要拓宽研究领域已是史学界同人的共识，加强近代经济史、文化史、社会史的研究也为更多的学者所赞同。城市作为一个综合的实体，能涵盖政治、经济、文化、社会各方面的内容，而在以往的近代中国政治、经济、文化、社会研究中，因研究的范围分属不同的专史，其研究虽可在各自的领域深入细致，但却难以做到整体性、综合性的研究。把原来分属不同专史的研究课题放在城市这个综合实体中进行整体性研究，必然会注意彼此之间的相互关系，这样既能为各门专史的深入提供成果，又能弥补专史研究的不足。

（二）为我国当代城市的规划、建设、管理以及城市化道路提供历史借鉴和历史依据

城市是人类文明发展的产物，"是经济、政治和人民精神生活的中心，是前进的

主要动力"①。在我国的社会主义现代化建设中，城市的发展越来越起着举足轻重的作用。不了解城市发展的历史背景，就难以准确地把握和认识当前城市的发展及其问题。当代中国城市是古代中国城市尤其是近代中国城市的继承、发展和变革，近代城市发展中的一些规律性因素和条件在不同程度上仍影响至今。例如从城市体系的布局看，近代中国地区之间城市发展的不平衡性至今仍有影响。近代以来，城市发展明显地表现为沿海与内地的不平衡，因近代工商业和新式交通业畸形集中于东部沿海地区，一些沿海城市迅速崛起并繁荣，相反一些内地城市的发展却出现后滞乃至衰落的趋势。这种东西部城市发展的不平衡性在中华人民共和国成立以来有了较大的改变，内地城市有了较大的发展，但不平衡性仍然存在，这既有自然地理的因素，也有历史遗留的因素。如何使东部沿海城市作为对外开放的前沿阵地，带动内地城市的发展？如何使内地城市凭借其丰富的自然资源，克服地理和历史的局限而发展起来，并进一步促进沿海城市的对外开放？这些问题都需要从近代中国城市的研究入手，寻求历史借鉴和历史依据。

二、近代中国城市史研究的基本内容

城市史无疑是以城市为研究对象的。但城市是一个众多因素复杂地结合在一起的有机整体，涉及的范围十分广泛，几乎包容了一个社会所有的现象。如果不能确定它研究的基本内容和基本线索，就很难抓住城市发展史的主题，也就不能显示城市史研究的特色。近代城市史和其他历史著作相比，应具有不同的特色，既不同于以政治为主要内容，严格按照时间顺序编写的一般编年史；也不同于仅探索某一特定领域的专门史；更不同于旨在整理、研究、保存史实的地方志、城市志，应该是综合研究一个城市的经济、政治、社会、文化等各方面近代化的历史。我们写的《近代重庆城市史》就不是一般的重庆近代史，而是重庆这个内陆山城近代化的历史。

---

① 《列宁全集》第19卷，人民出版社，1959年，第269页。

理论方法与基本问题
——改革开放以来中国城市史研究的探索

关于城市史研究的基本内容,国内外有不同的看法,比较有代表性的是将城市史列为社会史的分支[①]。我们认为把城市史仅仅视为社会史的分支不尽妥当。社会史是一个涵盖面很广的领域,其本身的学科内容国内外尚无定见,把城市史仅作为社会史的分支,难以显出城市史研究的特色。城市社会虽然是城市史研究中一个十分重要的方面,但还不能说是城市史研究的全部内容。

我们主张城市史应该以研究城市的结构和功能的发展演变为基本内容。首先,这有利于揭示城市发展最基本、最重要的规律。因为不同时代、不同地区、不同类型的城市总是具有不同的城市结构,而不同的结构又决定了城市具有不同的功能。城市各种功能的形成和发展反过来又影响城市结构的变化。城市的结构和功能一般是由简单初级形式向复杂高级形式演变,探讨这一演变过程,不仅能揭示城市发展的共同规律,而且能够揭示不同时代、不同地区、不同类型的城市发展的特殊规律。其次,比较明确地与城市志、地方志划清了研究界线。城市史与地方志、城市志的根本区别,在于它重视的是城市本身的发展演变,而不仅是城市范围内发生的历史事件和历史现象,只有当这些历史事件和历史现象同城市结构和功能的演变有密切关系时,才成为城市史研究的内容。再次,可以比较直接地为当代城市的规划、建设和管理提供历史依据。这一作用是其他历史学科所不能代替的。因为城市的规划、建设和管理中最重要的是确定城市的性质。所谓城市的性质,即是城市的最主要功能所决定的城市的根本性特点,也可称为"城市的个性"。城市的性质在很大程度上又是以历史形成的结构和功能为依据的。因此,探索城市结构功能的发展演变,认识其历史优势和历史局限,才能增加城市规划、建设和管理的科学性。

为了进一步明确城市史研究的基本内容,还有必要区分两种类型的城市史:一种是以国家或地区城市体系或城市群体为研究对象的城市史,如中国近代城市史、长江上游城市史等,姑称之为"群体城市史";一种是以单个城市为研究对象的城市史,如近代天津城市史、近代武汉城市史等,姑称之为"个体城市史"。这两类城市史研

---

① 金哲、姚永抗、陈燮君主编:《世界新学科总览》,重庆出版社,1987年,第441页。

究的内容既有密切联系又有一定区别。"群体城市史"应着重研究城市体系或城市群体的总体结构和总体功能,"个体城市史"则研究某一城市的具体结构和具体功能。

城市的结构和功能是多种多样的,又是发展演变的。近代中国城市史又应该重点研究城市在近代发生重大变化的主要结构和主要功能。近代中国城市结构发生重大变化的主要有:

1. 城市地域结构。地域结构是城市的基础结构。城市的各种功能总要在一定的地域范围内实施。城市地域结构的基本内容是城市功能的空间配置问题。中国古代城市因政治功能占主导地位,城市地域多呈四方形,城市中心区是皇宫或官府衙门,城市以井字式建街道并划分坊、市、里、巷。这种四方形的地域结构在近代开始被打破,随着近代工商业在城市的发展,地域结构出现了复杂化和多样化的特点。城市中心逐渐被商业区、服务区占据。这种变化在近代崛起的新兴城市中尤为明显。

2. 城市经济结构。城市经济是城市产生发展的基础,是制约、影响城市结构功能变化的重要因素。城市和农村相比,其显著的特征之一,便是有较为复杂的经济结构。因近代工业、商业、金融、交通在城市的发展以及近代城市基础设施的出现,使近代城市经济结构较之古代城市发生了较大变化。研究城市经济结构不仅要分析城市中各产业部门的发展变化,还需要从总体上、从相互联系中考察各种产业的结构和配置问题。

3. 城市社会结构。社会结构是指城市社会体系的构成及其相互关系。和古代城市相比,近代城市社会发生了较大变化。诸如人口结构中工商业人口比重增加,阶级结构中新兴阶级的出现,社会组织中业缘关系逐步取代血缘、地缘关系,社会流动增加,社会价值观强调变革、效率、进取、竞争,等等。

近代城市的功能较之古代城市同样发生了明显的变化。这种变化最主要的特征和趋向是城市的经济、文化功能日益加强。在一些近代崛起的沿海、沿江城市,其经济功能已逐步成为城市的主要功能。一般地讲古代中国城市中政治功能占主导地位,其经济、文化功能多依附于政治功能,由于政治功能凌驾于其他功能之上,便限制了城市其他功能尤其是经济功能的发展。近现代城市由于商品交换范围扩大,工业化和科学技术的发展，不仅城市经济功能日益占据主导地位，而且其他功能也日臻多样化和复杂化。近代教育、新闻、出版业在城市的出现促进了城市文化功能的增强。随着城市经济功能、文化功能的发展又引起城市政治功能的变化。近代重庆是四川同盟会的中心，武昌是辛亥革命首义之区，上海是资产阶级各派政治力量的大本营，都显然与这些城市近代经济功能和文化功能的成长有直接关系。城市政治功能最重要的变化则是城市行政管理经历了由简单到复杂、由传统的向近代化的演变过程。

三、近代中国城市的西方影响和半殖民地化问题

中国城市近代化是与半殖民地化同步进行的。近代城市既是中国的政治经济文化中心，又是外国侵略中国的中心，这是历史的事实。所以，在近代中国特定的历史条件下，城市发展的道路、城市结构和功能的演变以及近代化的过程，不是一个单向的历史过程，而是西方资本主义的冲击与中国内部应变相结合的错综复杂的历史过程。既是封建城市变为半殖民地半封建城市的过程，同时又是逐渐从中世纪城市向近代化城市演变的过程。

研究近代中国城市史，必然涉及近代中西关系。应该注意的是，这个关系的基本点是外国侵略中国，中国被迫自觉或不自觉地去接受或采用外国的文明。侵略成了不自觉的历史工具，刺激了中国城市变化，开始了曲折的近代化过程。"欧风美雨"对中国城市的近代化在客观上起了"孵化"作用，同时又起了压制作用。中国城市的近代化不能只视为"欧风美雨孵化"的结果，还要看到中国人为适应新局面所做的近代化的努力，要看到城市人民反帝反封建、争取民主自由等活动的推动作用。正是这些活动使得城市近代化有了进步，又或多或少地阻止了城市半殖民地化、殖民地化的过程。

近代中国城市半殖民地化的特征主要有：

1. 城市结构和功能受外国帝国主义侵略的影响发生了变化。这一变化过程打上了半殖民地的烙印。如城市中外国租界的设立和扩大，改变了城市的地域结构和管理结构，外国工厂、公司、银行的设立和增多，改变了城市的经济功能等。

2. 城市的畸形发展和布局的极不平衡。从城市体系的角度看，沿海沿江的一些城市因成为帝国主义侵略中国的主要据点而膨胀迅速，广大内地城市则又多数发展缓慢，形成大城市的畸形繁荣和中小城市的落后。从城市的内部结构看，市中心和个别社区畸形繁荣，而多数社区又十分落后，拥有众多的贫民窟。

3. 城市中民族资本受帝国主义的压迫，为帝国主义服务的买办活跃。

4. "城市病"流行。城市失业人口增多，嫖、赌、吸鸦片烟等城市犯罪不胜枚举，绑票、凶杀，城市治安混乱，这种社会弊病在很大程度上是帝国主义和买办所庇护、纵容制造的。西方腐朽的生活方式、奴化文化也在城市里蔓延，如最大城市上海，"因名副其实地被当作世界上最邪恶的城市之一而闻名"a。

四、近代中国城市史的基本线索

近代中国城市史的基本线索有两条相互推进、相互制约的主线，一是近代城市化过程，二是城市近代化过程。

马克思主义的城市观，不仅建立在分析城市内部矛盾运动的基础上，而且是建立在分析城乡分离、对立运动的基础上。这种城乡分离、对立运动"贯穿着全部文明的历史并一直延续到现在"②。这一运动最基本的规律，在古代是"城市乡村化"，在近现代则是"乡村城市化"③。因此，用城市化作为近代中国城史的一条主线，能比较准确地把握近代城市发展的历史规律。

城市化的定义和内涵至今尚无一完整统一的解释。我们理解的城市化具有四个方面的内容。一是人口流动方面的城市化现象，即农村人口向城市转移、集中的过程，城镇人口在总人口中的比重的增长。二是地域景观方面的城市化现象，即城市状态在

---

① ［美］罗兹·墨菲：《上海——现代中国的钥匙》，上海社会科学院历史研究所译，上海人民出版社，1986年，第8页。
② 《马克思恩格斯全集》第3卷，人民出版社，1960年，第57页。
③ 《马克思恩格斯全集》第46卷上册，人民出版社，1979年，第480页。

地域范围的扩大，城市数目的增长。三是经济领域方面的城市化现象，即第二、三产业在空间上向城市集中、聚积的过程。四是社会文化方面的城市化现象，即城市生活方式、价值观念的普及。

近代中国城市化的过程既符合马克思讲的一般规律，是在近代资本主义产生以后才加速的，同时又具有自己的一些特点，如城市化速度缓慢、程度不高，空间上不平衡，等等。在乡村城市化过程中又伴随着城市近代化过程。中国城市近代化也具有自己的一些特点，如中国城市产生时间早而近代化迟，城市的近代化与半殖民地化同步进行等。

近代中国城市史虽然以这两条主线作基本线索，但有两点需要加以说明：

第一，在不同类型的城市史中，这两条主线应有所侧重，全国或区域城市史可以侧重于城市化这一线索。重点探讨全国或区域城市体系中人口在不同城镇中的分布、密度、城镇的层次、空间分布，城镇的经济类型、产业布局以及城镇之间的社会经济的联系。以某一城市为研究对象的城市史则可侧重于城市近代化这一主线，重点探讨城市结构功能的近代化过程。

第二，这两条主线的划分，在一定程度上是为表述上的方便。实际上这两条线又是同一历史过程，城市化本身就是近代化的一个重要内容和标志，而城市近代化不过是城市化水平提高的反映。当然，也应该看到在近代中国，乡村城市化和城市近代化并非是一致进行的，比如在人口城市化过程中，并非是由于农业劳动生产率大大提高，造成大量农村相对人口过剩，从而促使农村人口向城市转移集中，而是由于农村经济破产、农村人口压力加重所造成的"流民"涌向城市。结果城市人口虽然增长，而人口素质却没有相应的提高。

五、近代中国城乡关系问题

城乡关系是城市发展中的一个基本问题，也是城市史研究的一个重要课题。城市史研究不能仅仅孤立地研究城市本身，而要扩大研究的视野。国外一些城市史专家已经提出"纯粹的城市现象"是不存在的，主张在广阔的社会、经济和文化背景下来考察城市发展的过程。

马克思主义对城市的分析，不仅建立在城市内部矛盾运动的基础上，而且是建立在剖析城乡分离、城乡对立运动的基础上，特别注意城乡的关系。马克思在《〈政治经济学批判〉（1857—1858年草稿）》中说："中世纪（日耳曼时代）是以乡村这个历史舞台出发的，然后，它进一步发展是在城市和乡村的对立中进行的。"①从城市发展史看，随着三次社会大分工，出现了"城乡的分离和城乡利益的对立"②。在西欧，中世纪是"乡村在经济上统治城市"③，到了近代，随着大工业的发展，世界市场的形成，"资产阶级已经使农村屈服于城市的统治"④。所以，西欧城市史中城乡的关系主要表现为城乡的社会分工以及乡村土地权力与城市货币权力的对立。在西欧，封建领主居住在农村庄园中，凭借分封制度和庇护制度占有土地，用租税等形式剥削农村。随着商品货币经济的发展，货币权力逐渐成为摧毁封建特权的武器。土地权力和货币权力的日益对立，导致了由城市商人、高利贷者和手工业主等组成的市民阶级的兴起，他们通过赎买乃至武装对抗，取得城市自治权，封建阶级则日益衰微，终至资产阶级革命爆发并取得胜利。

但在中国城市发展史上，城乡关系则有不同于西欧的特色。

第一，在古代中国城乡之间并没有比较明显的社会分工。如同马克思所说："亚细亚的历史是城市和乡村无差别的统一。"⑤古代中国的农村，不仅自然经济占统治地位，作为自然经济的补充，在农村小市场上又活跃着手工业和商业，而不像西欧工商业主要集中城市。同时，城市中的工商业虽较农村发达，但仅是以满足封建阶级的消费为主要目的，在很大程度上仍带有农村那种自给自足的自然经济色彩。"城市市场的繁荣主要是反映封建经济的成熟（地租量扩大），不必是代表商品经济的发展。因为在这种交换中，农村流入城市的产品，尽管也经商人之手，但大半是单向流通，

---

① 《马克思恩格斯全集》第46卷上册，人民出版社，1979年，第480页。
② 《马克思恩格斯全集》第3卷，人民出版社，1960年，第25页。
③ 《马克思恩格斯全集》第21卷，人民出版社，1965年，第189页。
④ 《马克思恩格斯全集》第1卷，人民出版社，1956年，第255页。
⑤ 《马克思恩格斯全集》第46卷上册，人民出版社，1979年，第480页。

没有回头货与之交换，不是真正的商品。"①

第二，没有西欧那种土地权力和货币权力的尖锐对立，而农村地产与城市商业资本、高利贷资本是相互转化的，地主、商人和高利贷者三位一体。所以，在中国社会中更突出的对立运动是城乡封建统治阶级和城乡农民、手工业者之间的对立和斗争，而不像西欧那样是市民阶级和封建阶级的对立和斗争。

第三，城市在中国的地位，往往不是经济起决定作用，而是政治起决定作用，至少首先是政治、军事地位决定了城市的设置和发展，随后才是为政治、军事服务的经济的发展。

第四，没有西欧的城市自治和市民阶级的产生。

近代中国城市既然是历史上城市的发展，在研究近代中国城市史时，就不能不考虑这些与西欧城市和城乡关系的不同历史特点。在近代，由于外国资本的入侵，以及中国内部资本主义的成长，城乡关系也发生了相应的变化。

首先，城市经济功能有所发展，并对农村地区发生了较为广泛的辐射和吸引力，扩大了城乡之间的经济联系。如在四川，就初步形成了以重庆为中心，从城市到乡村的商品分销网和原料购销网。其次，城乡之间的社会分工有了较明显的发展，主要表现在机器工业大多集中城市，而城市工业所需的原料、市民生活物资的供应又主要来自农村。但是，也应该看到，即使到了近代，中国传统的城乡关系的格局并没有根本性的改变，仅是有了一些新特征而已。一般地讲，近代城市的政治功能仍占相当重的地位，城市是封建主义和帝国主义政治统治的中心。其次，城乡的矛盾，实质上是帝国主义、封建主义同人民大众的矛盾，城市不仅在政治上压迫乡村，而且通过乡村中的商业资本、高利贷资本剥削乡村，使乡村破产。在城市经济萧条的情况下，城市工人失业倒回农村，又进一步加剧了农村的负担。结果，城市的发展没有更多地带动乡村的发展，反而加剧了城乡的差别。再次，城乡之间存在错综复杂的双向交流运动。例如，一方面，城市的近代化因素对农村产生了影响，或多或少地促进了乡村社会的变迁；另一方面，乡村落后的、中世纪的封建因素又不断地向城市渗透，或多或少地阻

---

① 许涤新、吴承明主编：《中国资本主义发展史》第1卷，人民出版社，1985年，第13页。

碍着城市的近代化。再如，城市对乡村的压迫和剥削，加深了乡村的贫穷落后，延缓了乡村城市化的进程，广大贫穷落后的乡村的存在又使城市近代化进程受阻。

在近代中国，由于资本主义经济始终没有占统治地位，自然经济如同汪洋大海，落后的生产力和生产关系决定了中国近代城市化和城市近代化过程缓慢，远远没有像欧美发达国家那样逐步实现了"乡村城市化"，还只能说尚处于"乡村城市化"的过渡状态中。直到1949年，我国城市人口仅仅占全国人口的1/10的低比例，与唐代中国城市人口比例相等。这不能不是近代中国经济、社会落后的一个标志，也是近代中国国情的一个重要方面。

近代城市经济是以资本主义大生产为基础的，对农村的影响很大，也在许多方面依赖农村（如销售市场、原料市场及农副产品市场等），特别是近代商业城市向工业城市转化，更须以农村经济商品化的发展为前提。城市工业的发展必须以该城市近郊、至少是附近地区农村经济商品化的发展为基础才有出路。在近代交通运输力量有限和封建关卡尚存的条件下，如果没有附近地区的销售市场和原料市场是很难与帝国主义竞争而立住脚跟的。可以这样讲，城郊农村自然经济解体的程度，往往是衡量该城市近代化程度的一个重要尺度。按照列宁的分析，只有农民成为小商品生产者，才有接受民主主义思想的基础，才可能成为资产阶级民主革命的助手。所以，对农村经济，首先是近郊或附近区域农村自然经济解体状况的考察，对于该城市近代化的研究有着重要意义。特别着重考察附近地区农村经济与该城市工商业发展的相互关系与影响，并总结出一些经验和教训，对研究今天城乡关系、市管县体制都有积极意义。

所以，在近代中国城市史研究中，不能仅局限于探讨城市本身的发展，而必须从城乡关系的更广阔的背景来探讨城市的发展，也不能局限于个别城市的研究，应在个别研究的基础上，进而对一个区域甚至全国的有代表性的城市作比较研究，对城市体系、城乡网络进行整体的宏观的考察，由点及面来弄清近代中国城市的历史、特点和发展规律。这也是我们研究国情，促进城乡改革、城乡结合共同发展战略所需要的。

原载《近代史研究》1991年第4期，本文为原作《近代重庆城市史研究》节选

20世纪后期中国近代城市史研究的理论探索

何一民

城市史研究作为一门新学科首先于19世纪末20世纪初在欧美兴起。20世纪20年代西方学术界就出版了有关近代中国城市史研究的论著,60年代以来西方学术界对中国近代城市史研究已经形成若干理论模式并出版了大量的研究论著,但由于中西文化长期的阻隔,这些研究成果在80年代中国近代城市史学研究兴起时翻译成中文的极少,因而中国学术界对中国近代城市史的研究是在缺乏理论和方法借鉴的情况下起步的。为此中国学者对城市史研究在理论上进行了不懈的探索。十余年来,在他们的努力下,对城市史研究的理论探讨有突破性进展,初步形成了具有中国特色的中国近代城市史理论框架和研究方法。近年来,中国近代城市史理论研究的重点、热点和难点主要表现在以下几方面。

一、城市史研究的基本内容

对中国近代城市史研究的基本内容与基本线索的探讨是20世纪80年代中到90年代初城市史研究者经常面临的一个有争议的理论问题。城市是一个由众多的因素复杂地结合在一起的有机整体,涉及的范围相当广泛。作为一个新兴学科,如果不首先确立它研究的基本内容和基本主线,就不能突出自己的特色,不能形成自己理论体系和研究范式。因而从中国近代城市史研究兴起之时,研究者对此理论问题都十分关注。一般研究者都承认城市史研究有其特殊性,它应该是以城市为研究对象,并有别于其他历史学分支学科的研究。如四川大学隗瀛涛认为："近代城市史和其他的理论著作相比，应具有不同的特色，既不同于以政治为主要内容、严格按照时间顺序编写的一般编年史，也不同于探讨某一特定领域的专史，更不同于旨在整理、研究、保存史实的地方志、城市志。"[①]隗瀛涛的以上观点得到大多数研究者的赞同，均表示可以通过城市史与地方史、城市志、编年史的异同比较和对城市本身作出科学界定这两个途径来确定其基本内涵。但如何区别中国近代城市史研究与其他学科的特点，确定其内涵，则在研究者中发生了较大的争议，意见颇不一致。

天津社会科学院学者罗澍伟也认为城市史和地方史不同，但他强调城市史在国外属于社会史分支，是由历史学家和社会学家合作完成，因而城市史就是城市社会、经济史。城市史研究的重点应该放在城市社会和经济上，应将研究的触角伸向城市社会的各个侧面和深层，探讨近代城市社会的演进，城市经济结构的变化，以及阶级、阶层、民间社团与政党、市民运动与市民心理及生活方式和社会风貌、风俗的变化，中西文明交汇和冲突，社会管理、市政交通、文教兴革等[②]。上海学者林克等人也主张城市史重点研究城市所具有的各种社会机制的运行规律及其相互关系。这种观点在当时被称为"社会学派"[③]。

以隗瀛涛为首的《近代重庆城市史》课题组不同意把城市史仅仅视为社会史的分支，他们认为城市社会虽然是城市的一个十分重要的方面，但还不能说是城市史研究的全部内容，因而主张城市史应该以研究城市的结构和功能的发展演变为基本内容。他们强调城市史是把城市看作一个有机社会实体，把城市视为在特定环境和历史条件下发生的一个广泛的社会运动过程。城市史研究要着重探讨城市结构、功能由简单初级形式向复杂高级形式的演变，不仅要揭示城市发展的一般规律，而且还要揭示每一个特定城市的特殊发展规律。中国城市史研究虽然涉及近代社会、经济、政治、

---

① 隗瀛涛等：《关于近代中国城市史研究的几个问题》，《城市史研究》第3辑，天津教育出版社，1990年，第1页。
② 何一民等：《近代中国城市研究学术讨论会综述》，《近代史研究》1990年第3期。
③ 刘海岩：《近代中国城市史研究的回顾与展望》，《历史研究》1992年第3期。

思想、文化与历史事件、历史人物,但这些都必须是和城市的结构与功能演变有密切联系的,只有抓住了城市结构功能这条主线,才可以清楚地确定城市史研究的领域和内涵,使城市史形成有别于地方史和地方志的鲜明特色。他们还提出要区分两种类型城市,一种是以国家或地区城市体系或城市群体为研究对象的城市史,一种是以单体城市为研究对象的城市史。这两种城市史研究的内容既有联系,又有区别,前者应着重研究城市体系或城市总体结构和总体功能,后者则着重研究某一城市的具体结构和具体功能[1]。中国近代城市史可以通过五个方面的研究来揭示城市结构和功能的发展演变:城市地域、城市经济、城市社会、城市政治、城市文化。对他们的主张,当时"有人称其为'结构—功能学派'"[2]。这种观点在今天看来有所不完善,他们也注意到其不足,在其后的区域城市研究、不同类型城市研究、中国近代城市发展与社会变迁研究中注意到了吸取其他学者的观点。但需要强调的是,"结构—功能"观点的提出在当时确实产生了重要的影响,不仅成为《近代重庆城市史》研究的主要指导思想之一,而且对初步涉足近代中国城市史研究者较快地把握城市史的基本内容起了重要的作用。

除以上两种较有影响的观点外,还有一种观点认为应该加强城市史研究的综合性,这种观点在当时被人称为"综合分析学派"。在第一届中国近代城市史讨论会上,上海学者唐振常提出城市史和城市研究有区别,前者是历史学的一个分支,后者则是一门新兴学科,他主张对城市史应该全面把握、综合研究,因为城市是综合的实体,包括政治、经济、文化、社会、人口等方面,城市史应是诸方面综合发展的历史[3]。也有学者认为:"城市史是以城市为研究对象,以揭示城市和城市社会的发展演变为目的。"因而应首先确定城市要素,"虽然目前中外学术界关于城市的定义还存在分歧,但作为比较完整意义上的城市至少包括10大要素:即城市的地域结构、基础设施、人口、社会、行政管理、经济、流通、信息、文化、生态环境,所以城市史

---

[1] 隗瀛涛主编:《近代重庆城市史·绪论》,四川大学出版社,1991年。
[2] 刘海岩:《近代中国城市史研究的回顾与展望》,《历史研究》1992年第3期。
[3] 何一民等:《近代中国城市研究学术讨论会综述》,《近代史研究》1990年第3期。

主要就是要具体研究历史上构成城市的各要素和它们之间的联系、发展及演变。"[1]

武汉社会科学院皮明庥、李怀军在第二届中国近代城市史研究讨论会上撰文阐述了他们关于综合研究城市史的看法。他们认为只有首先把城市的内涵作一科学界定，才能从根本上确定城市史的内涵。他们主张以城市社会和城市文明的演进和特点的把握与研究作为城市研究的主线，认为城市是一个结构，一个动态的立体社会。研究者的视野必须占有整个城市社会、城市文明及其历史。研究城市史从纵向上，要研究城市形成、发展的脉络和阶段性，研究不同历史时期社会中城市形态和发展状况及其历史特点。从横向看，要研究城市的各子系统，如地理地貌、城市自然景观、城市园林、城市工业、城市商贸和金融、城市建筑、城市公用事业、城市交通、市政工程、城市科技等，这些子系统另一方面又可以延伸出许多子系统，有其侧面和分支。因而可以从不同的视角切入[2]。皮明庥其后在《城市史研究略论》一文中除了重申以上的看法外，还进一步作了补充。他强调城市社会和文明之兴衰，乃是城市史研究的基本线索，重点要把握几个要素：（1）城市的生成和盛衰荣枯，发展链条和区段；（2）城市社会形态和社会结构（地理空间结构、城市行政及市政结构、经济结构、人口和阶层结构等）；（3）城市性质和功能演变，包括经济、政治、军事、文化等多重功能，并从辐射和吸收的双方对流中加以展示；（4）城市文化特质，包括城市风貌、风尚、市民气质和生活方式、社会心理、文化流派乃至风味产品等[3]。

天津社会科学院刘海岩则提出了应当把城市人（相对于乡下人而言）的行为和城市环境的关系作为城市史研究的中心，既要研究城市人的行为方式，又要研究城市环境的形成和结构，以及城市的行为与环境的相互作用[4]。这种以研究城市人的行为和城市环境的关系作为城市史研究的中心的观点，与"社会学派"的观点有些近似，但也略有一些区别。

---

[1] 何一民等：《近代中国城市研究学术讨论会综述》，《近代史研究》1990年第3期。
[2] 皮明庥、李怀军：《城市史的思路与视野》，《城市史研究》第5辑，天津教育出版社，1991年。
[3] 皮明庥：《城市史研究略论》，《历史研究》1992年第3期。
[4] 刘海岩：《近代中国城市史研究的回顾与展望》，《历史研究》1992年第3期。

以上的各种观点可以说都各有其道理，皆能自圆其说。多元观点的提出，体现了中国近代城市史研究领域内学者们的思想解放和活跃。笔者认为，这种多元的现象出现，是一件好事，没有必要强求统一认识。从近年的研究趋势来看，不少学者并未受以上观点的束缚，他们多善于吸取国内外的新理论，从而补充、修正自己的观点。可以预期，在不久的将来，新的理论模式将在一批新的中青年学者中产生。

二、城市现代化与城市化

国内史学界多将早期现代化（19世纪中叶—20世纪中叶）称为近代化，主要是为了区别中华人民共和国成立后的社会主义现代化。虽然早就有学者指出近代化的提法不科学，但仍然有不少人沿用这一用语，20世纪80年代的著作和论文多用此术语，但90年代以后，不少学者已经注意到了这个问题，而将其表述为早期现代化。（由于过去若干论著和论文均称为近代化，为了表述方便，所引其他学者的观点，本文仍保留其近代化的提法。）

早期现代化（近代化）研究是20世纪80年代以来在国内近代史学界关注较多的一个新课题，近年来对中国早期现代化研究的成果也较多，出版了多种关于此课题的专著。研究近代城市不能不涉及现代化问题，这是因为19世纪以来，城市在国家和区域活动中所起的中心作用越来越突出，重大的变革大都发生在城市中，无论是经济领域的现代化，还是政治、文化等方面的现代化变革，都是以城市为中心而展开的，从中心城市向一般城市扩展，从城市向农村扩展。一些重要城市的发展、盛衰不仅对于地区有极大影响，而且对于国家，甚至人类社会的进程也有影响，如伦敦、巴黎、纽约、东京、上海等。因而城市的现代化既是一个国家或地区现代化的重要组成部分，也是这个国家或地区现代化的标志。研究一个国家的现代化可以从研究某些重要城市的现代化入手。同时对城市的现代化研究也不能孤立地进行，还须放在一个广阔的背景下加以考察，进行多学科的、多层面的研究。现代化不仅是经济的现代化，同时也是政治、文化、社会等多方面的变化过程。城市是一个国家或地区的政治、经济、文化中心，因而也是发展现代化的基地。同时，城市也是一个国家的窗口或镜子，透过这个窗口或镜子可以看到这个国家的现代化的发展状况。因此研究中国近代城市史的学者都十分重视对城市现代化的研究。可以说，到目前为止，国内学者关于近代中国城市史研究多以此为主线而展开，但具体切入点有所不同。

隗瀛涛等人认为近代中国城市史研究有两条相互推动、相互制约的主线：一条是近代城市化过程，一条是城市现代化过程。但在不同类型的城市中，这两条主线应有所侧重，全国或区域城市体系中，人口在不同城镇中的分布、密度有所不同，城镇的等级、层次、空间分布，城镇的社会经济类型、产业布局以及城镇之间的社会经济联系也有所不同，因而区域城市研究的重点以城市化为主线。而以某一城市为研究对象的单体城市研究时，则可侧重于城市近代化这一主线，重点探讨城区结构功能的近代化过程。同时他们又指出这两条主线的划分，在一定程度上是为了表述上的方便。实际上这两条主线又是同一历史过程，城市化本身就是现代化的一个重要标志，而城市现代化不过是城市化水平提高的反映[1]。至于城市早期现代化的特征，隗瀛涛等四川大学的学者认为主要有：近代民族工商业在城市的聚和发展，反帝反封建民族民主运动在城市的兴起和发展，近代教育、科技、文化在城市的兴起与发展，以及由上述因素的变动导致的社会结构、阶级结构、社会组织、价值观念等的变迁[2]。

云南社会科学联合会谢本书认为近代城市是近代文明的中心，近代城市的发展是中国近代化的一个重要尺度，是近代中国不可缺少的重要环节。故他也强调研究近代城市要重点研究城市的近代化[3]。

中山大学乐正也主张将城市化和城市近代化作为近代城市研究的两条主线。两方面的内容既相互联系，同时并进，但又有区别。中国近代城市化特点与西方国家的城市化不尽相同，主要表现为三点：（1）中西城市化的动力不同，西方城市化的动力主要是工业化，而近代中国的城市化的动力主要是商业化；（2）中西城市化的差

---

[1] 隗瀛涛主编：《近代重庆城市史·绪论》，四川大学出版社，1991年。
[2] 隗瀛涛主编：《近代重庆城市史·绪论》，四川大学出版社，1991年。
[3] 谢本书：《中国近代城市的发展与近代化历程》，《城市史研究》第3辑，天津教育出版社，1990年。

异大,主要原因在于近代中国城市对农村的"拉力"和农村对城市的"推力"太小;(3)在世界近代化进程中,西方主要国家是世界经济交往中的"终极利益"的获得者,因为西方国家的城市处于中心地位,而落后国家则处于外围依附地位,中心城市对外围城市有很强的经济控制力,迫使财富由外围城市流向中心城市,外围城市只能在财富外流的过程中获得一些连带利益或中间利益。这样一种经济关系反映出中国近代城市化过程中的某些半殖民地色彩,也反映出中西方近代城市化中的不同功能与特点[①]。

对城市化的研究也涉及很多理论问题,特别是关于城市化的内涵就有不同看法,一种意见是城市化是指人口居住重心由农村转向城市,故将农村人口向城市迁移看作城市化的核心;另一种意见则认为近代城市化不仅是人口城市化的过程,还应包括第二、三产业向城市聚集,城市数量的增加,城市状态在地域内的扩大,城市的生产和生活方式、价值观念的普及和在乡村的传播等更为广泛的内容。历史学研究者对这一问题的思考,与目前人口学、城市学、地理学、经济学、社会学等领域研究者对当代城市化的研究有相互呼应之处,近年来国内其他学科对城市化的研究在理论上有很大发展,因而各学科之间可以互相借鉴,取长补短。

三、半殖民地化与城市发展

20世纪80年代中期,国内学术界曾有人对中国的半殖民地问题提出质疑,因而对此问题的理论探讨成为近代中国城市史研究的一个重要内容。

目前大多数学者都认为中国城市现代化和城市化是与殖民地化、半殖民地化同步进行。西方发达国家在现代化发生的时候,并没有遇到很大的国际压力和外部干扰因素,它们没有面临沦为殖民地或半殖民地的危险,相反,它们通过血与火的殖民掠夺,完成了最初的资本原始积累,在其后的国际竞争上占有很大优势。而中国开始进行现代化转型时,西方主要的资本主义国家对中国进行了疯狂的侵略,中国被西方资

---

① 乐正:《近代城市发展的主题与中国模式》,《天津社会科学》1992年第2期。

本主义列强用武力强迫拉入到世界资本主义体系中，处于边缘和依附地位，所以中国城市的早期现代化从一开始就与殖民地化、半殖民地化同步进行，错综复杂地纠缠在一起。外国资本主义既对中国城市的近代化起了一定程度的推动作用，同时也对中国城市的近代化起着阻碍作用。19世纪末世界资本主义从自由竞争阶段进入帝国主义垄断阶段，少数几个大的帝国主义国家将世界瓜分完毕，由它们占主导地位的国际经济、政治秩序已经形成，因而后发现代化的国家在国际分工中只能处于边缘和依附地位，成为少数几个帝国主义国家的原料市场和商品输出、资本输出的市场，为这些国家提供原料和初级产品。在多个资本主义国家的侵略、奴役、掠夺下，中国沦为半殖民地，人民经受了巨大的灾难，国家也丧失了巨额资源和财富，经济结构的转型呈现畸形化，因而中国城市的现代化发展十分缓慢、曲折。这种不平等的关系严重地制约着中国现代化经济的发展，并导致了中国与少数资本主义国家之间的严重对立，失去了正常发展现代化的机遇，并进一步加剧了中国城市近代化发展的不平衡性。沿海沿江少数开埠通商城市近代化发展较快，但绝大多数内地城市近代化发展缓慢，尤其是西部城市近代化发展十分缓慢。这种差距不断加大的结果，也影响到中华人民共和国成立以来社会主义现代化建设。

中国城市的近代化是在外国资本主义入侵后才出现的，中国被迫或不自觉地采用外国的文明，侵略成了不自觉的历史工具，刺激了中国城市的变化，开始了曲折的近代化历程。特别值得注意是，近年来，大多数学者不仅都能客观地、辩证地看待半殖民地化与近代化的关系，同时还能针对过去完全强调殖民主义侵略对中国的破坏的一边倒的研究倾向，客观地评价外国资本主义入侵在中国的作用。不少学者指出殖民主义者的动机和效果发生背离的现象是经常存在的。在近代史上，殖民主义者对中国侵略的动机和效果有一致的地方，也有不一致的地方。他们指出殖民主义者对中国的侵略不管其目的有多么卑鄙，它在刺激城市进步方面，毕竟在客观上起了一定的作用①。

《近代重庆城市史》一书的作者认为近代中国城市的半殖民地化具有以下四个方面的特征：（1）城市功能和结构打上了半殖民烙印；（2）城市的畸形发展和布局极不平衡；（3）民族资本受到挤压和买办极为活跃；（4）"城市病"流行②。同时他们还强调对于西方影响和半殖民地化问题要注意两个问题：一是中国的近代文明不全是来自西方；二是西方文明向落后国家和地区进行渗透是一种历史趋势，其途径和形式可能不同。外国资本主义的侵略，虽然带来了一些西方文明，但正是这种侵略对中国独立自主权的破坏和在中国的特权，又在很大程度上阻碍了中国人民更快更好地学习西方的先进文化。帝国主义与中国封建主义相结合，使中国的近代化进程十分缓慢，并带上殖民地附属国的色彩。所以在研究中国城市近代化时，对于中国人民自身的作用要有充分的认识，对帝国主义侵略客观上的促进作用与阻碍作用都要进行充分的分析。

四川大学凌耀伦也同意近代中国半殖民地化与近代化的关系是同步进行的。西方的冲击既带来了灾难，也带来了文明，对这两种后果都应该实事求是地进行分析。判断西方文明是否具有侵略的性质，关键在于西方文明的输入方式，即是主动输入，还是被动输入。半殖民地化的表现不是新生的资本主义，而是资本主义的畸形发展，后天不足，发展不平衡，以及买办色彩、奴化意识、丧失民族自尊心等。中国近代化之所以速度缓慢主要就是因为丧失了主权，没有自主权③。

租界是近代中国城市中的一种特殊现象，是中国城市殖民地化半殖民地化的一个重要标志。租界的存在对中国近代城市的发展影响甚巨。但在一个相当长的时间内，国内学术界对租界的研究比较薄弱，并立足于批判，因而在许多方面有所忌讳，不

---

① 参见张仲礼主编《近代上海城市研究》（上海人民出版社，1990年）；隗瀛涛主编《近代重庆城市史》（四川大学出版社，1991年）；罗澍伟主编《近代天津城市史》（中国社会科学出版社，1993年）；皮明庥主编《近代武汉城市史》（中国社会科学出版社，1993年）；何一民著《中国城市史纲》（四川大学出版社，1994年）；费成康著《中国租界史》（上海社会科学院出版社，1991年）。
② 隗瀛涛主编：《近代重庆城市史·绪论》，四川大学出版社，1991年。
③ 凌耀伦：《浅谈中国近代城市史研究》，《城市史研究》第3辑，天津教育出版社，1990年。

能深入研究。20世纪80年代中期以来，随着学术界不断的思想解放，上海、天津、重庆、武汉、北京等地的学者对租界进行了比较深入的研究，取得了丰硕的研究成果。一些学者通过对租界的具体实证研究，探讨了西方现代城市建设和管理经验对于中国城市近代化带来的客观影响，从侧面展示了西方与中国城市近代化的关系。《近代上海城市研究》一书的作者指出：租界与华界的关系是相互联系，相互影响。早期租界依傍于华界，繁荣以后的租界则对华界产生了较大影响，刺激了华界的近代化发展，如租界先进的市政设施和市政管理，不断地为华界所仿效；租界的经济对华界也有很强的辐射作用，引起华界及市郊一些产业结构的变化[①]。他们还就殖民主义者的动机与效果的关系进行了辨证的分析，指出殖民主义者设租界、开工厂、经商，主要是从自身的利益出发，目的是为了发财，赚取利润，对中国进行经济侵略。这一方面加深了中国的半殖民地化程度，但另一方面也加速了中国自然经济的解体，创造了近代工业发展的环境，促进了城市近代化的发展。

四、城市现代化和城市化的动力

关于这个问题自20世纪80年代以来就引起中国近代城市史研究者的广泛注意，他们或在相关的著作中加以讨论，或者专文论述。

《近代上海城市研究》的作者认为"中国古典城市不同于西方城市的特点，决定了中国历史上城市虽然为数不少，城里人口众多，但孕育不出与封建社会相对抗的市民阶层、市民运动，发动不了与封建自然经济相对立的工业革命，也无法启动城市近代化的闸门"[②]。因此他们强调外力对近代上海城市近代化的推动作用。他们认为上海城市的近代化是外国殖民侵略者用武力迫使中国将上海开埠和建立租界开始的，又是在外国资本主义经营的新模式的示范下进行的。上海的近代化与外国的影响有密切

---

① 张仲礼主编：《近代上海城市研究·总论》，上海人民出版社，1990年。
② 张仲礼主编：《近代上海城市研究·总论》，上海人民出版社，1990年。

的关系，深深地打上了西方的印记。但外国的影响只是外因，外因只能通过内因的变化才能充分表现出来，这种内因就是上海人对西方民主政治思想、城市管理方式、企业管理方式和技术等的学习、理解和创新。张仲礼等上海学者认为上海与外国的交流不是单向的，而是双向的，一方面西方的民主政治思想、城市管理方式、企业管理方式和技术等对上海的近代化起了促进作用，另一方面上海也为西方与各国的繁荣做出了贡献[1]。上海学者黄美真、张济顺等人也强调中国城市化不能只视为"欧风美雨孵化"的结果，还要看到中国人为适应新局面所做的近代化努力[2]。

《近代重庆城市史》的作者将推动近代城市发展的动力概括为内力和外力两种，而外力则分为"西力"和"东力"，所谓"西力"主要是指来自西方资本主义的影响，而所谓"东力"则是指国内四川以东各省区的影响。

《中国城市史纲》的作者对以上观点进一步加以发展，认为中国城市现代化的启动和发展动力主要来自两个方面：一是外力，即外国资本主义侵华势力；一是内力，即中国社会内部结构变革所产生的推动力，两种力又由各种力组合而成，多种力的综合，相互作用，形成一种合力，推动了中国城市的现代化起步。他强调外力楔入对中国城市的影响是双重的，既有负面的影响，也有正面的影响。负面的影响主要表现在使部分城市成为殖民地、半殖民地城市，对城市造成了直接的破坏，压制阻碍了中国资本主义的发展，使现代化受阻，造成中国城市畸形发展。另一方面，外力对中国城市现代化所起的推动作用也十分明显：（1）外力推动了开埠城市经济向早期现代化转轨，导致城市经济结构和功能的演变；（2）外力改变了城市面貌，促进了城市建设向早期现代化发展；（3）为中国城市资本主义产生创造了一定条件。同时他还指出，中国城市早期现代化的进程、速度、规模、范围、性质等，尽管要受到外力的影响，但最终还是取决于中国社会内部结构变革的方式、程度、性质和范围等，现代化的推动力量主要还是来自中国社会内部，来自中国人为适应新局面，为推动现代化所

---

[1] 张仲礼主编：《近代上海城市研究·总论》，上海人民出版社，1990年。
[2] 黄美真、张济顺：《近代上海与近代中国几个问题的思考》，载上海研究中心编：《论上海研究》，复旦大学出版社，1991年。

做的种种努力[1]。

此外还有不少的学者持与上述基本相同的观点，如谢本书认为外国侵略打断了中国历史的进程，城市发展的正常进程也被迫中断。但外国侵略为中国资本主义的发展和城市的发展也提供了一些条件。近代城市的发展与中国半殖民地化加深是直接相联系的：与殖民主义的活动直接有关的沿海沿江地方，城市得到了畸形发展；而与殖民主义活动关系不大，或者没有什么联系的地方，城市的发展就被扼制[2]。

西方城市的发展大都是建立在工业化的基础之上的，工业化是城市化和城市现代化的主要推动力。但在半殖民地半封建的中国，工业化的水平很低，商业资本一直大于工业资本，因而有一些学者认为商业化才是中国近代城市发展的主要动力，近代中国的乡村人口向城市聚集只有通过商业化来实现，由于商业对人口的吸纳性远远低于工业，以致造成中国近代城市化水平的低下[3]。如乐正即认为开埠通商和由此产生的巨大商业力量，是近代中国城市化进程的启动器，是城市发展的新动力和新特征[4]。

也有人不同意以上的观点，如李运华认为只有工业化才是中国城市近代化和城市化之命脉所在。他强调中国工业化的发展过程也就是城市近代化和城市化的发展过程，工业化的发展速度和发展水平决定着城市近代化和城市化的发展速度和发展水平，中国近代工业的性质和发展特点在一定程度上决定了中国城市近代化的性质及其发展特点[5]。

另外，有相当部分研究者一方面也十分重视开埠通商对城市发展的作用，并一致认为这些城市在近代都是因商而兴，外力正是通过开埠通商转化为推动中国城市近代化的动力。但另一方面也特别强调这些城市的发展与工业的关系，认为工业化才是中国近代城市发展的内在动力。这是因为这些开埠城市虽然因商而兴，但却是因工而发，工业的发展不仅使城市的吸引力倍增，刺激了城市规模的扩大，而且工业化直接

---

[1] 何一民：《中国城市史纲》，四川大学出版社，1994年。
[2] 谢本书：《中国近代城市的发展与近代化历程》，《城市史研究》第3辑，天津教育出版社，1990年。
[3] 任云兰：《第三届近代中国城市研究学术讨论会综述》，《城市史研究》第6辑，天津教育出版社，1991年。
[4] 乐正：《开埠通商与近代中国的城市化问题》，《中山大学学报》1991年第1期。
[5] 李运华：《中国城市近代化和近代中国城市化之命脉》，《城市史研究》第7辑，天津教育出版社，1992年。

为城市发展提供物质基础,促进城市的近代化[1]。上海学者黄汉民认为在落后国家,综合性多功能的近代城市一般都是先由商业兴市,然后再由工业发展进一步推动城市近代化的发展,如近代上海即是走过了一个因商而兴、由工而盛的发展过程[2]。《近代上海城市研究》《近代天津城市史》《近代重庆城市史》《近代武汉城市史》等著作也提出了相似的观点。

关于开埠通商城市的作用也是一个涉及如何正确认识外力在近代中国的作用的问题。在天津召开的第三次近代中国城市史研讨会上,较多的论者都认为西方资本主义的入侵、中国与世界联系的建立与加强,是近代中国城市发展的外力因素,这主要表现在以下几方面:(1)通商口岸的被迫开放,外国租界的建立,以及西方各主要国家对中国在政治、经济、文化等多方面进行渗透,使许多城市纳入世界资本主义体系;(2)开埠后的城市成为外国资本主义在华输入商品与输出原材料的集散地,由此推动了开埠城市的发展;(3)开埠使这些城市首先接触到西方工业文明,从而为中国资本主义的发展和城市近代化奠定基础[3]。张洪祥、陈振江等人也都从不同的角度阐述了开埠通商的历史作用[4]。

前近代时期,由于清王朝实行了闭关锁国政策,中国的经济主要在国内大循环,外部经济对中国的影响不大,城市发展的动力主要来自国内的诸种因素,同时城市发展的规模也受到极大的限制。19世纪中叶以来,中国的封闭状态被打破,国际的因素对中国城市的发展产生着越来越大的影响,而这些影响在许多方面是通过开埠通商城市来进行的。开埠通商城市在中国城市的发展进程中是一种新的形式,它是一种开放型城市,是一个开放系统,这是它区别于原始城市、传统城市的显著特征之一。近代开埠通商城市的开放性首先表现在经济的开放性,以通商贸易为特征的城市经济决定了它必然要与外界交往,与其他城市——国内的和国外的城市,以及它能够辐射到

---

[1] 参见张仲礼主编《近代上海城市研究》(上海人民出版社,1990年)等著作。
[2] 黄汉民:《上海工业与城市近代化》,第三届近代中国城市研究学术讨论会论文(1991年)。
[3] 任云兰:《第三届近代中国城市研究学术讨论会综述》,《城市史研究》第6辑,天津教育出版社,1991年。
[4] 张洪祥:《近代中国通商口岸与租界》,天津人民出版社,1993年;陈振江:《通商口岸与近代文明的传播》,《近代史研究》1991年第1期。

的广大乡村腹地经常地、大量地、不停顿地进行物资的、能量的、信息的以及各种精神成果的交流，保持城市的新陈代谢。同时近代开埠通商城市的开放性还表现在它不断地吸收发达城市的先进技术、先进设备、先进的科研成果和各种技术人才，不断地从周围地域输入各种生产原料和生活资料，同时它不断地发挥巨大的辐射作用，从政治、经济、文化、技术、设备、物资、人才、知识等方面影响着其他城市和周围广大农村的发展。因此近代中国的城市一旦开埠之后，都得到不同程度的发展，开埠通商促进了一批新兴工商业城市的崛起，到20世纪中前期，开埠通商城市成为中国新兴城市的主体，其中部分城市成为区域性甚至是全国性的经济中心城市，初步形成了以这些城市为中心的区域性和全国性经济网络。

五、近代城乡关系

城市与乡村是人类文明产生以来，共同存在的两个空间实体，城市与乡村在社会、经济、文化、建筑等若干方面都不同，但城乡之间一直有着十分密切的关系，城市的存在和发展必须以一定范围内的乡村作为自己的腹地。因而城市史研究不能独立地局限于研究城市本身，而必须扩大研究视野，要在广阔的社会、经济、文化的背景下来考察和研究城市化过程。马克思主义经典作家对城市的观点和分析不仅建立在城市内部矛盾运动的基础上，而且建立在剖析城乡分离、对立运动的基础上。中国是一个农业大国，故研究中国近代城市史时更要特别注意研究城乡关系。《近代重庆城市史》的作者认为在西方城市发展中，城乡分离对立的运动，主要表现为城乡之间的社会分工和城市资本权与乡村土地权的对立，而中国城市发展中，城乡社会分工不明显，也没有资本权和土地权的相互尖锐对立，这是中西方城乡关系很不同的特点。近代中国的城乡关系一方面表现为城市作为经济中心的功能，已对乡村产生了较大的辐射力和吸引力，一定程度上扩大了城乡之间的联系；另一方面又加速了城乡之间的差别和对立，城市在政治上压迫乡村，在经济上剥削乡村，造成乡村的落后、破产，最终又延续了中国城市化和城市现代化的进程。

研究者们强调，既要注意城市现代化因素在乡村的传播和影响所导致的乡村社会、经济的变迁，也要注意乡村落后的、中世纪的因素对城市的渗透[①]。乐正提出要从近代世界范围内，从不同层次来研究城乡关系，他认为上海在中国是城市，但是从世界范围看，上海却是西方国家的农村；重庆是西南地区的城市，但却是上海的农村，因为上海在近代是西方国家的工业品市场和原料供应地，而重庆又是上海的工业品市场和原料供应地。此观点的新颖之处在于将中国城乡关系的发展放在世界范围内进行考察，但其将上海称为西方的农村，重庆称为上海的农村的表述则引起了相当部分研究者的异议，认为这容易导致中国近代城市史研究走向新的误区[②]。

近代以来，由于外国资本主义的入侵以及中国资本主义的成长，城乡关系也发生了相应的变化。主要表现在两个方面：一方面，城市经济功能有所发展，并对农村地区产生了较为广泛的辐射力和吸引力，扩大了城乡之间的经济联系；另一方面，城乡之间的社会分工有了较明显的发展，主要表现在机器工业大多集中城市，而城市工业所需的原料以及市民生活物资的供应又主要来自农村。在古代中国，有相当部分城市人口与乡村保存着密切的联系，对城市存在着离心倾向。进入近代以来，由于城市功能的变换和城市生活条件的改善，城市和乡村的位差拉大，"乡土的"传统逐渐被打破，越来越多的农村人口进入城市后，不再返回农村，因而传统的城乡关系被打破。

但也有人认为，在近代中国传统的城乡关系并未改变，城乡之间并没有形成明显的社会分工，城市经济生活中地主、商人和高利贷者三位一体起主导作用，城市在政治上打压乡村，并在经济上多方面剥削、掠夺乡村，使农村经济破产，延缓了乡村城市化的进程[③]。乡村城市化进程的延缓，对于城市现代化的发展也反过来产生了制约。西方发达的资本主义国家，以城市为发展现代化的基地，带动包括农村在内的整个地区的现代化发展，城市乡村之间的对立冲突相对说来不是那么严重。但在中国，早期现代化并非是一个自然渐进的历史进程，而是在西方列强的侵略下，为了维护清

---

① 隗瀛涛主编：《近代重庆城市史·绪论》，四川大学出版社，1991年。
② 何一民等：《近代中国城市研究学术讨论会综述》，《近代史研究》1990年第3期。
③ 涂文学：《第二届全国城市史研讨会述评》，《城市史研究》第5辑，天津教育出版社，1991年。

王朝的统治和中华民族的生存需要所被迫采取的传播式现代化进程,由清政府倡导的早期现代化以优先发展军事工业和重工业为实现这一需要的保障,由此便决定了近代中国城与乡之间的历史定位:中国早期现代化只能是发生于城市的孤军突进,现代化与农村基层社会严重脱节。这样,晚清现代化从一开始就只能在城乡分裂的空间结构中展开,这种分裂的空间结构使农村被抛在现代化的进程之外,不但难以品尝现代化的初期成果,反而必须承担现代化启动的重负。而农村的衰败与动荡反作用于早期现代化运动,构成了中国早期现代化受挫的一个深层原因[①]。

六、区域城市史研究

近代区域城市史研究是当前研究中国近代城市史的最新趋向。其研究特点是将中国按空间分解为若干个较小的研究单位,各研究单位存在着的相互联系、相互影响的自然地理、经济、社会、政治、文化等要素被纳入同一个体系之中进行整体性、综合性研究。区域城市史研究方法的理论前提立足于中国经济社会发展水平极不平衡、区域性和地方性变异幅度很大的客观国情。认为必须精密细致地剖析地域性变异的形式、内容和程度,才有可能准确精细地把握中国城市史的全貌。

美国学者施坚雅认为,中国近代城市没有形成一体化的完整的城市系统,而只是若干个地区性的、合理的系统;每个系统与相邻系统之间相互分离,只有些脆弱的联系。如果忽视各区域间城市化进程和城市化水平的不平衡性,从全国范围笼统地研究中国的城市化是没有意义的。因此,只有将城市史研究纳入区域的范围内进行考察才能得出符合实际的结论。施坚雅以上的观点对我国城市史学界产生了较大的影响。

施坚雅关于从区域的角度开展近代中国城市史研究的观点对我们研究近代中国城市是有所启发的。国内的城市史研究者也普遍认为:开展区域城市史研究有助于从区域的宏观高度考察区域城市系统和城市在区域中的地位及作用,总结近代城市的发展

---

① 吴毅:《农村衰败与晚清现代化的受挫》,《天津社会科学》1996年第3期。

规律，这既是城市史研究深入的必然趋势，又可以为当前区域发展战略的制定提供历史借鉴，使城市史研究更具活力[①]。

施坚雅关于中国只有区域城市系统的看法是以19世纪中国城市发展为基础，如果从19世纪中国城市发展的状况来看，是有一定的道理，但也并不完全正确：施氏过于强调城市区域的独立性和封闭性，否定了区域城市之间的联系性和城市的统一性，这并不符合中国城市发展的实际情况。我国几千年来通过国家政权建立了完整的城市政治行政体系，这是中国城市发展的一个重要特点，也是中国城市发展的共性。另外区域之间的经济联系在很早就已开始，18世纪时，中国跨区域的商品经济有了很大恢复和发展。中国学者许涤新、吴承明主编《中国资本主义发展史》第一卷对此有深刻的分析和研究，清中期的中国有几条1000公里以上的贸易路线，内河航程约5万公里，从上海到华北、东北的长距离商运也在清代发展起来了，从四川到长江中、下游的贸易也在此一时期有较大发展[②]。虽然从总体上看长途贸易在我国市场中所占比重不大，但它的存在和发展对于中国各宏观区域间和城市间的联系也起了一定的作用。到20世纪以来，随着轮船、铁路、公路和航空等新式交通事业的发展，中国各区域之间、城市之间的政治、经济、文化联系已经变得越来越密切，因而施氏的立论基础已经发生了变化，其结论也就必须重新加以检讨。

目前国内的区域城市史研究在一定程度上仍受到施坚雅理论模式的影响，但不少学者在检讨施氏理论的基础上也在努力着手构架具有中国特色的区域城市史研究理论和方法。

（一）关于区域城市史的学科性质和界定

隗瀛涛等学者认为：区域城市史既是区域史的一个分支，又是城市史的一个分支；确切地说，是区域史和城市史相结合而形成的一个新的研究领域。他们主张区

---

① 任云兰：《第三届近代中国城市研究学术讨论会综述》，《城市史研究》第6辑，天津教育出版社，1991年。
② 许涤新、吴承明主编：《中国资本主义发展史》第1卷，人民出版社，1985年。

域城市史的界定应该是"以一个政治、经济、社会、文化诸方面有共同联系和特色的地区的城市体系、城市群体为研究对象的城市史"[1]。万灵则倾向于认为区域城市史属于区域史研究的内容,是区域史的分支[2]。两种论点从表面上看并无太大分歧,但却会导致研究的内容和侧重点不同,故前一种观点在城市史学者中获得较为广泛的认同。

（二）关于区域城市史的研究内容和对象

隗瀛涛等四川学者提出区域城市史的研究对象是区域内的城市体系、城市群体;最基本的研究内容至少包括区域内城市体系发育演变的历史、区域城市化的历史道路和发展水平、区域内的城乡关系三个方面[3]。此一看法对于其他研究者有着启发作用。

有学者在区域城市史研究对象、研究内容的讨论中较为关注区域对城市化的作用和影响。他们认为,区域城市史就是以在政治、经济、社会、文化诸方面存在许多共性,并拥有密切联系的城市群体的区域为对象,研究区域内城市体系的形成和发展,以及各类城市之间和城乡之间相互关系的历史变迁[4]。

刘海岩认为,区域城市研究所注重的应是存在由一个或若干个城市为中心,并具有一定规模的城市体系,内部结构功能一体化的大型空间单位。区域城市研究应注意区域发展周期性变化对城市化的影响;区域城市系统的结构性特征;区域间城市系统的差异性[5]。区域城市研究作为区域史和城市史相互交叉而形成的新的研究领域,既要研究区域这一背景,又要研究城市发展这一主题,两者不可或缺。目前研究者对两者各有侧重,这也是可以理解的。为了区别区域城市史和一般区域史的研究界限,突出近代城市史的研究特色,区域城市史的研究重点在一定时期内以区域内的城市体

---

[1] 隗瀛涛、谢放:《近代中国区域城市研究的初步构想》,《天津社会科学》1992年第1期。
[2] 万灵:《中国区域史研究理论和方法散论》,《南京师大学报（社会科学版）》1992年第3期。
[3] 隗瀛涛、谢放:《近代中国区域城市研究的初步构想》,《天津社会科学（社会科学版）》1992年第1期。
[4] 任云兰:《第三届近代中国城市研究学术讨论会综述》,《城市史研究》第6辑,天津教育出版社,1991年。
[5] 刘海岩:《近代中国城市史研究的回顾与展望》,《历史研究》1992年第3期。

系、城市群体的发展演变较为恰当。从现有的区域城市史初期研究成果来看,主要是围绕区域城市体系、区域城市群体进行研究。

(三)关于区域的划分问题

区域城市研究遇到的首要问题就是区域的划分。施坚雅主要是以自然地理条件作为划分区域的依据,然而划分区域的标准是多种多样的,其参照系数可以是经济的、政治的、文化的,也可以是自然的、地理的或民族的,等等。

因此陈克指出如何为区域中的一系列城市建立一种综合体系需要有充分的理论准备[1]。隗瀛涛等人主张对于区域范围的划分问题,除了考虑行政的、地理的、经济的具体情况确定研究范围外,还应考虑结合城市史的特点来确定划分标准。首先要考虑中心城市在城市体系中的作用和影响范围,这可以视为区域城市史研究的范围;其次要考虑城市体系区域范围的动态性,所以区域城市史研究的区域范围也应根据城市体系的发展演变,采取历史的动态的划分标准[2]。

20世纪90年代初,张仲礼等上海学者第一次"将东南沿海城市作为一个城市群来研究"[3]。他们把东南沿海五口通商城市看作一个有机的城市群体,采用多层次、多角度、多学科相结合的立体交叉式研究方法考察其纵向发展和横向联系,较好地把握了东南沿海地区以五口通商城市为主体的城市群体在带动区域近代化和中国近代化中的历史地位和作用。这一研究课题改变了以往个案城市研究存在的孤立、静止的缺陷,开拓了城市史研究的新领域,同时也提升了城市史研究的层次,突破了施坚雅的区域城市研究模式。

近年来天津学者提出了区域城市系统的概念和研究思路。罗澍伟认为区域城市系统是指在一定的区域范围内,不同类型、不同层序城市的地理分布。这种分布不仅构

---

[1] 陈克:《近代中国城市研究:一个朝气蓬勃的新领域》,《天津社会科学》1992年第2期。
[2] 隗瀛涛、谢放:《近代中国区域城市研究的初步构想》,《天津社会科学》1992年第1期。
[3] 张仲礼主编:《东南沿海城市与中国近代化》,上海人民出版社,1996年。

成了该区域的城市系统，也是该区域经济制度和经济发展的综合反映[①]。周俊旗进一步提出，区域城市系统的概念应表述为：在特定区域内，不同城市之间因一定频率的政治、经济、文化、社会等诸方面联系而形成的城市群体，城市作为一个大的系统是综合各种因素的整体，在城市群内各城市之间存在着错综复杂的各种联系，应重视城市系统的整体性和联系性。区域城市系统研究的主要任务是揭示特定区域内群体城市之间的联系、发展、变化及该城市系统的形成和发展[②]。区域城市系统概念和研究思路的提出，反映出中国学者在研究近代区域城市史方面力求突破施坚雅等外国学者过分偏重经济地理学的角度研究区域城市的思维模式，力求借鉴各种新学科的理论和方法，对中国区域城市进行综合的、整体的、相互联系的研究的新趋向。

近代中国城市史研究涉及的理论问题远不止以上几个方面。可以说，中国近代城市史研究虽然起步晚，但在各地研究者的共同努力下，形成了多元发展的研究热，初步形成了具有中国特色的近代城市史研究理论体系。但也毋庸讳言，我国的近代城市史研究的理论不够成熟，还存在若干不足，特别是近年来，随着中国近代城市史研究不断向纵深发展，理论研究的不成熟也越来越显现，因而加强理论的探讨成为今后的一个重要发展方向。

原载《西南交通大学学报（社会科学版）》2000年第1期

---

① 罗澍伟：《试论近代华北的区域城市系统》，《天津社会科学》1992年第6期。
② 周俊旗：《关于近代区域城市系统研究的几个问题》，《天津社会科学》1994年第5期。

近代中国区域城市研究的初步构想

隗瀛涛 谢 放

近代中国城市史通过对沿海、沿江有代表性的重要城市的研究，已经取得可喜的成果，为阐明近代中国城市发展规律提供了依据。但是，要进一步深化对近代中国城市发展规律的认识，还需扩大研究视野和研究范围，在个案研究的基础上，进而对区域甚至对全国有代表性的城市作比较研究，对城镇体系、城乡网络进行整体的、宏观的考察，由点及面地弄清城市发展的历史、特点和规律。因此，区域城市史研究亟应提上日程，并有若干理论方法问题需要探讨：近代中国区域城市研究的对象、内容是什么？可以采取何种研究模式？有哪些值得研究的理论方法问题？我们拟提出一些不成熟的构想，向专家学者请教。

一、从地方史、区域史到区域城市史

区域史的概念是随着地方史研究的深入而提出来的，它实际上是地方史的延伸和扩大。地方史，人们习惯以行政区划为研究范围，以地方和全国相对应；区域史则是以一个政治、经济、社会、文化等方面有共同联系和特色的地区为研究范围，以局部和整体相对应。区域城市史既是区域史的一个分支，又是城市史的一个分支；确切地说，是区域史和城市史相结合而形成的一个新的研究领域。

在探讨中国近代城市史研究的基本内容时，我们曾提出有必要区分两种不同类型的城市史：一种是以国家或地区城市体系或城市群体为研究对象的城市史，如中国近代城市史、长江上游城市史；一种是以单个城市为研究对象的城市史，如近代重庆城市史、近代天津城市史。区域城市史便是以一个政治、经济、社会、文化诸方面有共同联系和特色的地区的城市体系、城市群体为研究对象的城市史。

国内外对于中国区域城市研究的体系、规范虽然还缺乏深入的讨论，但具体的研究工作已经开展，并取得了一些有影响的成果。

国外研究比较有名的代表，是美国学者施坚雅（William Skinner）主编的《中华帝国晚期的城市》，该书提出了中国城市和集镇的空间分布模式，根据中国近代城市化发展水平的地区差异，把中国大部分地区划为8个大区，即：1. 长江下游区，包括江、淮分水岭以南的江苏、安徽两省，上海市及浙江省的钱塘江和甬江流域；2. 岭南区，包括广东和广西；3. 东南区，包括福建省及前述浙江、广东两省的剩余地区；4. 西北区，包括宁夏和甘肃、陕西两省的黄河流域；5. 长江中游区，湖南、湖北、江西三省，并包括陕西、黔东及河南、广西的长江流域；6. 华北区，包括山西、河南、河北三省大部（京、津在内），山东全省及江、淮分水岭以北的江苏、安徽两省；7. 长江上游区，包括四川大部，甘南及黔北；8. 云贵区，包括云南、贵州两省大部分地区。施坚雅认为，晚清中国城市没有形成一个一体化的完整的城市系统，而只是若干个地区性的系统，每个系统与相邻系统之间只有些脆弱的联系，因此分区域研究近代城市的发展状况是必要的。该书对每一大区的城市分布、城市结构和市场网络进行了分析研究，在国外学术界有很大影响。尽管施坚雅的研究主要侧重于经济地理学的角度，其划分区域的标准以及一些结论尚可进一步商榷，但他主张划分区域来研究近代中国城市的思路和方法确是符合近代中国城市发展历史的实际情况的。

台湾"中研院"近代史研究所自1973年起组织了"中国现代化的区域研究1860—1916"研究项目，选取沿海、沿江现代化现象显著的14个省市，分10个区域，作为系列研究对象。研究成果已问世的有湖北省、山东省、闽浙台地区、湖南省和江苏省。这些成果中包含了区域内城市的数量、规模以及城市化水平的专题研究。

大陆学者近年来也已开始重视城市发展历史的区域研究，尤其是城市经济史、城市社会史的研究引起了更多学者的关注。其中明清时期江南地区市镇发展及其结构、功能的研究成果较丰。但总的说来是微观、个案研究较多,而宏观、整体的分析较少;古代城市研究较多,而近现代城市研究较少;从经济史领域研究较多,从其他领域研究较少。

从国内外目前已有的区域城市史研究成果看,除施坚雅运用城市经济地理学的有关理论研究城市体系外,多数学者的研究模式大体可分为两种类型。一种是对有代表性的城市逐个进行个案研究,具体分析论述城市兴起、发展及其特点。这种研究模式的优点是突出了区域内每一个代表性城市的形成发展历史和特点,其局限则是对区域城市体系的总体结构和功能、城镇之间和城乡之间的社会经济联系缺少宏观的分析。另一种是对城市群体所涵盖的各方面内容,包括政治、经济、社会、文化等,分门别类地进行研究。其优点是突出了城市发展的方方面面,且对于原专攻某一领域研究的专家来说,在资料搜集和研究手段上亦能驾轻就熟;其局限则在于不易同地方专史(如经济史、社会史、文化史)划明研究界限,难以发挥城市史"整体性、综合性研究"的优势和特色。当然,上述两种研究模式,作为区域城市史的基础研究工作仍是必不可少的,因为只有首先通过对区域内城市群体逐一的个案研究和各方面内容的深入分析,才可能谈得上对区域城市体系的宏观、整体的研究。不过,要突出区域史研究的特色,建立具有中国特色的城市史学,还需在这两种研究模式基础上提高、升华。

二、近代中国区域城市研究的基本内容

要突出近代中国区域城市研究的特色,需要首先确定研究的基本内容。我们认为近代中国区域城市最基本的研究内容至少包含以下三个方面。

(一)区域内城市体系发育演变的历史

所谓城市体系,是指一定地区范围内若干规模不等、性质不同的城市相互联系、相互依赖而形成的城市群系统。具体包括如下内容:(1)区域内不同规模、类型城市的结构和功能,以及由此形成的城市体系的总体结构和总体功能;(2)各类城市

的数量、规模、地理布局和等级结构；（3）城市之间、城乡之间政治、经济、社会、文化的联系内容和形式；（4）中心城市在城市体系中的地位和作用。

我国曾是世界历史上城市发达的国家。城镇之多，城市规模之大，城市人口数量之巨，城市经济和城市文化之发达，早已闻名于世。城市体系自有其长期发育的历史，在这一发育过程中，自然的、政治的、经济的、社会的、文化的各种因素，社会的稳定和动荡都对城市体系的形成发展有影响。自明清以来在长江下游、岭南地区，随着城镇和农村商品经济的发展，城市的数量和规模、城市体系的结构和功能都发生了明显变化。据估计，明代全国共有大中型城市100余个，小城镇2000多个，农村集镇4000—6000个[1]。清代又有了进一步发展，1843年不包括东北和台湾在内，中国计有大小城镇1653个[2]。近代以来，随着沿海、沿江新兴工商业城市的崛起和航运、铁路、公路等近代交通的发展，城市体系的空间布局、结构和功能都有了较大变化。除东南沿海地区城市得到发展外，东北地区随着近代工矿业和铁路的发展，城市网络迅速兴起。1902年以前，东北地区拥有20万人口的城市仅2个，东清铁路修建后，沿线产生了一批人口聚集的新城市，到1915年，10万—20万人口的城市发展到3个、5万—10万人口的城市发展到3个、3万—5万人口的城市发展到10个、1万—3万人口的城市发展到34个[3]。西南地区由于长江航运业的不断扩大，特别是抗战时期中国经济、政治、文化中心向该地区的转移，也获得较快发展。重庆20世纪初城市人口估计30万人，到1946年已增至125万人。成都人口1939年为30.9万，1945年亦增至71万。同时一批中等城市如万县、南充、自贡、内江、泸州等亦较快崛起，初步形成了以重庆、成都为中心，以中小城市为网结，以众多的农村集镇为基点的城市体系。因此，区域城市体系发育演变的历史作为近代中国城市研究的一个主要内容，这就和单纯的地方史、区域史划明了研究界限，也和一系列专史确定了分工关系，突出了城市史研究的

---

[1] 郑宗寒：《试论小城镇》，《中国社会科学》1983年第4期。
[2] Skinner, G. W., ed., *The City in Late Imperial China*, Stanford: Stanford University Press, 1977.（编者注：可参见该书中译本［美］施坚雅主编：《中华帝国晚期的城市》，叶光庭等译，陈桥驿校，中华书局，2000年，第264页。）
[3] 宓汝成：《帝国主义与中国铁路（1847—1949）》，上海人民出版社，1980年，第601、602页。

特色。区域内社会、经济、文化的发展，政治体制、行政区划的演变，政治事件、社会活动的发生发展，这些一般区域史研究的内容，只有和城市体系的发育演变历史密切相关，才成为近代区域城市研究的对象。

（二）区域城市化的历史道路和发展水平

我们曾提出"近代中国城市史的基本线索有两条相互推进、相互制约的主线，一是近代城市化过程，二是城市近代化过程"，"在不同类型的城市史中，这两条主线应有所侧重，全国或区域城市史可以侧重城市化这一线索"，"以某一城市为研究对象的城市史则可侧重于城市近代化这一主线"[1]。所以，近代中国区域城市研究的另一个基本内容便是区域城市化的历史道路和发展水平。通过这项研究不仅能把握近代中国城市发展的基本规律，也可以为探索当代中国城市化道路提供历史依据和历史借鉴。

城市化的定义和内涵至今尚无一完整统一的解释。经济学家、社会学家、人口学家、地理学家分别从各自学科的领域出发，提出了城市化的各种定义。城市化无疑包括人口流动、地域景观、经济领域、社会文化诸多方面的丰富内涵，而且随着历史的发展，城市化的内涵也在发生演变。但是在近代中国区域城市研究中确定一个学术界大体认同的城市化定义仍是十分必要的。根据马克思主义关于城市发展的基本原理，即城乡分离、对立运动"贯穿着全部文明的历史并一直延续到现在"[2]。这一运动最基本的规律，在古代是"城市乡村化"，在近现代则是"乡村城市化"[3]。所以，我们同意将城市化的定义基本概括为"城市化是一个变传统落后的乡村社会为现代的城市社会的自然历史过程"[4]。近代中国区域城市研究便应探讨城市化的这一自然历史过程。必须强调的是，城市的出现并不是城市化的开始，城市化只是始于以大机器工

---

[1] 隗瀛涛：《近代重庆城市史研究》，《近代史研究》1991年第4期。
[2] 《马克思恩格斯全集》第3卷，人民出版社，1960年，第57页。
[3] 《马克思恩格斯全集》第46卷上册，人民出版社，1979年，第480页。
[4] 高珮义：《关于城市化概念含义的研究》，《城乡建设》1991年第1期。

业为主要标志的近代，从世界范围看，这一过程的起点是18世纪60年代英国产业革命，终点则是整个人类社会彻底转变为一个现代先进的城市社会。因此，城市化并非古已有之，而是近代历史的产物。明确了这一点，就突出了近代城市史研究的重点，并和古代城市史研究有了不同的特色。

近代中国城市化是中国城市化道路的起始阶段，也是当今中国城市化道路和水平的历史前提。在探讨当今中国城市化道路时，学者们提出了各种不同的观点和发展战略，或主张"优先发展大城市"，或主张"小城镇是具有中国特色的城市化道路的标志"，或主张"大城市和小城市都有难以克服之弊端，唯有中等城市才是中国城市化道路的重点"。可是，我们不能不考虑到中国幅员广大，人口众多，地域差异悬殊，社会经济发展不平衡，城市化道路不可能采取"一刀切"的单一模式。各地区需要结合各自的历史和现状，自然的、经济的、社会的各种条件，选择符合本地区实际情况的城市化道路，而要达此目的，就不能没有对城市化道路和水平区域的、历史的研究分析。所以，近代区域城市史把研究城市化历史道路和发展水平作为其主要内容之一，就更能体现城市史研究的学术价值和社会价值，做到比较直接地为中国现代化建设服务。

（三）区域内的城乡关系

城市和乡村是相互依存、相互促进的有机整体，城市和乡村的发展是同一个社会发展过程中的两个侧面。就城市研究城市，难以正确认识城市的性质、功能和发展规律，必须从区域的角度特别是区域内广大乡村的社会经济状况进行研究。在城市体系中，城市处于中心地位，而广阔的乡村腹地则是城市中心地位确立、城市辐射力和吸引力强弱不可或缺的依托，乡村社会经济的发展状况，很大程度上制约、影响着城市功能和规模的发展。近代重庆城市的兴起，得益于进出口贸易的发展，而进出口贸易的发展，又得益于长江上游广阔的农村作为其商品市场和原料基地。近代成都之所以成为著名的商业消费城市，也离不开自然条件优越、物产丰饶的川西平原农村。

近代城乡关系主要体现在城乡分离、城乡联系和城乡对立三个层面。城乡关系的变化，既有传统的延续，也有近代的演变。近代中国区域城市史应该研究这三个层面的变化及其特点。诸如城乡人口流动、城乡职业构成、城乡联系的形式和内容、城乡市场结构和功能、城乡社会分工状况、城乡对立程度和特点都是值得深入研究的问题。

三、近代中国区域城市研究的两个问题

近代中国区域城市研究既有确定理论体系和研究规范的问题，也有若干研究方法论的问题。这些问题在个案城市研究中，似乎还容易解决，而在城市群体的研究中，要解决这些问题确非易事。下面试就近代区域城市研究中首当其冲的两个问题进行分析。

（一）关于区域范围的划分

地方史研究是以行政区域为研究范围，仅需解决历史上的行政区划与当今行政区划如何协调统一的问题，而区域城市史如何划分区域范围却是一个复杂的问题。经济史学界曾对历史经济区域的划分标准展开过讨论，提出了三种意见：（1）以行省作为社会经济区域划分的基础；（2）打破行政单位界限，按自然经济条件划分；（3）采取多元标准，既可以按行政区域划界，也可以打破它的界限，按山脉走向、江河流域、市场网络和人文风俗等不同情况来确定[①]。这三种意见均有各自的依据，其划分标准亦各有利弊和适用范围。区域城市研究除了考虑行政的、地理的、经济的具体情况确定研究范围外，还应考虑结合城市史的特点来确定划分标准。我们认为至少要考虑以下两点因素。

一是城市体系中中心城市的作用范围。城市体系中，中心城市是对整个系统起着控制作用的支撑点，中心城市对周围地区的辐射力、吸引力的大小，相应就形成大中

---

① 宋元强：《区域社会经济史研究的新进展》，《历史研究》1988年第3期。

小不同规模的城市及其各自相应的作用区域；一个中心城市往往统辖一定数量的中等城市和更多数量的小城市，中心城市的作用和影响通过这些中小城市逐级传输到一定的区域范围。而这一范围，便可视为区域城市史研究的范围。

二是城市体系的区域范围是动态的。城市体系的区域范围总是随着社会经济的发展演变而发生相应变化。城市政治中心的作用和影响范围，一般说来，表现为三个相对稳定的圈层。第一圈层是直接管辖区域，第二圈层是紧邻地域，第三圈层是影响地带。而城市经济中心、文化中心的作用范围则较为复杂。在近代社会以前，因农业经济占主导地位，其分散性和自给性使其经济中心、文化中心和政治中心的作用范围大致重合。但是，随着近代资本主义工商业、交通运输业和文化教育事业的兴起、发展，城市的经济、文化功能大大加强，从而超越出其政治辖区的范围而对更广阔的地区产生作用和影响。所以，区域城市史研究的区域范围也应根据城市体系的发展演变，采取历史的动态的划分标准。

（二）关于城乡人口的统计口径

研究城市体系内城市的数量、规模、分布、等级以及城市化水平，都离不开对城市人口的分析研究。城市人口和农村人口的差异主要表现为在空间上聚居的集中程度不同和社会生活中所承担的经济职能不同。但要在城乡人口之间划一条泾渭分明的界限，却非易事。而且城市人口和农村人口都属于历史范畴，一直处于不停地发展运动之中，在各历史时期由于社会经济发展水平不同、政治体制和行政区划的变动，城市人口和农村人口的含义都会发生变化。

从国际上通行的划分标准看，欧洲多数国家以2000—2500人的居民聚集点为界，在此人口集中数以上的地方为城市，以下为乡村，或在人口标准的基础上再加上职业标准，即以从事非农业工作的人口占一定比例（一般为50%以上）作为城乡的分界。发展中国家则又多根据本国具体情况制定相应的标准。近代中国一直没有法定的"城市人口"和"农村人口"的定义，虽曾有一些中外学者按国际常用的划分标准进行研究，但因各自依据的历史资料和研究手段的差异，得出的结论往往相差甚远。20世纪

30年代，国内一些学者对此问题也进行过探讨，如许仕廉《人口论纲要》和孙本文《现代中国社会问题》中均主张以2500人为界，两人的划分标准虽然相同，但得出的结论仍有出入。许先生认为1932年前后中国城镇人口比重为34%，孙先生则认为1936年前后中国的城镇人口比重为28.1%。再如台湾当代学者吕实强先生以2500人为界，对清末民初四川68个城市以及附近市镇城市人口进行统计，得出约260万人的结论[①]；而当时在华外国教会对清末民初四川21个城市的人口统计，已达210余万[②]。两者统计的结果出入甚大。可见，城乡人口的定义、统计标准的差异，给研究近代城市人口数量、城市规模以及城市化水平都会带来诸多困难。如果区域城市研究依据不同的资料、不同的标准，那么其研究成果便很难进行比较分析。显然，确定一个学术界认同的研究标准是十分必要的。

区域城市史研究涉及的问题远不止上述这些，在理论体系、研究方法、资料整理等方面还有许多艰巨的工作要做。我们仅仅提出了一些不成熟的构想，以求正于史学界同人。

原载《天津社会科学》1992年第1期，文中小节标题系收入本书时所加

[①] 吕实强：《清末民初期间四川城市的发展》，《四川文献》1980年第177期。
[②] 中华续行委办会调查特委会：《中华归主：中国基督教事业统计1901—1920》下册，中国社会科学出版社，1987年，第1186—1189页。

城市起源与分期

理论方法与基本问题——改革开放以来中国城市史研究的探索

第一次"城市革命"与社会大分工

何一民

20世纪末以来,人类进入了城市的世纪,全球有一半以上的人口在城市之中居住、工作、生活,城市化的速度正在发展中国家迅猛增长。中国也进入城市化的高速发展时期,城市在国家和地区中的地位与作用越来越重要,作为一定区域的政治、经济、文化中心,引领着区域的发展。不少研究者认为包括中国在内的世界城市正在进行一次新的革命,而这次城市革命将会对人类社会产生巨大的影响。如果说当今的城市正在进行一次革命的话,那么,数千年前城市的产生则无疑是第一次伟大的城市革命,第一次城市革命给人类社会带来巨大的变化,一个重要的后果即城乡分工和脑力劳动与体力劳动的分工。但长期以来我国学术界对第一次城市革命与城乡分工和脑、体劳动分工的关系关注较少,更多的是采用恩格斯的三大分工说,即原始后期人类社会相继出现三次社会大分工:畜牧业与农业的分工、手工业从农业中分离出来、商业从手工业中分离出来,而城市则是三次社会大分工的产物。但越来越多的考古发掘表明城市的出现早于手工业从农业中分离出来,更早于商业从手工业中分离出来,因而城市作为三大分工的产物之说实际上难以成立。不是手工业与商业的分工推动了城市的产生,而是城市的产生与发展促进了手工业与商业相继成为独立的行业。因此可以说第一次城市革命所产生的城乡分工和脑、体劳动分工,是继农业与畜牧业分工之后的第二次社会大分工,成为推动人类社会前进的重要力量。本文主要就与此相关的问题进行探讨,以求教方家。

一、关于城市革命

"革命"是20世纪使用最频繁的一个词组之一,尤其是在20世纪中国,革命成为非常普及的用语[①]。革命有广义和狭义的区分,从狭义上讲,革命仍然主要是指社会革命和政治革命,而从广义上讲,革命则指推动事物发生根本变革,引起事物从旧质变为新质的飞跃,泛指自然界、社会界或思想界发展过程中产生的深刻质变。革命一词被引入到各个领域,各种与革命相联系的名词纷纷出现,如工业革命、农业革命、文化革命等,甚至还可以有卫生间革命、厨房革命等。

本文所讲的城市革命并不是狭义的革命,即不是指在城市这个地域空间中所发生的政治革命或社会革命,而是特指城市作为人类的居住地所发生的根本性的变革,即城市从无到有的产生过程,即人类社会从无城市时代进入到有城市时代的变革过程。正如戈登·柴尔德在《城市革命》一文中所指出的"把城市当成为开创了社会进化的新的经济时代的革命的结果和标志"[②]。所谓新的经济时代是指食物生产的革命,即农业革命,人类正是由于能够进行食物生产,从而也就摆脱了单纯依靠大自然生存的状态,使人口大量增加,并从居无定所的游移状态定居下来,从而使城市开始出现。戈登·柴尔德还认为"革命一词当然不能被认为是一场突然的剧烈大变动;此处是把它作为社会的经济结构和社会组织的不断进化的积累,而经济结构和社会组织的不断进化是由于与之俱来的人口的大量增加造成的,人口的增长呈现在人口曲线上有明

[①] 中国很早就有革命一词,《周易》:"天地革而四时成,汤武革命,顺乎天而应乎人。"古代欧洲也很早就有革命一说,但其解读与古代中国不同,更多的是将革命看作是政治革命和社会革命。近代以后,欧洲有更多政治家、思想家及学者从不同的角度进一步阐释了革命的政治意义和社会意义,其观点纷呈。中国汉字"革命"一词被赋予政治内涵是从日本明治维新时期开始,其后为孙中山等革命党人传入中国,加以广泛使用。中国共产党成立后,运用马克思主义阶级斗争学说,使"革命"更加政治化、社会化。
[②] [英]戈登·柴尔德:《城市革命》,载中国历史博物馆考古部编:《当代国外考古学理论与方法》,三秦出版社,1991年,第2页。

显的上升趋势,这在统计学上可以得到"①。早期的城市规模虽然一般都很小,但不能忽略了其重要性,"在城市革命这一事件中,人口的增加主要是指居住在一起——即单独建立起来的地区——的人口数量的成倍上升。第一批城市代表着这些居住区前所未有的人口规模。当然并非只是它们的规模构成了这些城市独有的特征。按照现代化城市的标准,我们将会发现这些早期城市非常之小,而且我们还可能会遇到现代的庞大的人口聚居区而不被称为城市的。然而聚居区的一定规模和人口的一定密度是文明时代的必不可少的特征"②。城市作为文明的产物,一旦产生后,就成为文明的载体,反过来又推动着文明的发展。

世界主要文明国家基本上是在大体相同的时间出现第一次城市革命,但由于世界各地文明发展的不平衡性,城市革命也具有不平衡性。在不同的文明中,城市的起源、功能、形态是完全不同的,早期城市的发生和发展具有各自的特殊性,非常具有个性化。因而城市革命的时间有早有迟,有快有慢。从世界范围来看,早期城市的出现大约是公元前3500—500年,因而第一次城市革命延续的时间长达4000余年。也就是说当一部分地区的城市文明已经发展到很高的水平时,另一部分地区的城市才开始产生。城市作为文明的产物,一经产生后,对于文明的发展又起着重要的推动作用,可以说城市产生后,成为文明的载体和文明的中心,引领着文明的发展。

城市的产生,一是进一步改变了人类生存的方式,为人类提供了新的选择,人类的生产、生活和各种活动由分散而趋向集中。二是进一步促进了物质文明的发展。城市产生后,出现了城乡分工,社会生产力发展远远超过了无城市时代的水平,城市创造了巨大的物质财富,为人类社会的发展奠定了物质基础,促进了手工业和商业的发展,也促进了手工业的专业化,使商业从手工业中分化出来。三是促进了精神文明的传承和创造。城市的产生促进了人类社会脑力劳动与体力劳动的分工,人类的精神世界是在城市这个大舞台开始丰富起来的,艺术、宗教和建筑的发展,"使原来难以保

---

① [英]戈登·柴尔德:《城市革命》,载中国历史博物馆考古部编:《当代国外考古学理论与方法》,三秦出版社,1991年,第2页。
② [英]戈登·柴尔德:《城市革命》,载中国历史博物馆考古部编:《当代国外考古学理论与方法》,三秦出版社,1991年,第2页。

存，难以流传久远的文化积累得以保全、记载而经久传世"[①]。四是促进了制度文明的发展。随着城市的建立，各种政治制度、社会制度和文化制度相继建立，虽然早期的各项制度往往只是代表少数人的利益，并与专制政治紧密联系在一起，是一种"建立在劳动奴役制度上的罪恶的文明"，但却是推动社会进步和发展的重要力量，制度建设的好坏对于一个城市或国家至关重要，往往决定着国家或城市的兴衰。

因而早期城市的形成具有承上启下、继往开来的重要地位和作用，既使人类文化的长期积淀得以保存免于流失，又使在原始聚落环境中潜伏已久而难以发挥的创造力焕发出来，促成了人类文明发展的飞跃。然而关于第一次城市革命的伟大作用至今仍然未得到充分认识，特别是城市革命促进人类社会大分工的伟大作用较少为人所提及，而正是城市革命推动了城乡分工，由此促进了脑力劳动和体力劳动分工，进而推动人类社会从野蛮时代进入到文明时代，促进了人类的进步。

二、对三次社会大分工的新思考

关于社会分工有很多定义，一般都认为社会分工是"指人类从事各种劳动的社会划分及其独立化、专业化"，使平均社会劳动时间大大缩短，生产效率显著提高[②]。近代以来，有关社会分工的理论非常之多，但有一个共同点，即都将社会分工作为超越一个经济单位的社会范围的生产分工。在马克思和恩格斯之前即有若干人对社会分工进行了探讨，但马克思和恩格斯对社会大分工进行了理论创新，并对社会分工的重要性作了深刻的阐述，他们认为："分工起初只是性行为方面的分工，后来是由于天赋（例如体力）、需要、偶然性等等才自发地或'自然地'形成的分工。分工只是从物质劳动和精神劳动分离的时候才真正成为分工。"[③]社会分工是生产力和社会关系的联结纽带，它兼有生产力和社会关系的双重属性，也就是说社会分工具有劳动方面

---

① ［美］刘易斯·芒福德：《城市文化》，宋俊岭等译，中国建筑工业出版社，2009年，第59页。
② 夏春玉：《流通概论》，东北财经大学出版社，2006年，第24页。
③ 《马克思恩格斯选集》第1卷，人民出版社，2012年，第162页。

和社会关系方面的双重属性,"当分工一旦出现之后,任何人都有自己一定的特殊的活动范围,这个范围是强加于他的,他不能超越这个范围","这是迄今为止历史发展中的主要因素之一。受分工制约的不同个人的共同活动产生了一种社会力量,即成倍增长的生产力"[1]。因而"分工是迄今为止历史的主要力量之一"[2]。恩格斯曾在《家庭、私有制和国家的起源》一书中对社会分工进行了深入研究。由于恩格斯只是以欧洲历史为基础而提出三次社会大分工,因而他并未明确指出这是全球人类社会从野蛮进入到文明的共同规律。但是从20世纪中叶以后,在我国学术界即将恩格斯所提出的三次大分工理论作为人类社会发展的普遍规律,虽然在过去也曾有研究者对三次大分工理论是否适应中国的国情产生过怀疑,但并未能得到广泛的认同。

按照三次社会大分工理论,第一次社会大分工是在原始社会自然分工的基础上,随着生产力的发展而逐步形成的。一方面是氏族部落内部发生社会分工。分工产生的原因是多方面的,既与人口数量的增长、氏族共同体规模的扩大有关,也与生产力的发展、生产劳动类型的增多有着直接关系,原来简单的劳动因生理差别(如男女差别、老幼年龄差别、体力强弱差别等)而形成的自然分工开始发生变化,并在此基础上出现社会分工,随着氏族向部落联盟发展,这种分工的范围也在不断地扩大。另一方面是不同氏族共同体或部落联盟之间的分工。这主要是指因自然环境的差异而形成自然地域的分工,如居住在平原地区的氏族主要从事农业,居住在草原地区的氏族主要从事畜牧业,居住在湖泊河海之畔的氏族主要从事捕鱼,不同自然条件和社会条件下的氏族从事不同的生产活动,而在生产过程中需要进行产品的交换,因而不同氏族之间的社会分工也由此开始。第二次社会大分工与技术的进步有着密切的联系。恩格斯认为在新石器时代后期,出现了农业和手工业相分离的人类历史上第二次社会大分工,一个重要的标志就是铁制工具的使用和生产技术的进步,促进了农业的发展和劳动生产率的提高,也使手工业向多样化发展,于是手工业开始从农业中分离出来。随

---

[1] 《马克思恩格斯选集》第1卷,人民出版社,2012年,第163页。
[2] 《马克思恩格斯选集》第1卷,人民出版社,2012年,第179页。

着第二次社会大分工的深化,在手工业和农业等产业部门开始出现了专门以交换为目的的商品生产,而商品生产和交换的发展又催生了商人阶层的逐渐形成,于是商业从手工业中分离出来,人类历史上的第三次社会大分工开始出现①。

恩格斯有关三次分工的论述主要是以欧洲东大陆的历史为依据,符合欧洲的历史发展,但是如果推而广之作为全球共同的规律,则值得思考。

恩格斯认为"有些最先进的部落——雅利安人、闪米特人,也许还有图兰人——其主要的劳动部门起初就是驯养牲畜,只是到后来才又有繁殖和看管牲畜。游牧部落从其余的野蛮人群中分离出来——这是第一次社会大分工"②。但实际上在亚洲的黄河流域和长江流域并不是游牧部落从野蛮人群中分离出来,而是农业部落从其余野蛮人群中分离出来;不是游牧部落的生活资料比其余野蛮人群多,而是农业部落的生活资料比其余游牧部落多。

恩格斯非常强调铁器在欧洲早期历史上的作用,认为"它是在历史上起过革命作用的各种原料中最后的和最重要的一种原料",并认为铁器的出现是第二次大分工的重要推动力③。然而无论是在中国,还是在中亚、西亚等其他文明发源地,铁器的出现都较晚,如中国是在春秋战国时期才大规模出现铁器工具,然而这一时期中国早已跨入文明的门槛,国家建立上千年,城市数量甚多,功能较为完善,农业、手工业等生产部门也相当发达,手工业不仅已从农业部门分离出来,而且在内部形成了较为细致的分工。因此,铁制工具的使用作为第二次大分工的前提不具有普遍性。

关于三次社会大分工与城市的关系,也值得认真思考。目前国内学术界占主导地位的三次大分工理论将城市看作是三次大分工的产物,因而从时间顺序和逻辑上讲,城市的出现晚于三次社会大分工。但是,越来越多的考古发掘开始证明,早在恩格斯所提出的第二次社会大分工之前就已经出现了城市。目前一般认为世界上最早的城市出现在距今6000多年前(也可能更早)。因而到底是第二、三次社会大分工推动了城

---

① 《马克思恩格斯选集》第1卷,人民出版社,2012年,第175页。
② 《马克思恩格斯选集》第1卷,人民出版社,2012年,第176页。
③ 《马克思恩格斯选集》第1卷,人民出版社,2012年,第179页。

市的产生，还是城市的出现促进了第二、三次社会大分工，或者两者互为因果，这个问题值得认真思考。

两河流域是世界历史上最早出现城市的地区，大约在公元前4300—前3500年，苏美尔人就在两河流域内部平原上建立了多个早期城市，如欧贝德、埃利都、乌尔、乌鲁克、捷姆迭特·那色等。这些城市的建立，标志着两河流域南部地区氏族制度的解体和向文明时代的过渡。公元前3100—前2800年，两河流域南部已经形成了数十个城邦，即城市国家，主要有埃利都、乌尔、乌鲁克、拉伽什、乌玛、苏鲁帕克、尼普尔、基什、西帕尔等。这些早期的城邦规模都不大，人口也不多，一般在几千至数万人之间。这些城邦，既包括城市，也包括它的周边地区。因而这些城邦在功能上具有叠加性，既是政治和宗教的中心，也是手工业生产和商品交换的中心。国王掌握着政权，拥有大量的财富，建立了庞大的官吏队伍，并控制着国家的对内对外贸易。寺庙在这些城市里发挥着极其重要的作用，拥有大片土地，控制着一大批工匠，并与国王关系密切，相互依赖，相互支持。

埃及也是城市出现较早的地区，埃及早期城市发展很有特点。根据考古发现，埃及很早就出现了城市文明，但不存在城邦国家，而是由许多行省组成的大型国家，每个行省都有自己的城市，有些省还有多个城市。

印度河文明也很早就形成了早期城市，大约在公元前3000—前1500年，印度河流域出现了一批早期城市。1922年，印度考古学家来到了印度河下游摩亨佐·达罗（Mohenjo-Daro）的土丘，发现了被尘土埋没、沉睡了几千年的古城遗址，确定这座古城的时代为公元前2500年左右。随后考古学家在印度河流域又相继发现了多个早期城市遗址。这些城市具有这样一些特点：一是城市有着统一规划；二是城市具有明显的功能分区，城堡区与住宅区分开。

中国也是世界城市文明的发源地之一。大约在距今6000—4000年左右，中国的黄河流域和长江流域地区先后出现了一批早期城市。到目前为止，中国境内已发现的史前城址已达上百处之多。从建城的时间上看，最早可上溯到仰韶文化晚期，但大部分都是在距今4000多年前的龙山文化阶段；从地域分布来看，则主要分布于黄河中下游地区、长江中下游地区。黄河流域发现的史前城址主要有河南登封王城岗、淮阳平粮台、郾城郝家台、郑州西山古城和辉县孟庄5座城址，山东以景阳冈和教场铺为中心的两组共8座龙山时代城址：如边线王城址、城子崖城址、丁公城址、田旺城址等。长江流域发现的史前城址主要有上游地区成都平原的新津龙马宝墩古城、郫县古城、都江堰芒城、温江鱼凫村古城、崇州双河村古城，中游地区的城头山古城、石家河城址、走马岭古城、阴湘城、马家垸古城等。其中城头山大溪文化古城址位于湖南澧县西北约12公里处，城墙的地层堆积可分12层，第12层即第一期城墙建造于大溪文化一期，距今6000年以前，是中国目前所见最早的古城址。20世纪后期以来，考古工作者多次在位于陕北黄土高原北部边缘神木县高家堡镇石峁村考察，发现一处超大型史前石城遗址，面积达420万平方米。2012年，国内40余位考古专家对神木县石峁遗址发掘现场联合考察后，确认这是目前我国史前时期规模最大的城址，属新石器时代晚期至夏代早期遗存。

目前已经考古发掘的中外史前城市具有一些共同的特征。一是这些史前城市大都有出于守卫上的需要而构筑的防御性设施——城墙。二是这些史前城市的功能以政治、军事为主。三是这些早期城市在空间分布上已具功能分区，即使是中国最早的城头山城址也是将宫殿、祭坛、墓地、农田、房屋，按照一定布局，统统安置在城内。从目前发掘的大量的龙山时期的史前遗址来看，这些史前城市的空间布局在定向与规划上都具有一定的规则性。

从以上可见，从世界范围来考察，城市的出现很早，虽晚于第一次社会大分工，却早于手工业从农业中分离出来的第二次大分工，更早于商业的出现所带来的第三次大分工，因而城市并不是第二、三次社会大分工的产物。城市出现晚于第一次大分工这是确切无疑的，正是由于农业革命所产生的第一次社会大分工，推动农业从采集渔猎中分离，成为独立的产业，才为城市的产生创造了前提条件。但手工业与农业的分工在时序上与城市的出现基本相同，甚至还可能晚于城市的出现。至于商业从手工业中分离出来，则远远晚于城市的出现。越来越多的考古发掘表明，早期城市有着手工业作坊，但并无商业基础设施。从中国来看，直到春秋时期，都还是"工商食官"，以官营手工业和商业为主，商人在此时期还没有成为一个独立的阶层，而城市却早已形成了比较完整的形态，城市功能也较为完善。

目前有关社会分工的理论都只强调三大产业部门的分工。其实社会分工并不只是三大产业部门的分工，也不只是三大产业部门劳动者之间的分工。人类社会大分工还包括城乡分工和脑力劳动与体力劳动分工。早在第一次大分工之后，人类社会就开始孕育了城乡分工和脑、体劳动分工。城乡分工与脑、体劳动分工是人类社会最重要的两大分工，并对人类社会的发展产生了深刻而久远的影响。这两大分工是随着城市的出现而出现，当人类从无城市社会进入有城市社会之后，也就开始出现城乡分工，而城乡分工又带动体力劳动与脑力劳动的分工，因而，我们认为人类历史上的第二次大分工并不是手工业从农业中分离出现，而是随着城市的出现导致的城乡分工和脑、体劳动分工，原来所说的第二、三次社会大分工，即手工业从农业中分离出来，商业从手工业中分离出来，实际上包含在城乡分工之中。

三、城市革命与城乡分工和脑、体劳动分工

城市革命产生了城市，由此出现了人类社会的第二次大分工——城乡分工和脑、体劳动分工。城乡分工是早于手工业从农业中分离出来，城市的出现对于人类社会产生了深刻的影响。"城市已经表明了人口、生产工具、资本、享受和需求集中这个事实；而在乡村则是完全相反的情况：隔绝和分散"①，"城乡之间的对立是个人屈从于分工、屈从于他被迫从事的某种活动的最鲜明的反映。这种屈从把一部分人变成为受局限的城市动物，把另一部分人变为受局限的乡村动物，并且每天都产生二者的对立"②。随着城乡分离而出现的脑、体劳动分工则是社会大分工质的变化。马克思和恩格斯认为："分工只是从物质劳动和精神劳动分离的时候才真正成为分

---

① 《马克思恩格斯选集》第1卷，人民出版社，2012年，第184页。
② 《马克思恩格斯选集》第1卷，人民出版社，2012年，第185页。

工。"① "分工使精神活动和物质活动、享受和劳动、生产和消费由不同的个人来分担，这情况不仅成为可能，而且成为现实。"②

我国的三大分工理论的一个不足，就在于完全忽略了城乡分工和脑、体劳动分工。脑力劳动者的劳动和贡献在三大分工理论的框架下被忽略了，在人类从野蛮时代进入到文明时代的过程中，脑力劳动者所起的作用十分巨大，城乡分工所带来的脑、体劳动分工较农业从畜牧业中分离出来的第一次社会大分工更加广泛和深刻，正是这次社会大分工推动了人类社会从野蛮到文明的巨大进步。

首先，随着城市的产生，城乡分工，出现了专门进行脑力劳动的社会管理者群体。

过去，人们对于脑力劳动者的认识存在一定的误区，完全将社会管理阶层排斥在外。城市的产生与阶级的分化和国家的形成有着直接的关系，城市产生后，形成了一个与乡村不同的社会空间，而在城市这个社会空间中出现了统治者和被统治者。过去，一般都将统治者作为不事劳动的剥削者、压迫者，因而尽管城市中出现了社会分化，但却未将统治者与社会分工相联系，不承认他们也是脑力劳动者。然而按照今天的观点，即管理也是生产力来看，早期城市的统治者一方面是统治者、剥削者，另一方面他们也是城市、城邦或国家的管理者。随着城市的产生，原来的氏族部落首领转变为城市、城邦或国家的统治者，从国王到各级官吏，以及为了保护他们和国家安全的军队官兵，构成了一个越来越庞大的社会群体，他们不再从事农业劳动或畜牧业劳动，即使偶有为之，也是一种象征性的活动，国王和各级官吏主要从事社会管理，管理的范围越来越广泛，管理的内容也越来越多，这种越来越复杂的社会管理本身也就是一种脑力劳动。马克思和恩格斯指出："物质劳动和精神劳动的最大一次分工，就是城市和乡村的分离。城乡之间的对立是随着野蛮向文明过渡、部落制度向国家的过渡、地域局限向民族的过渡而开始的，这贯穿着文明的全部历史直至现在。随着城市

---

① 《马克思恩格斯选集》第1卷，人民出版社，2012年，第162页。
② 《马克思恩格斯选集》第1卷，人民出版社，2012年，第163页。

的出现,必须要有行政机关、警察、赋税,等等,一句话,必然要有公共机构,从而要有一般的政治。"①在人类早期社会,管理和劳动混在一起,无论集体劳动或共同劳动,为节约资源、节约时空,减少生产成本,都包含着管理在内。随着村落向城市转型,不仅需要对劳动生产进行管理,而且需要对社会进行管理,城市内部和外部的不同群体需要分工协作,需要有人专门来组织指挥,特别是从事一些大型公共工程,如筑城和兴修水利工程等,共同劳动需要能够协调行动犹如一个人一般,方能成为有效的劳动过程。因而需要进行各种协调,并对个体劳动者在时间上作轻重缓急的安排,在空间上作合理的排列,而且还要考虑社会的秩序与稳定、生产与分配等,社会管理变得更加复杂,所付出的脑力劳动也更多。

正是由于社会的发展,阶级的分化,使得统治者从生产劳动中分离出来,形成一个独立的社会阶层,社会管理也从单纯的劳动生产管理中分离出来,演变成一种集知识、经验、天赋和组织能力于一身的高度复杂的脑力劳动,城市统治者不仅要对城市进行管理,而且还要对农村进行管理,正是由于出现了高度复合化的社会管理,城市和农村中的不同社会群体才能够协同劳动,共同推动物质文明、精神文明和制度文明的创造,从而构成完整的劳动过程。

由此可见,阶级的分化、统治者和管理阶层的形成是一种社会的进步。统治者的存在对城市和国家的生存发展至关重要,随着国家和城市产生,统治者必须要确定发展目标,要构建合理的社会组织体系,制定健全的规章制度以及运作机制,只有这样才能使城市和国家系统内部单个组成部分在体制的保证和制度的规范下,形成一种合力,由此推动城市、城邦或国家朝着既定的目标统一行动。如果没有统治者、社会管理阶层的存在,没有他们所进行的管理活动和制定的各种制度,人类社会将始终处于原始无序状态。

此外,统治者脑力劳动质量的好坏,即社会管理质量的好坏直接关系到一个城市或国家的生存、发展和社会经济效益的高低。从社会管理的角度考察,管理的目的不

---

① 《马克思恩格斯选集》第1卷,人民出版社,2012年,第184页。

仅是要保持社会的有序发展，而且还要创造更多的社会财富，供养更多的人口，因而如果是不能创造经济价值和社会价值的管理，就成为无效的管理，而如果要成为有效的管理，就必须付出巨大的脑力劳动。由此，我们可以看到为什么几千年来有的城市和国家能够强大，从弱到强，从小到大，能够征服其他的城市或国家，而其他的城市或国家则被征服或消亡。这就明显地体现了不同统治者的智慧和社会管理水平的高低。管理是人类的一种主观行为，是人类将对客观世界的认识付诸实践的活动过程，因而无疑也是一种脑力劳动，管理水平的高低和效益的好坏，都受制于管理者的智慧、学识、经验、天赋和与之相关的各种能力，统治者在进行社会管理的同时需要付出巨大的脑力劳动，而这种劳动投入的多少也与城市、国家的管理质量有着直接的关系，这在中外历史上都不乏其例。

其次，随着城市的产生，在社会管理阶层之外开始形成一个数量越来越多的脑力劳动者群体。

在无城市时代的村落社会，其成员是以血缘为纽带，具有很高的同质性。随着城市的出现，社会成员的构成发生很大的变化，城市社会成员来自各个地方，血缘逐渐失去了纽带作用，随着城市的发展，社会成员之间的异质性强化。如果说村落的社会成员之间存在劳动分工的话，也较为简单，一般是以自然分工为主，手工业生产依附于农业生产。但随着城市产生，不仅城市与乡村之间有着不同的社会分工，而且城市内部的成员之间也出现广泛的社会分工。一方面，城市比旧石器时代的早期营地聚落和新石器的村庄聚落都更能有效地组织和动员人力物力，发展分工合作，能够促进手工业生产和贸易交流；另一方面，统治阶层的形成对各种精神文化产品产生了极大的需求，因而推动从事精神文化产品生产者群体的形成。同时，由于社会财富大量向城市聚集，城市拥有了大量的剩余产品和粮食，可以养活更多的人，从而使一部分人有可能脱离体力劳动而去从事绘画艺术、音乐舞蹈、宗教、哲学等脑力劳动。这样城市社会中不仅出现了社会管理者——统治阶层，而且还出现了大批其他脑力劳动者，如出现了从事艺术创造的群体，包括艺术家、工匠和专职的雕塑家、画家等；出现了从事历法和数学的研究者；出现了祭师等大批不同于村落巫师的宗教人员；这些人员并非是不事劳动的寄生者，而是进行脑力劳动的新型劳动者，他们从事着各种脑力劳动，创造出大量的精神文化产品。与此同时，社会需求的不断增加，也促进了各脑力劳动专业部门内部出现越来越细的分工，参与脑力劳动的人数也就越来越多。

城市一经产生，就作为一定区域的政治、经济和宗教文化中心，具有较强的聚集力和辐射力，同时也可能产生更大、更多的对精神文化产品的需求。正如戈登·柴尔德所指出："他们雕刻、塑造和描绘人或物，但已不再是过去猎人们古拙的自然主义手法，而是根据概念化和复杂化的风格进行创作，创作的风格在不同的城市各异。"他们使此一时期的"代数学、几何学和天文学进一步精确化，科学知识的传播，历法学和数学是早期文明的共同特征"[1]。除了脑力劳动从体力劳动中分离出来，形成越来越细的分工外，体力劳动的分工也随着城市的形成而不断地深化，其中一个重要的表现就是那些原来依附于农业的部分手工业者和体力劳动者也开始脱离农业生产劳动，从村落进入到城市，或者在城市周围从事专门的手工业劳动和体力劳动。戈登·柴尔德论证了"城市革命的一个后果就是将这些工匠从游动中解脱出来，并在新的社会组织中保护他们的安全"[2]。因而可以说正是由于城市的产生才出现了手工业从农业中分离出来。马克思和恩格斯也认为：随着早期城市的产生，"财富在迅速增加，但这是个人的财富；织布业、金属加工业以及其他一切彼此日益分离的手工业，显示出生产的日益多样化和生产技术的日益改进；农业现在除了提供谷物、豆科植物和水果以外，也提供植物油和葡萄酒，这些东西人们已经学会了制造。如此多样的活动，已经不能由同一个人来进行了，于是发生了第二次分工"[3]。20世纪以来世界各地所发掘出土的绝大部分早期城市遗址都存在规模不等的手工业作坊和相关的文化遗存，证明了早期城市与手工业之间存在着密切的关系。

从上可见，第一次城市革命促进了人类文明的巨大进步，由此产生了新的社会大

---

[1] ［英］戈登·柴尔德：《城市革命》，载中国历史博物馆考古部编：《当代国外考古学理论与方法》，三秦出版社，1991年，第9页。
[2] ［英］戈登·柴尔德：《城市革命》，载中国历史博物馆考古部编：《当代国外考古学理论与方法》，三秦出版社，1991年，第6页。
[3] 《马克思恩格斯选集》第1卷，人民出版社，2012年，第179页。

分工——城乡分工，而城乡分工带来了生产力的进步和剩余产品的增加，使得一部分人完全摆脱了体力劳动，专门从事监督生产、管理国家，以及从事宗教、科学、艺术等活动，由此形成了脑力劳动和体力劳动的分工。而新的社会大分工成为推动社会进步和文明发展的强大动力。

最后还需要指出的是，在人类发展史上，并不只是进行了一次城市革命，而是发生过多次城市革命。从世界城市史的发展变迁来看，除了新石器时期农业革命导致城市革命，推动城市产生外，至少还发生过两次伟大的"城市革命"。一次是发生在18至20世纪，从欧洲开始的工业革命席卷全球，由此推动了第二次城市革命的发生，导致城市普遍发生从旧质向新质的转变，以农业生产为基础的城市向以大工业生产为基础的城市转型，城市规模扩大，数量增加，城市的功能和地位发生了重要的变化。第三次城市革命，是20世纪后期以来目前正在发生的城市变革，由高新技术和信息革命推动出现第三次城市革命，这次城市革命正深刻地改变着人类社会的发展，但人类社会向何处发展还未能确定。

四、结语

如果说由农业革命推动出现的人类第一次社会大分工主要是解决人类的基本生存问题的话，那么由城市革命而导致的城乡分工与脑、体劳动分工则是为了解决人类的发展问题。

农业的产生对人类社会来讲具有划时代的作用，故而被称为"农业革命"。在农业出现以前，人类的生存主要依赖于采集与渔猎，只能维持最基本的生存，因而居无定所，无法形成大规模的聚落。人类正是在长期的采集活动中，通过观察逐渐熟悉了某些植物的生长规律，开始加以人工培植，于是出现了原始农业。畜牧业则由狩猎发展而来。原始农业和畜牧业比起原始的采集和狩猎，更能给人类提供可靠的生活资料，并可以节约劳动力，因此农业和畜牧业在不同的地区成为人类的重要生产部门。这就出现了人类历史上的第一次社会大分工。农业、畜牧业的产生，使人类的经济从旧石器时代以采集、狩猎为基础的攫取性经济转变为以农业、畜牧业为基础的生产性经济。人类从食物的采集者转变为食物的生产者。这一获得食物方式的转变，改变了人类与自然的关系，同时也为城市的产生创造了前提条件。

城市产生的革命意义不亚于农业革命。城市作为人类文明的产物，一经形成后即成为人类文明的载体，物质文明、精神文明和制度文明都在城市这个载体中得到空前的发展。不仅原始社会的经济结构发生重大的变化，而且社会结构也开始发生质的变化。城市成为国家或区域的政治、经济和文化的中心，一方面城市和乡村形成了前所未有的分工，城市统治着乡村，带来政治权力、经济要素和文化财富向城市聚集，也促进了文明的大发展；另一方面城市内部也出现了脑力劳动与体力劳动的分工，从国王到各级官吏，以及为他们服务、保护他们安全的军队等形成了一个宝塔形的、特殊的社会管理群体，这个群体主要从事特殊的脑力劳动，而其脑力劳动对于社会的进步与发展来说是十分重要且必需的。

城市远较村庄对精神文化产品有着更加强烈的需求，而需求决定发展，刺激着从事各种脑力劳动的群体离开乡村聚集到城市中，专门从事艺术、文学、史学、数学、历学等脑力劳动，他们的劳动价值只有在城市才能得到体现。城市除了要解决人类的生存外，同时还要寻找人类的发展之路。几千年来，世界上不同地区和国家的人们一直在沿着这条城市化的道路前行，探寻着人类的未来发展之路。

原载《甘肃社会科学》2014年第5期

农业·工业·信息：中国城市历史的三个分期

何一民

自城市史研究兴起后，学术界很少有人对城市史的分期进行研究。一般都将人类社会历史的分期作为城市历史的分期，如将不同历史时期的城市称为奴隶社会城市、封建社会城市、资本主义城市、社会主义城市。另外，也有研究者将城市史分为古代城市、近代城市、现代城市和当代城市，这种对城市史的分期在某种程度上具有合理性，也易于为大众所接受。城市虽然是人类文明发展的产物，受到人类社会演进的直接影响，但城市一经产生后就有其自身的发展规律，因而城市的历史不等于人类社会的历史，如果按以上几种社会形态来对城市史进行分期，均存在一些不足，不能完全反映城市的发展特征。因而，对城市史分期重新进行思考很有必要。

一、关于城市史分期标准

如何来划分城市史的分期，首先就涉及分期的标准。而分期标准却是一个见仁见智的大问题，永远都不会有统一的标准，因而也没有必要去寻求一个众所公认的标准。按社会性质的变化作为划分标准固然可以，但不能准确地反映城市的变化和不同时期城市的特点。而按古代、近代、现代、当代来划分的话，也存在不足，特别是不能体现城市性质的变化。中国是世界上唯一保持了历史延续性的文明古国，而作为文明载体的城市也保持了几千年历史的延续性，因而几千年的城市历史如何划分发展时期，的确是一个非常困难的事情。中国城市在几千年的时间轴上显然是经历了几个不同的发展阶段，而这些大的阶段的区分实际上也是非常明显的。那么，影响这些阶段的形成的因素到底有哪些？这是需要探讨的。

影响城市发展的因素很多，但关键因素还是生产力和生产技术的变革。城市是人类文明的产物，实际上是生产力发展的产物。没有农业的产生，也就不会有人类的聚居，也就不会有城市。在人类300万年的历史中，绝大部分时间是依靠采集和狩猎生活，因而在这种非常落后的生产力状态下，人类的居住是流动的。大约在1万年前出现了原始农业，开始了农业革命浪潮，而中国是最早发生农业革命的中心地区之一。距今7000—5000年前，随着农业革命浪潮的进行，人类开始从原始农业向传统农业过渡，从而对人类的生产、生活、社会和思想等产生了重大的影响。农业革命改变了人与自然界的关系，人类不再完全依赖自然界而生存。农业革命对于人类生活和社会分工产生了巨大的影响，由于农业生产方式的特点，定居生活成为农业人口的基本生活方式。因为有了定居生活，人类可以营建房屋、陶窑等固定设施；驯化动物，在此基础上，逐渐形成了畜牧业、手工业和商业的社会分工，从而城市开始出现。由此可见，在城市形成的过程中，生产力的发展是人类历史发展的根本动力，也是城市形成的根本动力。

城市的本质就是聚集——聚集人口，聚集资源，聚集各种经济要素、文化要素，而在城市的发展过程中，对城市的兴衰、性质变化等起决定作用的还是生产力，如果没有生产力发展，也就不会有城市的发展。因而，城市发展的阶段是由社会生产力主导的。马克思在《资本论》中提出"个人生产力"和"社会生产力"这两个范畴的概念，认为"个人生产力"是物质生产力与精神生产力在劳动过程中表现出来的体力、智力和劳动技能的总和，"社会生产力"是由单个个人生产力组成的，个人生产力通过劳动方式、协作、分工、管理等中介形成社会生产力，这种组合将会提高、发展生产力。城市是一个集物质与精神的统一综合体，城市的特性在于集聚，是将个人生产力聚集在一起转化为社会生产力的容器，城市所产生的聚集力将单个、分散的个人生产力汇集于城市，形成统一管理下的协作与分工、密集与分散的社会生产力。城市的起源是社会分工作用下形成的，而社会分工又是由生产力的发展决定的。城市的不断发展的动力有政治、经济、文化、军事等多方面影响因素，而这些进步来自生产力水平的提高。

二、从农业时代到信息时代：城市的三个历史时期

前农业时代没有城市，只有在农业时代才出现城市，基于生产力和生产技术的变革而产生的三次革命高潮，成为城市发展的重要推动力，使中国城市在数千年的发展历程中自然形成三个大的历史时期——农业时代、工业时代、信息时代，而不同的历史时期的城市发展有着不同的特点。中国城市发展的第一个时期为农业时代。尽管学术界对世界农业起源的中心有不同的看法，但都一致认可中国是农业起源中心之一。一万多年前，中国就开始发生农业革命，出现原始农业；大约在五六千年前，中国从原始农业进入到传统农业阶段，与此同时，也开始出现社会大分工，由分工而产生的个人之间的交换，以及把这两个过程结合起来的商品生产得到了充分的发展，完全改变了先前的整个社会，阶级、国家相继产生，城市也开始出现。此后，一直到19世纪中叶的数千年间，中国一直处于农业时代，农业成为主要的社会生产部门，以分散的小农业和家庭手工业相结合的自然经济成为城市发展的基础：一方面推动城市的发展，促进城市的兴盛与繁荣；另一方面也制约着城市的发展。

在农业时代，中国城市的主要特征表现在四个方面：（1）农业时代的中国城市主要以政治行政功能为主。城市是统治阶级的统治中心，也是统治阶级控制人民的堡垒。城市都修筑有高大宽厚的城墙；各级城市内部都设有大小不等的统治机构，而这些统治机构在城市中都占据最重要的位置；城市一般都驻有数量不等的军队，特别是都城和省会城市以及位于交通要道或军事要冲的城市。（2）农业是城市发展的主要动力和制约因素，城市经济的作用较小。农业的发展决定着城市的区位；农业劳动生产力、粮食作物的生产水平直接影响和制约着城市发展速度和发展水平；农业的长期停滞制约了城市的发展。（3）城市具有封闭性和规划性的特质。唐代以前，城市实行坊市制，城市内部空间规划严密，管理严格；唐代以后，坊市制被打破，但城墙

仍然保留，城市与外部依旧有着一种隔离的趋势。（4）城市的数量少、规模小、分布不平衡。除历代首都和区域行政中心城市外，大多数中国城市都是人口少，规模较小；同时城市在区域空间分布方面也极不平衡，总的来看还是与区域农业生产力的发展程度有着密切的关系。

中国城市发展的第二个时期为工业时代。蒸汽机的发明，引导了工业革命的出现，而工业革命则再次改变人类的命运。大机器生产为主的工业取代农业而在生产总值中占据首要地位；特别是在工业生产从以蒸汽为动力进入到以电气为动力的新阶段后，社会生产力突飞猛进，为人类社会创造了大量的物质财富。工业时代实际上是机器的时代，是以石油、化工、钢铁、水泥这些无生命的材料为核心的一种发展。生产技术变革所产生的工业革命浪潮对于人类生产、生活、社会、政治、文化等各方面产生了巨大的影响，彻底改变了世界，工业革命确立了近代资产阶级的民主政治体制，使发达国家的大多数人口摆脱了贫困，促进了各地区之间经济文化的交流，推动了近代教育制度的建立。同时，由西方开始的工业文明开启了世界城市化进程：一方面，工业生产改变了城市的面貌，城市的规划布局有了变化，城市建筑更加依赖工业的成果，城市交通出现了新的运输工具，城市生活打上了浓厚的工业烙印；另一方面，城市又是工业时代的核心，城市的集聚作用为工业生产提供了空间、配套、劳动力，城市带、城市群的出现更是将工业协作与互补推向了更高的层次。

中国从农业社会进入工业社会不是自身发展的结果，而是西方资本主义国家用武力强制性地将中国拉入到工业社会的轨道。19世纪中叶，西方工业国家为开拓市场、获取原料，用武力压迫和掠夺那些还处于农业时代的国家，并将这些国家变为殖民地、半殖民地，中国也不例外。在西方资本主义的侵略下，中国开启了从农业时代进入工业时代的进程，但中国从传统农业社会向现代工业社会转型不是正常发展的结果，而是伴随着半殖民化进程所出现的畸形转型，经历了一个长达百余年的漫长时期，直到中华人民共和国建立后，中国的工业化才进入一个正规的良性发展轨道。在从农业时代到工业时代的转型过程中，中国城市也发生了巨大变化，出现了新的特点：（1）城市数量增多，城市规模不断扩大，出现了一批特大城市甚至超大城市，人口向大城市聚集的趋势不断增强。（2）城市空间结构日益复杂，西方城市规划理念与方法开始用于中国城市建设；城市布局继续向单中心形态发展，形成"摊大饼"式的圈层结构，中央商业区仍是城市影响范围最大的居民活动区；区域发展逐步以城市为中心，城市群出现雏形，核心城市的作用增强，城市的经济中心地位越来越突出。（3）城市发展动力机制发生变化，外力对城市的发展起着重要的作用，经济成为城市发展的主要动力，经济中心城市优先发展效应显著；城市经济、社会结构变化，城市功能复杂化，城市类型多元化。（4）经济中心形成，城市群出现，城市发展不平衡加剧。区域发展逐步以城市为中心，城市的经济中心地位越来越突出。城市发展不平衡首先表现在单体城市内部发展不平衡；其次是区域内部城市之间发展不平衡；再次是从全国范围来看，东西部城市之间发展不平衡加剧。（5）城市社会文化日益世俗化，城市文化环境出现新的变化；大众文化兴起和普遍传播，世俗化特征明显。（6）城市社会发生巨大变化，城市社会成员异质化加深，首属群体趋向衰落，社会组织日趋发达；社会变迁加速，社会阶层日趋开放，社会流动率提高。（7）城市管理发生变化，从农业时代的城市统治向城市管理转变，城市政府建立，其功能日益多元化。（8）城市生活多元化，生活方式日趋现代化。（9）伴随着城市化进程的加快，城乡分化加大，城市内部的贫富分化加大，城市问题日趋严重，社会矛盾尖锐。

中国城市发展的第三个时期为信息时代。

20世纪中叶电子计算机的发明和人造卫星上天，标志着人类历史上生产技术变革的第三次浪潮——信息革命的开始，它对人类的生产、生活、社会和思想等产生了更为深刻的重大影响。中国工业化还未完成的时候，世界主要发达国家开始进入信息时代，因而中国的工业化出现了新的发展变化，进入新型工业化的发展阶段。在中国从新型工业化时代向信息化时代转型的过程中，城市也将发生新的变化，出现新的特点：（1）信息化推动城市体系进一步高级化。随着国家信息化战略的推进，信息生产力发挥的作用将进一步提高，信息网络将带来城市之间更为紧密的联系，从而促进城市体系向高级化推进。（2）区域发展逐步向城市为中心的城市群倾斜，城市群内核心城市的作用进一步强化，区域核心城市的中心地位越来越突出。一方面，区域核心城市拥有完善的基础设施、经济基础、信息渠道、人才优势、交通网络，区域中心的地位得以巩固；另一方面，交通、通信条件的改善有利于区域内的城市依托中心城市获得更大的发展优势，表现出明显的城市群优劣互补的发展特征。（3）城市发展对土地需求越来越大，用地与耕地的矛盾越来越尖锐，解决办法在于掌握城市用地的客观规律，用规划方法控制和引导城市用地向正常发展。城市用地规模是限制城市发展的瓶颈，尤其表现在非平原地区，非农业用地的扩大与中国制定的农业土地"红线"激烈的博弈过程中，如何协调相互的矛盾就尤为重要。既要合理利用土地，科学规划，合理分配，以实证主义的规划思想指导城市用地正常发展，逐步改变"摊大饼"式的圈层结构，又要坚守"红线"，提高农业产业化、科技化、市场化，正确引导农业用地的有效流转。（4）城市发展以人为本，使得解决当前城市发展中所面临的众多城市问题、提高城市居民生活质量和生活品质成为城市管理者的重要使命。"城市病"在当今城市中主要表现在交通问题、住房问题、环境问题、人口问题等多方面，寻找有效途径合理处置是为当务之急；坚持走可持续发展的城市化道路，开发新能源，推进建立节约型城市的步伐；构建和谐的城市文化环境，倡导文明城市、文化城市理念，将城市的功能转向文化方面，着力建设更适合人类居住的未来城市。

总之，从长时段考察中国城市在数千年的发展过程，可以发现，因生产力和生产技术的伟大变革，它形成了三个发展时期——农业时代、工业时代、信息时代。尽管目前信息时代在中国只是初见端倪，但可以预见已不远矣。由于在不同的历史时期，城市的发展也会呈现不同的发展阶段，而不同阶段城市的发展原因、特点、规模、数量等都有所不同，所以，这些都是需要深入研究的课题。

原载《史学月刊》2009年第10期

新中国城市历史分期研究

何一民

1949年，中华人民共和国（以下简称新中国）成立，标志着中国进入一个新的历史时期，中国城市发展也揭开新的历史篇章。在中国共产党的领导下，中国进入工业化、现代化、城市化和全球化的发展时期。70年来，中国城市出现天翻地覆的变化，超过了历史上任何时期，并完成了从农业时代传统城市向工业时代现代城市、从半殖民地城市向社会主义城市的转型，城市在国家发展中的地位和作用越来越重要，成为带动区域发展的中心和强劲引擎。从全球范围来看，70年来，中国正在从世界城市化、现代化的追随者，向城市化和现代化的引领者转变，正在为世界未来的发展和人类命运共同体的构建，提供中国经验和中国智慧，并对世界经济产生重要影响。在这样的背景下，中国城市史研究异军突起，在三代学人的辛勤耕耘下，中国城市史学科逐渐发展成为中国历史学的重要分支之一，研究成果相当丰硕。但值得注意的是，当下城市史研究的重点主要集中在近代和古代城市史相关领域，新中国城市史研究较为薄弱，关于新中国城市发展历史分期的讨论就更少了。开展新中国城市史研究不仅具有重要的学术意义，而且具有特别的现实意义。要开展新中国城市史研究，首先就面临如何分期的问题，因为70年来新中国城市的发展历程并非一条直线，而是历经曲折，有着明显的阶段性特征。本文对新中国城市史分期研究进行了学术回顾，进而对相关问题进行梳理，提出自己的一些思考，以期抛砖引玉，就教方家。

一、新中国城市史分期研究的学术回顾

改革开放以来,随着中国城市史研究蓬勃兴起,开始有学者对新中国城市史进行研究,但总体上说来相关研究还比较薄弱,对新中国城市史分期的探讨也仅有部分论著有所涉及。粗略梳理,主要分为三个方面。

(一)以新中国城市整体发展为对象的分期研究

有关新中国城市史分期的专文非常少,仅能略举一二。张利民《中国城市发展七十年》是较早对新中国城市史进行分期探讨的文章,该文以城镇化率、市镇建制以及中国共产党和国家重大决策为主要依据,将1949—1990年中国城市发展划分为三个阶段,即1949—1957年为"城市稳定发展时期",1958—1978年为"城市曲折发展时期",1978—1990年为"城市迅速发展时期"[1]。但该文并未对分期的理论依据进行分析。蓝志勇《新中国成立70年来城市发展的进程与未来道路》一文将1949—2017年新中国城市发展历史也划分为三大阶段,第一阶段为1949—1978年;第二阶段为1978—2018年,此一阶段又可分为四个小的阶段,即1978—1984年为"农村经济体制改革背景下的城市发展时期",1985—1992年为"市镇建制标准改革背景下的城市发展时期",1993—2006年为"小城镇综合改革和农村居民市民化改革背景下的城市发展时期",2006—2017年为"提出并逐渐落实城市群建设概念过程中的城市发展时期";第三阶段为2018年党的十九大以后,城市发展出现新趋势[2]。此文研究的时段较长,故而划分为三个大的阶段,但同样未对新中国城市史的分期标准进行探讨,有的以城市化率变化为标准,有的则侧重于政治事件或国家发展政策演变对城市发展的影响,标准不一,随意性较大。

---

[1] 张利民:《中国城市发展七十年》,《历史教学》1991年第9期。
[2] 蓝志勇:《新中国成立70年来城市发展的进程与未来道路》,《福建师范大学学报(哲学社会科学版)》2019年第5期。

总体说来，迄今为止较少有专门就新中国城市历史分期问题进行的系统研究，更少有理论探析。

（二）以新中国城市化发展为主线的分期研究

20世纪90年代以后随着中国城市化进入快速发展阶段，关于新中国城市化的研究受到多学科的广泛关注，不少研究者撰专文对新中国城市化分期进行了研究，代表性论文如蒋永清《中国城市化的世纪回顾与展望》[1]，武力《1978—2000年中国城市化进程研究》[2]，白南生《关于中国的城市化》[3]，邹德慈《对中国城镇化问题的几点认识》[4]，叶嘉安、徐江、易虹《中国城市化的第四波》[5]，陈锋《改革开放三十年我国城镇化进程和城市发展的历史回顾和展望》[6]，李浩、王婷琳《新中国城镇化发展的历史分期问题研究》[7]等。相关文章甚多，不一一列举。大多数研究城市化的学者有一个共同特征，就是都在不同程度上受到西方城市化理论的影响，多以城市化曲线作为分期标准。如《新中国城镇化发展的历史分期问题研究》一文对新中国城市化分期提出了"248"方案，即将新中国城市化进程分为城市化的起步期（也可称为"计划经济"时期）和城市化的发展时期（也可称为"改革开放"时期）两大阶段，而这两大阶段又各分为两个亚阶段。作者再根据发展进程将每个阶段细化，从而划出8个小阶段，这样新中国城市化共分为2个大阶段，4个亚阶段，8个小阶段。此一分期方案主要以城市化率相关数据为分期的关键依据，但也参考了相关的政策变动，进行了定量分析与定性分析的结合，并以此为据对分期进行了"修正"[8]。值得注意的是，有研究者对传统城市化分期持有不同看法，如《中国城市化发展阶段的修正及规律性分

---

[1] 蒋永清：《中国城市化的世纪回顾与展望》，《求索》2001年第1期。
[2] 武力：《1978—2000年中国城市化进程研究》，《中国经济史研究》2002年第3期。
[3] 白南生：《关于中国的城市化》，《中国市场经济》2003年第4期。
[4] 邹德慈：《对中国城镇化问题的几点认识》，《城市规划汇刊》2004年第3期。
[5] 叶嘉安、徐江、易虹：《中国城市化的第四波》，《城市规划》2006年增刊。
[6] 陈锋：《改革开放三十年我国城镇化进程和城市发展的历史回顾和展望》，《规划师》2009年第1期。
[7] 李浩、王婷琳：《新中国城镇化发展的历史分期问题研究》，《城市规划学刊》2012年第6期。
[8] 李浩、王婷琳：《新中国城镇化发展的历史分期问题研究》，《城市规划学刊》2012年第6期。

析》一文,即对世界城市化的三阶段性规律进行了修正性研究,提出了"四阶段论"观点,即城市化的发展除了起步阶段(城市化水平低于30%)、成长阶段(城市化水平达30%—60%)、成熟阶段(城市化水平达60%—80%)外,还有终期阶段(城市化水平达80%以上)。该文作者以此标准对2006年以前的新中国城市化进行了分期研究,即1949—1995年为"城市化起步阶段",此一阶段可细分为六个亚阶段:"顺利起步阶段"(1949—1957年)、"超速发展阶段"(1958—1960年)、"倒退发展阶段"(1961—1965年)、"停滞发展阶段"(1966—1976年)、"迅速发展阶段"(1977—1983年)、"低速发展阶段"(1984—1995年);1996—2006年为"快速成长阶段"[①]。但值得注意的是,该研究者虽然注意到不同阶段城市化率变化有着不同的影响机制(主要为国家政策和重大历史事件),但最终的分期结论和描述依然以城市化率为指标依据。另有研究者在对传统城市化分期方法反思的基础上提出了新的看法:"传统对于中国城市化发展阶段理论的研究往往局限于某一方面,缺少多维思辨条件下的审视视角",因而主张"以经济发展与城市化水平的相关关系作为整个城市化阶段划分的主线,通过对城市化波动状况及城市化质量的分析来解读政府管制在城市化过程中的作用"。按此标准,"中国城市化大致划分为两阶段,而进一步可划分为五阶段"[②]。总体上来看,相关研究者多依据城市化率将新中国城市化划分为两大阶段,只是在细分阶段时有所区别。值得注意的是,以上研究主要出自经济学、社会学、政治学等学科的研究者,而非历史学研究者。而由于城市化与城市发展有着直接关系,因而新中国城市化分期的研究,对于探索新中国城市历史分期多有启迪。

(三)城市规划学等其他学科关于新中国城市历史的分期研究

一些研究者从城市规划与城市建设等视阈对新中国城市史分期问题有所涉及。如《论新中国城市规划发展的历史分期》一文重点对新中国城市规划发展历史进行了分

[①] 方创琳、刘晓丽、蔺雪芹:《中国城市化发展阶段的修正及规律性分析》,《干旱区地理》2008年第4期。
[②] 马利波、马和、张远景:《基于宏观尺度中国城市化阶段划分的再思考》,《城市规划和科学发展:2009中国城市规划年会论文集》,天津科学技术出版社,2009年,第453页。

期研究，提出"二、六、十一"的分期方案，即将新中国城市规划的发展分为"计划经济"时期和"改革开放"时期两大阶段，各阶段又进一步细分为六个中等阶段和十一个小的阶段①。《新中国成立70年来城市空间治理的历史演进——基于国家建设视阈的分析》一文则从国家建设的角度，以国家战略转换为主线，对新中国成立70年以来城市空间治理过程与治理模式演进过程进行了考察，将新中国城市空间治理历史划分为四个阶段："巩固新生政权导向下的城市空间治理"（1949—1978年）、"促进经济增长导向下的城市空间治理"（1978—2002年）、"维护社会稳定导向下的城市空间治理"（2002—2012年）、"推进国家治理现代化导向下的城市空间治理"（2012—2019年）②。该文作者认为新中国成立70年来，城市空间生产经历了从强调空间控制、空间商品化、突出空间公共性质向空间多重属性全面发展的转变，而城市空间治理模式也经历了从管理型地方政府、经营型地方政府向服务型地方政府的转变。以上这些研究虽然没有直接对新中国城市史进行分期，但涉及新中国城市的发展，故而对新中国城市历史分期研究有所启发。

通过对新中国城市史分期相关研究进行的学术回顾与梳理，可以发现我国学术界总体上对此课题缺乏深入系统的研究，相关讨论极不充分，尤其缺乏理论思考与理论建设，对于分期标准的认识较为模糊。目前更多的是对新中国城市化分期的研究，这不能代替对新中国城市历史分期的研究。城市化率的高低虽然在一定程度上能反映城市发展的水平，但城市化只是城市发展的一个方面，两者的关系是局部和整体的关系，如果以城市化率的高低作为城市发展分期的主要标准，就会造成城市化历史等同于城市历史的错觉。同样，对新中国城市规划分期的研究也不能代替对新中国城市历史分期的研究。由于对新中国城市史分期的关注极为不够，故而缺乏相关研究者之间的互动。不同学科、不同观点之间的对话也极不充分。而本应成为新中国城市史研究中坚力量的历史学工作者出现严重缺位，不得不令人深思。

---

① 李浩：《论新中国城市规划发展的历史分期》，《城市规划》2016年第4期。
② 王海荣：《新中国成立70年来城市空间治理的历史演进——基于国家建设视阈的分析》，《内蒙古社会科学（汉文版）》2019年第5期。

二、关于新中国城市史分期相关问题的思考

历史分期是历史研究的核心内容之一,尽管有少数学者对历史分期持否定态度,认为历史分期乃是哲学的方法,而历史研究是科学的方法,历史研究不应该强调分期,"历史学家使用这些理论时出现了教条化和公式化的倾向"[①]。但这种对历史分期持否定态度的观点并未成为学术界主流意见,更未影响相关研究者对历史分期的关注,近年来对历史分期的研究甚是热门,不仅历史学界,其他学科的研究者也十分重视历史分期研究。笔者通过对中国知网论文数据库以"历史分期"为关键词进行搜索统计,2000年初至2020年10月,各学科研究者发表的有关历史分期的论文多达548篇。历史分期是对具有不同性质的历史阶段进行的归纳总结,以揭示历史发展的客观规律。人们之所以关注历史分期,首先是因为历史分期是相关研究者认识历史的一种方法,正是通过历史分期,人们才能正确认识不同历史时期或发展阶段之间的差异性,才能观察到不同历史时期政治、经济、社会和文化发展的原因与特点;其次,正是通过对历史进行分期,人们才能在总体上更好地理解和把握历史进程,才能从中探索历史发展的规律与特点。由此可见,强调历史分期,并非是将历史研究放入固定的条条框框之中,而是有利于研究者对历史的宏观认识和把握,有利于激发研究具体问题的动力。

中国城市史作为中国历史学的分支学科,相关研究者在开展研究过程中都不可避免地会遇到分期问题。从宏观层面看,城市的发展经历了若干历史阶段,而在每一个大的历史阶段又可细分为若干小的阶段。在农业革命出现以前,人类处于无城市的时代,只有农业革命发展到一定阶段,随着阶级、国家的产生,才开始出现早期城市,人类才进入有城市的时代,至今有数千年的发展历史。数千年来城市作为人类文明的产物和复杂的有机综合体,有一个从简单到复杂,从少到多,从小到大,从低级到高

---

① 常金仓:《历史分期讨论与发现真理的两种方法》,《齐鲁学刊》1996年第2期。

级的发展过程。城市的发展既具有历史的延续性，也具有发展的阶段性，不同发展阶段城市的兴衰演变原因和发展特点各有不同，故而对城市历史进行分期十分必要，也十分重要。对城市历史进行分期，不仅对于总体上认识和把握城市发展十分关键，对于探寻和总结城市发展规律、发展特点和经验教训也十分重要，并对引导未来城市发展起着重要的作用。因此，城市历史分期，不仅关系到城市历史研究和城市史学科体系建设，也关系到当下城市发展战略的制定和发展思路的确立，具有重要的现实意义。

城市历史分期既是一个方法问题，也是一个理论问题，同时是一个实证研究问题。相关研究者对城市历史进行分期研究，需要在一定理论的指导之下，通过收集整理和分析相关资料，考察其发展的阶段性，研究不同阶段城市的发展变迁、兴衰演变原因和特点，从而揭示城市发展走向和规律。对新中国城市历史进行分期，其作用体现在以下三个方面。一是可以为新中国城市史研究提供一个结构性的研究框架，从而系统地、全面地把握新中国城市70年的发展历程。如果只将新中国成立70年来的城市发展变迁看成一个发展阶段，就很难认识不同历史阶段城市的发展变化，如改革开放前后的城市有不同的发展轨迹和发展逻辑，如果不分阶段进行研究，就不能对其发展变化有深刻的认识，相关研究也难以深入进行。二是可以为新中国城市历史研究提供理论研究视角和逻辑前提。城市历史分期不仅是简单地划分阶段，还涉及对城市发展的理论认识和逻辑分析，如计划经济时期与改革开放时期城市的发展逻辑有着重大的区别，如果不从理论上加以区分，就难以探寻改革开放前后城市发展的规律和特点，更难以确立社会主义新时代城市发展的基本逻辑和未来发展走向。三是可以为新中国城市历史研究提供价值评估体系和整体发展方向的思考。对新中国城市历史的研究，不仅需要深入历史表象背后，探讨历史发展的轨迹、特点和原因，而且要深入考察城市发展和衰落的过程，对不同历史阶段的发展经验和教训进行总结。不同阶段城市发展的评价标准有所不同，只有通过分期研究才可以深入认识一定阶段城市发展的路径、特点和原因，为未来的城市政策制定和城市规划设计提供历史借鉴和理论支撑。

城市历史分期作为一种研究方法，首先要确定分期的标准，虽然这一观点为大家所认同，但是如何确立标准，难度却很大。城市历史分期的标准向来见仁见智，多有分歧，很难形成统一意见，但无论如何，都需要一个前后连贯的标准。从长时段来看，城市历史分期与社会性质、城市性质和功能的演变有着密切的关系，如果从社会性质的演变来看，可以分为原始社会的城市、奴隶社会的城市、封建社会的城市、资本主义社会的城市、社会主义社会的城市；如果从社会变迁的时间视角来看，可以分为上古城市、古代城市（也可分为中古与近古）、近代城市、现代城市等；如果从社会经济形态来看，可分为农业时代的城市、工业时代的城市和信息时代的城市；如果从城市形成演变的角度来看，可分为远古孕育形成时期、古代发展演变时期、现当代城市转型时期。因而，城市历史分期的标准是多样的，不是绝对的。另外，长时段历史的分期，与中短时段历史分期，其标准也有所不同，如新中国城市70年历史与中国城市5000多年历史相比，只能算较短的历史时段，新中国城市历史就其性质而言并未发生根本的变化，因而不能运用中国城市大历史分期的理论或标准进行研究。新中国城市历史虽然较短，但就70年间城市的发展变化程度来看，却超越了历史上任何一个时期，可谓数千年未有之巨变，这种变化主要表现在以下几方面：一是此一时期中国城市从农业时代的传统城市转型为工业时代的现代城市，从半殖民地城市转型为社会主义城市，城市经济占国民经济的主体地位；二是此一时期中国城市从农业人口占总人口90%以上的乡土社会向城市人口占总人口一半以上的城市社会转型，城市成为国家和地区社会经济发展的中心；三是工业化、城市化、现代化和国际化成为城市发展的主线。新中国70年城市的发展变迁并非一条直线，而是多有曲折，并有着明显的阶段性。如果不对其进行分期分阶段的研究，就很难客观地认识新中国城市的发展变迁。如何把握各个阶段的划分，以什么为标准，这是一个棘手的问题。

三、新中国城市历史分期与特点

城市是人类文明的产物，也是政治、经济、社会发展的重要载体，因而城市的发展与国家的政治、经济、社会的发展有着密切的关系，甚至在一定程度上与国家的政治、经济和社会的变迁高度统一。如新中国的成立，就改变了中国城市发展的轨迹，对城市的发展变迁产生了直接的影响。新中国成立标志着中国摆脱了半殖民地半封建社会的命运，进入社会主义革命与建设的新时期，中国共产党确立的"把消费的城市变成生产的城市"政策，强化了城市的经济功能；计划经济制度的实施，二元经济结构和社会结构的形成，对城市发展产生了更为巨大的影响。可以说新中国成立70年来，每当发生大的政治、经济和社会变动，如"大跃进""文化大革命""改革开放"等，都对城市的发展产生了直接的、深刻的影响。研究新中国城市历史分期，必须将新中国城市发展置于新中国历史演变进程中加以考察研究，从国家发展变化的高度来把握城市历史分期，从某种程度上讲，新中国城市历史分期与新中国国史分期有着高度的契合性。但是，城市的发展有着一定的相对独立性，有其自身的发展规律与特点，因而，新中国城市历史的分期，要充分考虑新中国城市的发展轨迹与发展特点，才能科学地对新中国城市历史进行准确的分期。

我们认为，对新中国城市历史进行分期，需要从城市性质的变化、发展的动力等多方面来加以考察，需要准确把握70年来影响中国城市发展的历史轨迹，通过对新中国城市发展脉络的系统梳理，寻找出影响新中国城市发展变迁的关键时间节点。70年来，影响中国城市发展并对其性质和发展轨迹产生了直接影响的关键时间节点有若干个，可分为三种类型，一是具有划时代意义的关键时间节点，即对新中国城市的性质和发展变迁产生了巨大影响的关键时间节点，是新中国历史分期的主要依据；二是重要的关键时间节点，即对新中国城市产生了深刻影响的关键时间节点，这类重要的关键时间节点也对新中国城市历史分期产生了重要作用，可作为小的阶段划分的依据；三是具有一定影响力的关键时间节点，即对新中国城市产生了较大影响的时间节点，但未能产生根本性的变化，虽然不能构成历史分期的依据，但也需加以关注。根据以上分析，我们发现影响新中国城市发展变迁的、具有划时代意义的关键时间节点有三个，另有多个重要的关键时间节点，从而以此为依据，将新中国城市发展历程划分为三个时期七个阶段。参见下图表。

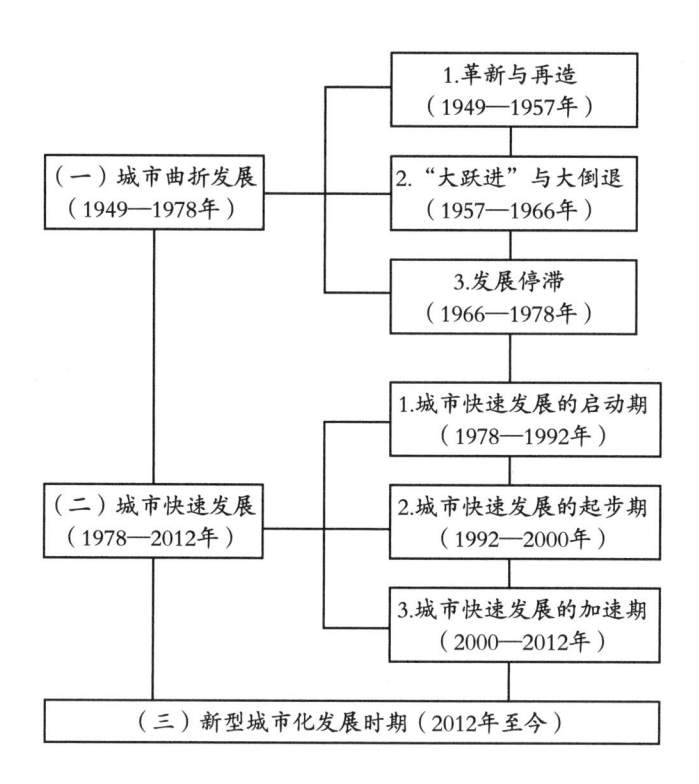

```
                              ┌─── 1.革新与再造
                              │    （1949—1957年）
                              │
（一）城市曲折发展 ──────────┼─── 2."大跃进"与大倒退
（1949—1978年）              │    （1957—1966年）
                              │
                              └─── 3.发展停滞
                                   （1966—1978年）

                              ┌─── 1.城市快速发展的启动期
                              │    （1978—1992年）
                              │
（二）城市快速发展 ──────────┼─── 2.城市快速发展的起步期
（1978—2012年）              │    （1992—2000年）
                              │
                              └─── 3.城市快速发展的加速期
                                   （2000—2012年）

（三）新型城市化发展时期（2012年至今）
```

我们之所以将新中国城市历史70年划分为三个时期，主要基于影响新中国城市发展的三个划时代关键时间节点，第一个划时代关键时间节点是1949年中华人民共和国成立，这改变了中国历史的进程，也改变了中国城市的发展轨迹；第二个划时代关键时间节点为1978年十一届三中全会召开，开启了中国改革开放的新征程；第三个划时代关键时间节点为2012年党的十八大召开，大会标志着中国进入具有中国特色的社会主义新时代，中国城市也进入新型城市化发展阶段。除了以上三个具有划时代意义的关键时间节点外，还有若干个重要时间节点，成为新中国城市不同发展阶段的界标。

（一）新中国城市发展第一时期（1949—1978年），城市曲折发展期

该时期总的表现为纵向比较来看，城市有较大发展，但历经曲折，大起大落，横向比较来看，城市发展水平仍然滞后。

1949年中华人民共和国成立后，在中国共产党的领导下，中国实现了民族独立，人民解放，建立了统一的主权国家，建立了社会主义基本制度，初步建立了比较完整

的工业体系、国民经济体系和城市体系,在政治、经济、社会、文化等各个领域取得了巨大的成就。但由于没有现成的经验可以借鉴,中国共产党进行了30年的探索,在取得成就的同时,也经历了若干曲折,走了不少弯路,国家和城市发展遭到严重挫折,付出了沉重代价。我们根据新中华人民共和国成立后30年内影响城市发展的关键时间节点,将这一时期城市的发展划分为三个发展阶段。

1. 第一阶段（1949—1957年）,城市革新与再造期

1949年在中国历史上是划时代的一年,这一年对中国城市发展有着直接影响的重大事件主要有两个,一是1949年3月中国共产党召开了七届二中全会,决定中国革命重心从乡村向城市进行战略转变,并做出了"把消费的城市变成生产的城市"等重大决策,为新中国城市发展奠定了思想基础和政治条件;一是10月1日毛泽东主席在天安门城楼上宣布中华人民共和国正式成立,标志着中国历史翻开新的一页,中国彻底摆脱半殖民地半封建社会的厄运,在中国共产党的领导下进入社会主义革命和建设的过渡时期。新中国的成立标志着中国城市出现历史性转折,进入社会主义工业化、现代化、城市化的发展轨道。

1949年新中国成立后,中国共产党的主要任务是建立和巩固新生的革命政权,恢复整顿社会秩序,恢复和发展国民经济。在城市发展方面,首先对遭到战争破坏的城市进行了重建,其次各级地方政府都按照七届二中全会的决议精神,执行"把消费的城市变成生产的城市"的城市发展方针,大力发展工业生产,但城市基础设施建设因多种政治运动和抗美援朝等多方面因素影响处于缓慢发展状态。1953年国民经济恢复工作基本完成,抗美援朝战争结束,为中国城市发展创造了一个较好的国内国际环境。

1953年对于中国城市发展而言也是一个关键的时间节点,这一年中国政府开始实施第一个五年计划（1953—1957年）,对城市经济和城市建设产生了重大影响。但是我们并未将1953年作为一个单独的发展阶段的分界线,一个重要的原因就在于1953年虽然开始实施"一五"计划,但是"一五"计划的一些项目在此之前就已经开始实施;另外一个重要的原因就是从1949年开始的"革新与再造"和"把消费的城市变成

生产的城市"，在1953年并未发生大变化，这一过程一直持续到1957年。"一五"计划结束时，新生的革命政权得到巩固，社会秩序逐渐稳定，国民经济得到恢复和稳步发展，城市的创伤也得以治愈，城市得到重建，部分城市在国家大力支持下出现较快发展。"一五"计划以加快工业化进程和对原有国民经济体系进行社会主义改造为两大主要任务，工业化建设以苏联帮助设计的156项工程为核心，同时确立了八大城市为重点规划建设的工业城市，国家的重点投入使部分大中城市优先获得发展，城市功能发生明显变化。"一五"计划的实施对于中国城市发展产生了重大的影响，为其后新中国城市发展奠定了基础，对于中国的工业化和社会主义改造也起到了良好的推动作用，并初步确立了计划经济体制，工农业生产都出现较为快速的增长。1957年中国工农业总产值达到了1387.4亿元，比1952年的827.1亿元增长68%。其中，工业总产值达到了650.2亿元，比1952年的270.1亿元增长141%；手工业总产值达到了133.7亿元，比1952年的73.1亿元增长83%；农业总产值达到了603.5亿元，比1952年的483.9亿元增长25%[①]。"一五"计划期间，全国新建工矿企业达1万多个[②]。铁路通车里程1957年比1952年增加了22%，公路通车里程增加了1倍[③]。"一五"计划期间，国家对城市经济和文化部门的基本建设投资总额为493亿元，超过原定计划427.4亿元15.3%[④]。城市建设也有较大发展，城市基础设施建设投资达550亿元，一批新兴城市建立，一批城市扩建或局部扩建。

2. 第二阶段（1957—1966年），"大跃进"和调整时期城市的大起大落

1958年，受"左倾"思想影响，中国进入"大跃进"时期。"大跃进"不仅对中国的发展产生了巨大的影响，而且对城市影响巨大。随着"大跃进"的开展，大批农

[①] 《1959年国务院政府工作报告——1959年4月18日在第二届全国人民代表大会第一次会议上》，2006年2月23日，https://www.gov.cn/test/2006-02/23/content-208774.htm。
[②] 《1959年国务院政府工作报告——1959年4月18日在第二届全国人民代表大会第一次会议上》，2006年2月23日，https://www.gov.cn/test/2006-02/23/content-208774.htm。
[③] 王希良主编：《中华人民共和国史》，陕西师范大学出版社，1990年，第64—65页。
[④] 《1959年国务院政府工作报告——1959年4月18日在第二届全国人民代表大会第一次会议上》，2006年2月23日，https://www.gov.cn/test/2006-02/23/content-208774.htm。

村人口涌入城市，导致短期内城乡比例严重失衡，城镇化数据虚高，中国城市进入"非正常"超速发展阶段，设市数量从1957年底的177个增加到1961年的208个。在"左倾"思想影响下，高指标、瞎指挥、浮夸风泛滥。"大跃进"超越了当时社会生产力发展水平，"大跃进"变成了"大冒进"，打乱了国民经济秩序，造成大量人力物力浪费，使国民经济比例严重失调，社会主义建设事业受到重大损失，"一五"计划时期开始的城市稳步发展和工业化进程受到很大影响。

1961年，对中国城市而言是一个重要的时间节点，是年，党中央为了纠正"大跃进"带来的不利影响，提出了"调整、巩固、充实、提高"八字方针，国家进入"国民经济大调整"时期。一系列调整和整顿政策及相关措施的实施，导致新中国第一次发生逆城镇化现象，大批工业项目被迫下马，大量进城务工农民及家属被迫返乡，部分城市居民直接下放到农村，一些城市的行政建制被撤销，大部分城市停止城市规划，城市基础设施建设普遍出现停滞，相当部分城市出现衰退现象。

20世纪60年代中期，国际形势极为紧张。1964年中共中央做出开启三线建设运动的重大决定，改变了我国生产力布局，中国工业体系继全面抗日战争时期再一次出现由东向西转移的战略大调整，东部重要城市的工厂企业有计划地向西南和西北数省转移。但三线建设为了战备需要，确立了工厂不集中建在城市的发展方针，工厂选址和建设以"靠山、分散、进洞"为原则。因而三线建设对于西部城市的带动作用不大，对东部重要城市却产生了较大影响，导致这些城市的工业发展水平下降。但对全国而言，三线建设对新中国工业布局规划有着相当重大的影响，推动了西部地区工业的发展，也为改革开放以后西部城市的工业发展打下了基础。

总体上讲，从1958年"大跃进"至1966年"文化大革命"爆发这段时间，中国城市发展经历了过山车式的大变化，前后的发展虽然有很大不同，但这是一个前后相连、首尾相贯的过程，因而将此一时期作为中国城市发展的一个阶段具有合理性。

3. 第三阶段（1966—1978年），城市发展停滞期

1966年，中国爆发"文化大革命"，一定时间段内各地处于无政府状态，城市规划和建设完全处于停滞状态，城市经济也处于不正常发展状态。"文化大革命"初期

和中期开始的干部下放和数以千万计的知识青年上山下乡，导致中国城市再次进入"非正常"发展阶段，并出现逆城市化现象，部分城市进入萧条时期。"文化大革命"中后期，在"抓革命，促生产"等政策推动下，全国各地城市有所复苏，但整体上仍然处于缓慢发展状态，较少进行大规模的城市建设。不过值得注意的是，在西藏等少数地区，城市发展并未发生大波折，在中央特殊政策的关照下，拉萨等城市较前有较大发展。

总体考察新中国成立后的30年间，经济和社会发展都创造了历史的奇迹，城市发展出现了巨大变化，城市数量较民国时期有较大幅度的增加，城市规模有较大扩展，城市经济有很大增强，城市化水平也有所提高[①]。但是此一时期城市的发展多有曲折，走了不少弯路，整体上发展仍然较为缓慢，城市基础设施相比发达国家仍然落后，城市经济也远远滞后于发达国家。

（二）新中国城市发展第二时期（1979—2012年），城市快速发展期

该时期城市功能得到强化，城市在国家和地区中的地位增强，城市化水平有较大提升。

1978年，在中国历史上是划时代的关键时间节点。中国共产党重新确立了马克思主义思想路线，开启了改革开放和社会主义现代化的新征程。随着改革开放的不断深化，城市出现了快速增长的态势。此一阶段城市的发展也呈现出三个阶段。

1. 第一阶段（1978—1992年），城市快速发展启动期

1976年，"文化大革命"结束，中共中央在拨乱反正之后，于1978年12月召开了十一届三中全会，决定实施对内改革、对外开放的政策。这次全会"标志着中国共产党重新确立了马克思主义的思想路线、政治路线和组织路线，实现了新中国成立以来党的历史上具有深远意义的伟大转折，开启了我国改革开放和社会主义现代化建设

---

① 何一民：《新中国城市的发展与主要特征》，《中华文化论坛》2019年第4期。

历史新时期"①。随着基本国策和国家经济体制的重大转变，中国历史进入一个新时期，城市也走上了新的发展轨道，总体上呈现出正向发展态势。因此，1978年无论对于中国的国家命运，还是城市的发展兴衰，都具有划时代意义。1978年十一届三中全会召开之前，中央在北京召开了第三次全国城市工作会议，这次会议肯定了城市在国民经济发展中的重要地位和作用，要求城市适应国民经济发展的需要，城市建设要为改革开放的总任务做贡献。这次会议还提出了"控制大城市规模、多搞小城镇"的要求，并在其后形成了"控制大城市规模，合理发展中等城市，积极发展小城镇"的城市发展方针②。此次会议以后，中国各省的城市根据国民经济发展计划和各地区的具体条件，开始编制和修订城市总体规划及近期规划。

随着改革开放全面实施，城市在国家社会经济发展中的地位和作用越来越重要，以城市为中心和以中心城市带动区域发展逐渐成为一种共识，强化城市功能，尤其是经济功能成为城市建设的重要内容。1980年，国家在沿海地区设立了四大经济特区，其后又相继在沿海地区设立了14个开放城市，作为中国对外开放的试验田。1985年，对于中国城市发展来讲也是一个重要的时间节点，这一年，中共中央决定全面启动城市改革，重点是对国有企业进行改革，打响了经济体制改革的攻坚战。是年，珠三角、长三角、闽南三角洲开辟为沿海经济开放区，这是在改革开放背景下，外向型城市发展模式在东南沿海完成局部突破的标志。1985年以后，广大内地城市的改革也全面推进，城市经济体制改革所带来的制度创新，使城市充满活力，中国大多数城市进入快速发展的启动期。

2. 第二发展阶段（1992—2000年），城市快速发展起步期

1992年，对于中国城市发展而言是一个关键时间节点。这一年，邓小平南方谈话，中共十四大召开，明确了建立社会主义市场经济体制的改革目标，"在邓小平'南方谈话'和中共十四大精神的指引下，中国经济体制改革和对外开放以前所未有

---

① 新华社：《改革开放四十年大事记（1978年）》，2018年12月19日，https://baijiahao.baidu.com/s?id=1620267993326661715&wfr=spider&for=pc。
② 何一民：《我国西部城市发展的方针》，《城市发展研究》1996年第6期。

的势头向新的广度和深度发展；国民经济高速增长；科技、教育取得明显成绩，文化、卫生、体育等各项社会事业有较大发展；外交工作开创了新的局面，取得了显著的成就。以邓小平'南方谈话'的发表和1992年3月中央政治局全体会议的召开为标志，中国改革开放和社会主义建设事业进入了一个新的发展阶段。"[1]在此大背景下，国家进一步开放沿江、沿边以及11个内陆省会城市，中国全方位对外开放格局初步形成，全国各地城市进入快速发展起步期，城市化进程进一步加快。随着中国不断地融入全球化进程之中，城市竞争加剧，中央政府不断将城市管理权力让渡给地方政府，过去单纯的城市建设与管理方式发生了新的变化，经营城市和提高城市竞争力成为城市建设与发展的新理念，城市管理主体发生变化，从以政府为单一主体向以政府为中心的多主体转变；建立社会主义市场经济体制的改革目标，使城市建设与经济发展相结合，经营城市和提高城市竞争力成为城市政府的必然选择。

1994年，在分税制改革中地方政府成为我国社会经济发展中一个十分重要的主体力量，土地出让收入成为地方政府财政的主要来源。在当时来看，这不仅极大地激发了市场发展活力，也为城市发展提供了重要的动力。同年，国务院下发《关于深化城镇住房制度改革的决定》，"城镇住房制度改革的基本内容是：把住房建设投资由国家、单位统包的体制改变为国家、单位、个人三者合理负担的体制；把各单位建设、分配、维修、管理住房的体制改变为社会化、专业化运行的体制；把住房实物福利分配的方式改变为以按劳分配为主的货币工资分配方式；建立以中低收入家庭为对象、具有社会保障性质的经济适用住房供应体系和以高收入家庭为对象的商品房供应体系；建立住房公积金制度；发展住房金融和住房保险，建立政策性和商业性并存的住房信贷体系；建立规范化的房地产交易市场和发展社会化的房屋维修、管理市场，逐步实现住房资金投入产出的良性循环，促进房地产业和相关产业的发展。"[2]随着住房制度全面改革，房地产业作为一个新兴产业异军突起，中国城镇居民住房开始走向

---

[1] 范希春：《改革开放和社会主义建设事业进入新阶段的1992年》，《当代中国史研究》2004年第4期。
[2] 《国务院关于深化城镇住房制度改革的决定》，国发〔1994〕43号，2010年11月15日，https://www.gov.cn/zhuanti/2015-06/13/content_2878960.htm。

商品化和社会化，"居住改变城市"，大规模住房建设不仅对城市经济起了重要的推动作用，而且对城市社会和空间结构都产生了深远的影响；随之而来的一系列重大政策相继出台，为中国城市发展注入了新的动力，城市空间规划和建设进入一个新的时期，城市化进一步加速。

3. 第三阶段（2000—2012年），城市快速发展加速期

2000年作为世纪之交，对于中国城市的发展产生了多方面的重要影响。2000年10月11日，中国共产党第十五届中央委员会第五次全体会议通过《中共中央关于制定国民经济和社会发展第十个五年计划的建议》（以下简称《建议》）。《建议》提出"提高城镇化水平，转移农村人口，可以为经济发展提供广阔的市场和持久的动力，是优化城乡经济结构，促进国民经济良性循环和社会协调发展的重大措施。随着农业生产力水平的提高和工业化进程的加快，我国推进城镇化条件已渐成熟，要不失时机地实施城镇化战略"。"要从各地的实际情况出发推进城镇化，逐步形成合理的城镇体系。注意发展城市间的经济联系，发挥中小城市对小城镇发展的带动作用。在着重发展小城镇的同时，积极发展中小城市，完善区域性中心城市功能，发挥大城市的辐射带动作用，提高各类城市的规划、建设和综合管理水平，走出一条符合我国国情、大中小城市和小城镇协调发展的城镇化道路。"[①]《建议》的通过，标志着中国城市和城市化发展上升成为国家战略，深刻影响着中华民族伟大复兴的发展进程，影响着经济发展水平和区域发展格局。

世纪之交，中共中央和中国政府启动"西部大开发"战略。"实施西部大开发战略，加快中西部地区发展，关系经济发展、民族团结、社会稳定，关系地区协调发展和最终实现共同富裕，是实现第三步战略目标的重大举措。西部大开发是一项艰巨的历史任务，既要有紧迫感，又要有长期奋斗的思想准备。要坚持从实际出发，积极

---

① 《中共中央关于制定国民经济和社会发展第十个五年计划的建议》，中发〔2000〕16号，2000年10月11日，https://www.gov.cn/gongbao/content/2000/content_60538.htm。

进取、量力而行，统筹规划、科学论证，突出重点、分步实施。"①西部大开发战略的一个重点是"以线穿珠，以点带面"，即以公路、铁路、航空等交通基础设施建设为抓手，以立体交通线连接西部重要城市，以发展中心城市为重点带动西部各省区发展。因此，西部大开发战略实施20年来对西部城市发展起到了十分重要的推动作用。

2001年，中国加入世贸组织，经济全球化发展进一步激发了中国城市的发展动力，以东南沿海城市为主导的外向型城市发展模式日趋成熟，带动了内地城市改革的深入推进。同年，国务院下发《国务院批转公安部关于推进小城镇户籍管理制度改革意见的通知》（以下简称《通知》），要求"通过改革小城镇户籍管理制度，引导农村人口向小城镇有序转移"②。《通知》深化了20世纪90年代的户籍制度改革，拉开了全面实施小城镇户籍管理制度改革的序幕，有利于城乡之间人口的自由流动，为蓬勃发展的中国城市注入又一重要动力。

21世纪初，中国城市形成了大中小城市和小城镇协同发展的新局面。2010年，住建部发布《全国城镇体系规划（2006—2020年）》（以下简称《规划》），全国城镇体系规划"是城乡规划中最顶层的法定规划，是关于全国城镇发展和城镇空间布局的统筹安排，是积极稳妥推进城镇化的重要政策依据，也是各地制定省域城镇体系规划和城市总体规划的依据"③。《规划》明确提出五大国家中心城市（北京、天津、上海、重庆、广州）的规划和定位，并在其后添加了成都、武汉、郑州、西安。国家中心城市是在直辖市和省会城市层级之上出现的新的"塔尖"，集中了中国城市在空间、人口、资源和政策上的主要优势，对城市群和城市区域一体化发展起到更好的引领作用。《规划》的制定和实施，标志着城市群和大都市区成为中国城市发展的新模式。

---

① 《中共中央关于制定国民经济和社会发展第十个五年计划的建议》，中发〔2000〕16号，2000年10月11日，https://www.gov.cn/gongbao/content/2000/content_60538.htm。
② 《国务院批转公安部关于推进小城镇户籍管理制度改革意见的通知》，国发〔2001〕6号，2016年9月22日，https://www.gov.cn/zhengce/content/2016-09/22/content_5110816.htm。
③ 《科学编制全国城镇体系规划，促进大中小城市和小城镇协调发展——写在〈全国城镇体系规划（2006—2020年）〉出版之时》，载住房和城乡建设部城乡规划司、中国城市规划设计研究院编：《全国城镇体系规划（2006—2020年）》，商务印书馆，2010年。

改革开放以来，中国城市出现快速发展的态势，城市数量、规模和功能都较前一时期发生了巨大变化。但是，城市快速发展、城市经济发展水平迅速提升、大规模农村人口进入不同层级的城市，也带来了若干负面影响，环境问题、交通问题、就业问题、社会保障问题等各种"城市病"越来越突出。因此，中国城市发展面临新的困境，必须探寻新的发展路径，这就是走新型城市化道路。

（三）新中国城市发展第三时期（2012年至今），新型城市化发展新时期

2012年，中共十八大召开。这次会议是在中国历史发展进入一个关键时期召开的，全会开启了中国全面建设小康社会、实现中华民族伟大复兴的新起点，中国特色社会主义建设进入新时代。中共十八大对于中国城市的健康发展也指明了新的发展方向，明确提出"新型城镇化"方针，为中国城市化发展提出了新目标和新要求——中国城市必须走新型城市化道路。新型城市化是以城乡统筹、城乡一体、产业互动、节约集约、生态宜居、和谐发展为基本特征的城市化，是大中小城市、小城镇、新型农村社区协调发展、互促共进的城市化。新型城市化以新的五大发展理念为指导，以人的发展为核心，以不断满足人民群众对美好生活的需求为目标。2012年，中央经济工作会议进一步把"积极稳妥推进城镇化，着力提高城镇化质量"列为经济工作的主要任务之一。国家发改委"根据中国共产党第十八次全国代表大会报告、《中共中央关于全面深化改革若干重大问题的决定》、中央城镇化工作会议精神、《中华人民共和国国民经济和社会发展第十二个五年规划纲要》和《全国主体功能区规划》"，着手制定并于2014年颁布了《国家新型城镇化规划（2014—2020年）》（以下简称《城镇化规划》）。《城镇化规划》是"按照走中国特色新型城镇化道路、全面提高城镇化质量的新要求，明确未来城镇化的发展路径、主要目标和战略任务，统筹相关领域制度和政策创新，是指导全国城镇化健康发展的宏观性、战略性、基础性规划"[1]。

---

[1] 《国家新型城镇化规划（2014—2020年）》，2014年4月11日，https://www.ndrc.gov.cn/fggz/fzzlgh/gjfzgh/201404/t20140411_1190354.html。

《城镇化规划》要求构建科学合理的城市格局,将城市发展与区域经济发展、产业布局紧密衔接,与资源环境承载能力相适应,将城乡统筹发展和生态文明理念全面融入城镇化全过程中。这是新时代背景下,中国城市转型并走上集约、智能、绿色、低碳发展道路的标志,基本确定了未来中国城市发展的总趋势。

2018年11月18日,中共中央、国务院发布《中共中央国务院关于建立更加有效的区域协调发展新机制的意见》(以下简称《意见》),明确指出"实施区域协调发展战略是新时代国家重大战略之一,是贯彻新发展理念、建设现代化经济体系的重要组成部分。党的十八大以来,各地区各部门围绕促进区域协调发展与正确处理政府和市场关系,在建立健全区域合作机制、区域互助机制、区际利益补偿机制等方面进行积极探索并取得一定成效。同时要看到,我国区域发展差距依然较大,区域分化现象逐渐显现,无序开发与恶性竞争仍然存在,区域发展不平衡不充分问题依然比较突出,区域发展机制还不完善,难以适应新时代实施区域协调发展战略需要。为全面落实区域协调发展战略各项任务,促进区域协调发展向更高水平和更高质量迈进",必须"建立更加有效的区域协调发展新机制"。《意见》明确提出"推动国家重大区域战略融合发展。以'一带一路'建设、京津冀协同发展、长江经济带发展、粤港澳大湾区建设等重大战略为引领,以西部、东北、中部、东部四大板块为基础,促进区域间相互融通补充"。以京津冀城市群、长三角城市群、粤港澳大湾区、成渝城市群、长江中游城市群、中原城市群、关中平原城市群等城市群推动国家重大区域战略融合发展,建立以中心城市引领城市群发展、城市群带动区域发展新模式,推动区域板块之间融合互动发展[①]。《意见》的制定和公布标志着中国城市开启了以大都市区、城市群为主体发展的新趋势。

---

① 《中共中央国务院关于建立更加有效的区域协调发展新机制的意见》,2018年11月29日,https://www.gov.cn/zhengce/2018-11/29/content_5344537.htm。

四、结语

当今世界正面临百年未有的大变局，中国正在错综复杂的世界大变局中崛起，中华民族伟大复兴的目标清晰可见，以国家中心城市为核心的城市群发展在中华民族伟大复兴进程中的地位和作用越来越重要，因而开展新中国城市历史研究不仅是一个学术问题，而且具有重要的现实意义和社会价值。新中国城市70年的历程为中国未来城市发展积累了丰富的经验，需要研究者透过纷繁复杂的历史表象，立足翔实的历史文献与资料，以科学发展理论为指导，认真总结历史经验，探寻新中国城市发展的规律和特点。开展新中国城市史研究，必须先解决新中国城市历史分期等相关学术问题，本文就此提出了一些初步的看法，这些观点是否具有科学性，分期是否具有合理性，还需要进一步观察。不过有一点是可以肯定的，即对新中国城市发展的历史分期，既要与新中国的政治、经济与社会发展进程相适应，又要符合新中国城市自身发展的轨迹与特点。期待更多的同人一起研讨此一课题，共同推动新中国城市历史研究。

原载《社会科学研究》2021年第2期

空间、地理与城乡关系

——理论方法与基本问题——改革开放以来中国城市史研究的探索

空间维度下的中国城市史研究

陈蕴茜

"空间"长期以来被视为是一个静止的、客观的物质存在，但随着近几十年来众多学科对空间展开全新的研究，"空间"被赋予了政治、社会、文化、时间、结构、美学等多重社会内涵。城市作为一种文明形式首先是以空间形态出现的，空间也是城市记忆的载体。从这个意义上说，城市研究就其本质而言就是空间研究。

一、中国城市空间转型

中国人自城市兴起之时，就非常重视城市的空间形式与结构安排，发挥空间的社会与象征功能。《周礼·考工记》记载："匠人营国，方九里，旁三门，国中九经九纬，经涂九轨。左祖右社，面朝后市，市朝一夫。"显然，中国最早的城市规划已经注意到建城规制与王权、宗教、社会等级的关系。以后的城市空间布局讲求天圆地方、象天法地、天人感应、阴阳五行，城门、官署、学宫、庙宇都按照一定的规制与布局建造，依据权力与象征系统分割着空间，影响着人们的心理与行为方式，这是中国人宇宙观、权力观、伦理观与秩序观在空间上的体现。当然，由于技术条件的局限，中国城市发展缓慢，基本为地域性空间，其社会功能也较为有限，直到近代以后才逐步改观。

近代以来，中国社会从传统向现代全方位转型，城市也随之转型，其外在空间形式变化最为剧烈，并引发社会结构的变化，突出表现在四个方面。其一，城市空间成为殖民主义扩张的载体。鸦片战争之后，殖民者完全按照西方城市规划在通商口岸建造各种建筑和场所，城市原有空间系统被打破，出现了"国中之国"，上海、天津、汉口等口岸城市空间成为殖民主义展现其权力、文化及文明优越性的容器。殖民者不仅在租界内通过空间形式进行殖民主义渗透，而且通过越界筑路、修建带有自身文化特色的建筑等多种手段，不断扩张，使一些地区逐步成为不是租界的"租界"。

其二，西式和现代建筑重组城市空间。建筑外在形态与内部结构可以决定城市空间形态、塑造城市形象。近代西式建筑大批进入口岸城市，改变了城市原有的形象与气质。殖民者一方面开发新的区域，另一方面争夺传统中心区域，由此引发剧烈冲突。特别是教堂，作为西方文化的典型建筑已经进入到内陆城镇，高高的塔式建筑充分展现了西方宗教理念，在中国人眼中它们就是殖民势力的象征。有的教堂占据了中国传统象征建筑的区域，引起民众不满，成为教案发生的诱因。如天津教案发生的原因之一就是法国人在天津原来的标志性建筑望海楼原址上改建教堂，原来的望海楼建于清康熙年间，是天津商业与庙会的中心，法国人在此建教堂自然引起中国人的不满。重庆教案的爆发也与传教士在市中心建立教堂有一定关联。当然，中国人自己也因应现代化建设的需要，建立大量西式现代建筑，城市空间进一步重组。重视西式现代建筑与城市空间关系的研究，深入解剖近代建筑在当时城市发展与社会变迁中的作用，具有重要意义。

其三，城市空间形态发生变化。所谓城市空间形态，是指城市各物质要素构成在空间上的表现形态。具体而言，是指城市的总体布局形式、分布密度与整体形状。中国传统城市空间形态的形成主要受自然条件及礼制观念的影响，平原城市的空间形态多为方正规矩的城市路网结构，水岸城市则呈带状分布。作为政治中心，传统城市紧凑度、集聚度高，布局相对严谨，城市呈方形、长方形或大致呈圆形等相对规整、方正的团块状形态[①]。近代以后，城市交通方式发生变化，空间压缩导致城市大规模扩展，商业地位日渐突出，商业中心取代政治中心成为城市的核心区，或者形成多中心

[①] 梁子森等：《城市空间形态演进的影响因素分析——以赤峰市为例》，《中国科技信息》2008年第17期。

的空间形态。在交通方式的影响下，城市水系不再是城市的发展轴，城市的整体形态也随之改变，城市中心部位向纵深发展。从地理学与规划学的空间形态角度去思考城市转型，可以深入考察中国城市的演化、把握其特征。

其四，公共空间生产。这是近代城市区别于传统城市的重要特性。目前公共空间研究成果丰硕，学者们从产权、属性、空间内活动等不同角度进行深入研究，这对理解近代中国社会转型具有重要意义。但是，公共空间设计者的主旨与理念，公共空间的内部结构安排及对进入者的影响，公共空间与公共意识、社会记忆形成的关系，均可深化。虽然有学者提及公共空间的出现有利于塑造国人的公共道德与公共意识，但是，公共空间在社区的配置，公共空间对社会底层的开放度，人们到底在多大程度上受到公共空间的塑造，形成怎样的公共意识与城市记忆，公共空间与中国社会思潮、政治运动发展的关系等，也都有进一步探究的空间。

中国城市空间转型是一个系统的转换，它涉及社会、政治、经济、文化、记忆、认同等众多层面。城市是历史的化石，空间既是其外在的表皮，也是其内在的结构——它既能够直接呈现出城市的肌理，又能映射出人类的历史文化。

二、空间转型中的国家和社会

近代是中国由传统王朝国家向现代民族国家转型最重要的时期，特别是南京国民政府成立后，国家力量向社会的渗透日益强化，政府进行市政规划与建设，重新安排城市空间布局。政府在各个城市不遗余力地建造并控制各类空间，空间策略成为国家进行社会控制的重要权力技术。民国时期，由于社会经济动荡，商人及民间社团实力不济，城市中的公共空间基本由政府建造，国家权力遂将意识形态隐秘地渗透其中，民众有时是浑然不知地成为意识形态传播的共谋者。透过城市空间的研究，可以清晰地观察到国家与社会之间关系的演变，空间结构在国家权力影响下的变化，政府对全国众多城市包括边远城镇日常生活层面进行意识形态传输的历史事实。对于民国时期城市规划的研究目前成果不多，对规划者的研究更是付之阙如。中国城市规划者多大程度受现代西方城市规划的影响？他们作为技术官僚在城市空间发展中又如何体现国家意志与社会取向？这都是值得进行深入探讨的问题。

空间本身是文化与社会关系的载体和场域，空间格局决定着人对空间的感知以及行为方式，具有规训民众、改造大众文化的功能。在民族国家建立后，国民教育成为建立国家认同的重要基础，国家往往利用空间对民众进行身体与心灵的塑造。从晚清到民国，城市中出现了大量公共空间，如博物馆、图书馆、公共体育场、公园、新式剧院等，生活于城市中的人，被空间无处不在地规训着，公共空间成为国家和精英规训、引导大众文化的场域。对此进行深入研究，有助于深入探讨近代中国城市精英文化与大众文化之间的关系，也有利于促进城市规划在大众文化发展中发挥积极功能。

城市研究专家卡斯泰尔在其代表作《城市问题》一书中指出，城市空间是社会结构的表现，社会结构是由经济系统、政治系统和意识形态系统组成的[1]。因此，空间就是社会结构运作的基本条件。建筑是构成城市空间最主要的构件，它具有塑造社会组织的功能。史学界对建筑的研究往往偏重于外在形态、风格与文化的关系，而相对忽略建筑的内在结构所具备的社会功能。空间是西方资本主义生产方式、科层组织进入中国的最初形式，当工厂、银行、学校等现代性机构进入中国城市后，利用空间安排对工人、职员及学生进行了有效的管理。这既体现于外部建筑形式从物质感官上引导人们对西方社会科层制有一个初步的认识，也体现于内部空间结构对人的约束。因此，现代性机构多采行西式建筑这一空间形式，以促进现代科层组织与社会结构在中国推展。从空间维度研究城市，可以将组织化、结构化的城市特性更深刻地展现出来。

城市是一种物质空间的集合体，人们对城市最容易感知的是其居住空间，它是个人社会价值的"第一文化象征"。人们居住的区位、形式、空间都具有重要的社会与文化意义，同时也具有社会与文化资本意义[2]。地理位置、建筑风格和规模、居住者身份和文化品位等因素共同决定了居住空间的形态，不同人群会形成不同的聚居地。

---

[1] 转引自夏建中：《新城市社会学的主要理论》，《社会学研究》1998年第4期。
[2] 张鸿雁：《城市形象与城市文化资本论——中外城市形象比较的社会学研究》，东南大学出版社，2002年，第35页。

居住空间所呈现的社会分层极为明显，往往政治权力层与富裕群体居住于城市繁华的中心区，而底层民众则处于城市的边缘——简陋、肮脏的棚户区，这种分区与一定的社会关系和社会结构相对应。居住空间影响着人们的生活方式以及政治态度，塑造着社会群体，甚至影响着近代社会运动的发生。例如，上海工人居住空间形式、同乡聚集分区等空间因素在工人运动中起到了一定的作用。而对于城市中产阶层而言，城市住宅已经从传统的"家"概念转化为一个具有社会空间占有和空间利用的社会意义概念，它与经济资本、文化资本及社会资本联系极为紧密，影响着城市政治、经济、文化的发展。城市居住空间分区及空间形式等也影响到居民对城市的感知，进而影响到他们对城市的认同。从空间维度观察国家与社会，可以更深入地看到国家力量的强大，同时也可以观察社会组织、社会分层等与城市空间之间的互动关系。

空间的社会功能极其丰富，它还是传播知识体系的媒介。传统中国识字率低下，儒家伦理道德、宗法观念等作为传统知识体系的组成部分有时就通过空间来传播，大至城市中的宫城、官署，小至日常房屋结构、宗祠牌坊，都在安排并宣扬着长幼有序、男女有别、慎终追远的伦理观念，这是儒家思想能够日常生活化的重要基础。近代城市新型空间出现后，空间开始述说现代西方知识体系，空间布局基本的依据就是现代西方的学科分类，中国本土事物也被纳入现代学科谱系之中。如博物馆、博览会等展现、叙述的是现代科学知识，而古物陈列所、国货陈列所等则宣传着历史、经济等知识。

三、中国城市空间中的性别

历史研究比较关注城市发展的过程与演变规律，而社会学、人类学等学科比较关注隐藏在城市空间中的社会关系、文化和意识，但真正要深入研究这些关系与文化意识，必须分析城市的主体——人，即城市中的具体的而不是抽象的人，存在着性别、年龄、种族和阶层等差异的人。史学界对城市中人的社会阶层研究已经有相当一批成果，但对城市空间中的女性研究则相对薄弱。目前的研究主要是从职业、群体、社会运动、家庭角色等切入，而忽略城市空间对于女性的影响。事实上，空间在一定意义上反映了女性在社会结构中的地位，而空间安排是女性性别角色日常建构的重要基础。

在传统中国，女性基本不允许出现于公共场所，即使在家里女性的活动空间也要受到限制，"大门不出，二门不迈"，许多仪式空间更是禁止女性进入，女性在日常生活空间中的位置不断在提醒其角色与地位。近代中国城市空间转型后，出现女学、公园、博物馆等新型公共场所，女性的社交空间逐步扩大。空间转型还带给女性新的职业，如纱厂、商店、医院、幼儿园等新型空间的产生，使女工、女店员、女护士、女医生、女教师等职业随之产生。可以说，近代空间带来的性别变化是前所未有的。但从社会结构角度进一步深入观察城市时，又会发现城市空间设计中依然包含着严重的性别不平等，女性在城市空间中并不能自由地享用所有资源，其在空间规划中并不是被注意的主体。

"性别"不单纯指男女之间的生理、心理等自然性差异，还包括了由此所产生的经济、行为、情趣等社会性差异，女性主义所强调的"平等"正是建立在所有性别差异基础上的平等，而非相等。空间平等的关键在于城市建设必须与性别差异相联系，而不应由所谓的原则、标准来决定，尤其是这些原则本质上是男性的[①]。但是，在近代中国城市规划中，所有的空间结构安排设计都源于男性的生活方式和生活习惯，完全不存在依从性别差异而进行规划设计的原则，因此，空间的不平等性在近代城市空间是极为明显的。从空间维度去观察中国城市，可以更深刻地揭示女性在近代中国社会结构中的地位。将空间性别视角引入中国城市史研究，有利于学者们从更多更深入细致的角度去考察女性职业、地位的改变，女性的解放程度，因为城市空间对女性的开放，女性获得空间平等，也是女性解放的重要内容。

城市作为一种人类聚集形式的社会存在，系统庞杂，人们去理解它时很大程度上是通过对空间的感知而完成的。城市的地理环境、人文环境、建筑文物、遗址、轴线

---

① 黄春晓、顾朝林：《基于女性主义的空间透视——一种新的规划理念》，《城市规划》2003年第6期。

构成、轮廓线、建筑群、街道、空间节点、公共场所、纪念雕塑等都是构成城市记忆的元素，因此，城市空间是城市记忆最直接的塑造者与唤起者。笔者认为，城市意象与城市记忆的联系也非常紧密。文学作品作为城市记忆的载体对于人们产生了重要影响，有关城市的记忆都与文学家的书写有着密切关联，而这些书写又是与街道、建筑、霓虹灯等空间地点、形式联系在一起的。当一个人怀着对城市的想象与向往进入真实的城市空间时，他对城市空间的认知已经打上了城市书写者的烙印，或者因为想象而对真实的城市空间产生失落感，从而形成自己与书写者对话的城市意象。因此，近代关于城市意象的书写，不应该仅是文学界研究的对象，而应被纳入史学研究的视域，因为他们的书写和读者的空间认知是城市空间与记忆的组成部分。此外，空间实践包括游行、集会、行走等也在建构城市空间意象，它使街道、广场、建筑等都产生了灵性，城市空间成为灵魂的场域。无论是城市的居民，还是游客，都是构成城市空间的有机组成部分，是中国城市史研究不可或缺的对象。

原载《学术月刊》2009年第10期

中国城市史研究的地理取向
——兼论聚落地理学视阈中的城市史研究

毛 曦

20世纪80年代后期以来，城市史学作为中国史学专门史的一个新的分支，在我国悄然兴起并渐趋成熟。到目前为止，中国城市史研究不仅成为中国史研究的新的专业领域和学术趋向之一，且其研究业已形成一些较为集中的热点领域，并呈现出了自身的发展趋势[①]。中国城市史研究具有重视城市地理的优良传统，而近年来新的学术理念的介入，使得中国城市史研究的地理取向更趋明显。分析中国城市史研究地理取向（历史城市地理研究）的来龙去脉，揭示城市历史的地理基础与作用，探讨城市历史地理研究的可能性路径，无疑对于中国城市史研究的不断深化有一定的积极意义。

一、中国城市史研究地理取向的学术脉络

所谓中国城市史研究的地理取向，是指对于中国城市史相关地理问题的研究，或者说对于中国城市历史地理问题的研究，业已成为中国城市史研究的重要学术方向之一，并成为中国城市史研究的趋势之一。中国城市史研究的地理取向即中国城市历史地理研究，既可以理解为城市史视阈中的地理问题的研究，亦可以视为地理视野中

---

① 毛曦：《中国城市史研究：源流、现状与前景》，《社会科学》2011年第1期，第160—166页；陈恒：《关于城市史研究的若干思考》，《华东师范大学学报（哲学社会科学版）》2019年第5期，第194—200页。

的城市史问题的探究。城市历史地理亦称为历史城市地理,其学术领域应该属于历史地理学和城市史学共同拥有的交叉领域[①]。近年来,中国城市史研究的地理取向更趋明显,一方面可从中国历史地理研究尤其是历史城市地理研究的学术进展中得以充分展现,另一方面亦可从中国城市史研究的学术成果中窥见一斑[②]。近年出版的《中国史理论前沿》一书更是充分展现了中国城市史研究的地理取向,该书共设24章内容,其中4章内容为中国城市史研究专题,即《近年来古代城市史研究的新动向》《中国城市史研究理论与方法》《时空维度与城市史研究的新趋向》《城市地理学理论与方法》,反映出中国城市史研究属于中国史学的前沿领域,城市史研究业已取得极为丰硕的学术成果,城市史研究重视时空维度、城市空间以及其他城市历史地理问题的专门研究,很显然,地理取向构成了中国城市史研究的发展方向之一[③]。

中国城市史研究地理取向的形成受到了多种因素的作用,通过对城市史相关论著的梳理分析,不难发现其中呈现的主要的学术脉络,可以说,中国城市史研究的地理取向至少有来自三个方面的重要影响:

一是长期以来中国历史地理学学科发展的重要影响。无论从传统时期还是现代发展来看,中国历史地理学都极为重视对于历史城市地理的记载与研究,历史城市地理研究成为了历史地理学学科重要的分支领域之一,同时也形成了历史地理学应用于城市史研究的核心部分。"历史城市地理学是研究导致城市起源、发展与演变的地理基础的科学"[④],历史城市地理研究从地理学视角出发,以城市史的地理现象为研究对象,探讨影响城市历史的地理因素及其变迁过程,同时包括对于城市历史所呈现的地理现象及其过程的揭示。早在20世纪80年代后期中国城市史学出现以前,中国历史地理学的历史城市地理学就成为中国城市史研究的主力相关学科之一。中国城市史学

---

① 毛曦:《城市史研究的范围与方法——试论历史地理学、古都学及城市史学之关系》,《史林》2009年第4期,第162—169页。
② 史红帅:《近70年来中国历史城市地理研究进展》,《中国历史地理论丛》2020年第1期,第5—24页;熊月之、张生:《中国城市史研究综述(1986—2006)》,《史林》2008年第1期,第21—35页。
③ 王健主编:《中国史理论前沿》,上海社会科学院出版社,2016年。
④ 李孝聪:《历史城市地理》,山东教育出版社,2007年,第13页。

形成以来，历史城市地理不仅继续推动着新兴的城市史学的发展，同时作为历史地理学与城市史学的交叉领域，丰富了城市史学的学科领域。朱正惠先生指出："历史城市学是新时期得以发展的又一新的独立学科，它脱胎于历史地理学，却比历史地理学有更独特的研究内容，历史城市文化、城市风俗、城乡关系、中外城市比较研究等，均属其研究范围。""我们之所以把通常人们所说的'城市史学'称为'历史城市学'，主要在于强调它的中国传统和中国特色。"[①]朱先生将"城市史学"命名为"历史城市学"，旨在强调中国历史地理学对其形成与发展的重要作用，同时申明中国城市史研究中的历史城市地理研究传统与特色。近年来，中国历史城市地理学不断推进，尤其是历史地图研究的新进展和历史地理信息系统（HGIS）技术的运用等，为历史城市地理的研究注入了新的活力。总的来看，对于中国历史城市地理探讨系统而深入地开展，不仅是中国历史地理学持续发展的重要体现，同时也不断促进和强化着中国城市史研究的地理取向。

二是国外中国城市史研究的学术影响。毋庸讳言，20世纪80年代以来，中国城市史学的形成与发展受到了欧美城市史学理念的刺激与作用，中国城市史研究的发展也受到了国外汉学界有关中国城市史论著的影响。而国外在中国城市史研究中对于历史城市地理的重视和论述，对于国内中国城市史研究地理取向的形成和强化具有重要的意义。美国汉学家施坚雅（G. William Skinner，1925—2008）有关中国城市史研究的论著及其观点，在中国史学界极具影响。1977年，由施坚雅担任主编并作为主要作者的《中华帝国晚期的城市》一书由斯坦福大学出版社出版；1985年，陈桥驿先生为该书撰写的长篇书评发表后引起中国学界的极大关注[②]；1991年，该书的节选中译本正式出版[③]；2000年，该书完整中文版公开出版[④]。该书对于中华帝国晚期城市的专题研

---

① 朱政惠：《历史城市学的崛起——当代中国史学趋势之二》，《华东师范大学学报（哲学社会科学版）》1995年第5期，第33—38页。
② 陈桥驿：《评〈中华帝国晚期的城市〉》，《杭州大学学报（哲学社会科学版）》1985年第1期，该文曾被《新华文摘》1985年第8期全文转载。
③ ［美］施坚雅：《中国封建社会晚期城市研究：施坚雅模式》，王旭等编译，吉林教育出版社，1991年。
④ ［美］施坚雅主编：《中华帝国晚期的城市》，叶光庭等译，陈桥驿校，中华书局，2000年。

究视野开阔，视角新颖，其研究范式和许多论点颇具学术影响。如施坚雅在书中提出的"中世纪城市革命"的问题，引起了史学界的广泛关注和专门讨论[①]。该书的主要特色和学术价值之一应该体现在对于中国历史城市地理的研究方面，该书将地理学中的中心地理论引入中国城市史研究当中，对于中华帝国晚期城市与区域之间的各种联系进行了深入研究。此外，对于区域城市化、城市形态、城市空间、城市规划、城市环境等历史城市地理问题展开讨论。该书作为富有价值的中国城市史的学术专著，在很大程度上可以视作中国历史城市地理研究的专门著作。可以说，以施坚雅为代表的国外汉学界的相关研究，对于中国城市史研究的地理取向具有推波助澜的作用。

三是城市空间理论对于中国城市史研究的新的影响。近年来，对于城市空间的研究成为中外城市史研究的趋势之一[②]。虽然中国历史城市地理学一直十分重视对于历史时期城市空间的研究，然而城市空间理论赋予了新的理念，扩展了城市空间问题研究的视野。"'空间'长期以来被视为是一个静止的、客观的物质存在，但随着近几十年来众多学科对空间展开全新的研究，'空间'被赋予了政治、社会、文化、时间、结构、美学等多种社会内涵。"[③]城市作为一种空间形态的存在，使得城市空间具有多种属性与类型。从物质空间到精神空间，从政治空间、经济空间、文化空间、生活空间等到综合性空间，城市空间的多样性为众多学科所关注。公共性为城市空间的特性之一，城市公共空间具有显著的社会文化功能，对于公众的空间感知和行为方式具有重要影响，体现着国家与地方在政治文化等方面的互动。对于空间的新的认识，引发了对于中国城市历史空间更为广泛的关注和更为深入系统的探究，从而开始越出历史城市地理学既有的范式，促使中国城市史中城市空间问题的研究步入了新

---

① 宁欣、陈涛：《"中世纪城市革命"论说的提出和意义——基于"唐宋变革论"的考察》，《史学理论研究》2010年第1期，第125—134页；成一农：《"中世纪城市革命"的再思考》，《清华大学学报（哲学社会科学版）》2007年第2期，第77—87页。
② 梁元生：《城市史研究的三条进路——以上海、香港、新加坡为例》，《史林》2007年第2期，第132—136页；［法］伊莎贝拉·巴库什：《法国城市史——新对象、新方法》，冯瑾译，《都市文化研究》第10辑，上海三联书店，2014年，第175—189页。
③ 陈蕴茜：《空间维度下的中国城市史研究》，《学术月刊》2009年第10期，第142—145页。

的境地。从学科视角来看，对于历史城市空间的研究，促进了政治史、社会史、经济史、文化史、历史地理等与城市史的多学科交融，历史城市地理研究的跨学科趋向愈加明显。在中国城市史研究中，不仅要探究历史上城市的商业空间、日常空间、社会空间、庆典空间等各种功能的城市空间问题[1]，也要探讨中国城市史中城市空间的历史阶段性特点，揭示从传统到现代城市空间的转型与特征[2]。此外，也可探讨中国历史城市空间的地方性、民族性等问题。城市空间的研究拓展了中国城市史研究的学术视野，强化了城市史研究的地理取向。

综上可见，中国城市史研究地理取向的形成，既有中国历史地理学历史城市地理研究的作用，也有域外中国城市史研究的影响；既有来自历史学内部的作用，也有来自地理学、社会学、哲学等多种学科的影响；既有学术研究历史传统的作用，也有当代学术发展的深刻影响。中国历史城市地理研究的多学科交融日趋明显，中国城市史研究的地理取向日益增强。

二、城市史研究地理取向的学理基础

对于城市历史相关地理问题的研究，源于城市自身及其历史发展所具有的地理因素。城市具有历史、地理、经济、政治、文化等多种属性，是诸多要素的复合体，其中地理属性是城市的基础属性和显要属性。城市是人类文明社会所具有的一种高级聚落，是一种基于自然地理的特殊的人文地理空间，体现出持续的复杂互动的人地关系。一方面城市对于自然环境具有一定的依赖性，城市具有地理位置的选择、地形的选择等自然地理的问题；另一方面，人类建设的城市具有规划、形态、空间、规模、影响范围等人文地理的问题。此外，跳出单体城市来看，还有城市体系、城市化、地

---

[1] 王笛：《街头文化：成都公共空间、下层民众与地方政治（1870—1930）》，李德英等译，中国人民大学出版社，2006年；《中国城市史研究的理论、方法与实践》，《都市文化研究》第7辑，上海三联书店，2012年，第42—61页。
[2] 陈蕴茜：《空间维度下的中国城市史研究》，《学术月刊》2009年第10期，第142—145页。

域差异等地理问题①。城市所具有的丰富的地理因素，使得城市史的研究必须充分关注城市历史的地理问题，重视对于历史城市地理的研究。学者认为城市历史地理学的主要内容为城市兴起、城市职能及其转化、城市结构、城市风貌、城市化等的地理特点②。也有主张城市历史地理学的研究内容应为历史时期城市兴衰的地理背景、城市区域空间组织的特征及其演变、城市化、城市内部的空间组织演变和城市的可持续发展等③。城市史研究的地理取向体现为城市历史地理研究的持续发展，而城市历史地理研究的根本基础在于城市及其历史发展所具有的各种地理因素。

历史城市地理研究的发展也得益于相关理论认识的长期积淀，来自地理学、历史学及其他学科的诸多理论学说为城市史研究地理取向的强化提供了厚实的理论基础，而学术研究的实践活动又不断促进着有关理论认识的修正与完善。这里仅就历史城市地理研究所涉及的相关理论问题略作例举：

地理位置理论（Location Theory）。地理位置理论也被称为区位论、区位理论，所谓位置即为地理位置，地理学上通常是指"一个地方或者一个区域坐落在某处的情况"。地理位置有绝对地理位置和相对地理位置之分，前者可通过经纬度数值确定其在地球上的具体位置，后者是指一个地方或一个区域的位置与其他地方的位置之间的空间关系，地理位置通常主要是指相对地理位置。地理位置可有中心与边缘之分，有军事地理位置、商业地理位置、工业地理位置、交通地理位置等的功能类型区分，一地的地理位置往往与该地的历史发展过程及经济社会发展具有极其密切的关联④。城市作为人类社会的特殊空间，其历史的演进无不带有地理的烙印。一座城市的兴起始于地理位置的选择，城市的选址和城址的迁移一般与所处区域的地形状况和地理位置有诸多联系；城市的外部形态与内部空间结构时常与城市所处的自然环境关系密切；

---

① 周一星：《城市地理学》，商务印书馆，1995年；许学强、周一星、宁越敏编著：《城市地理学》，高等教育出版社，1997年。
② 马正林编著：《中国城市历史地理·绪论》，山东教育出版社，1998年。
③ 严艳、吴宏岐：《历史城市地理学的理论体系与研究内容》，《陕西师范大学学报（哲学社会科学版）》2003年第2期，第56—63页。
④ 姜道章：《现代地理学的概念与方法》，文津出版社，2006年，第61—71页。

城市的历史发展过程及城市社会的多种层面常常与城市相对地理位置的诸多方面发生作用。故此，城市史研究需要关注和探讨城市历史发展中的地理位置问题，城市历史地理研究需要重点分析地理位置与城市之间的作用机制。

中心地理论（Central Place Theory）。中心地理论简称中地论，由德国地理学家沃尔特·克里斯塔勒（Walter Christaller，1893—1969）于1933年在《德国南部中心地原理》[1]中提出。该理论认为：城镇作为一定区域的中心地，对其腹地的经济影响，随城镇等级的降低而腹地范围相应减小。不同规模与职能的城镇在空间分布上呈现出多级的六边形图形和分级体系，分级体系的形成受到市场、交通、行政等因素的影响[2]。该理论为经济地理学和城市地理学研究提供了新的理论模型，得到了地理学界与经济学界的充分重视。早在20世纪70年代，美国人类学家施坚雅就将中心地理论用于城市史研究，从而拓展了城市史及相关领域研究的学术视野。融入了中心地理论的《中华帝国晚期的城市》一书，对于中国的城市史研究、经济史研究和社会史研究等产生了深远的影响[3]。国内历史地理学者在20世纪80年代就注意到了中心地理论在历史城市地理研究中的重要意义，认为该理论可应用于历史时期乡村聚落与集市、城市内部商业分布、城镇区位等方面的研究，并开始将这一理论具体运用于历史城市地理问题的专门研究[4]。中心地理论虽说属于一种理想化的理论模型，但若结合具体实际加以变通，对于历史城市地理尤其是有关历史时期城市经济地理问题的研究仍然具有重要价值。

城市—地区理论（Urban-region Theory）。城市是一定范围的地区的中心，因此，有关城市史的研究离不开对于地区的关注，同样，对于地区历史的研究也不应脱

---

[1] 该书已有中译本出版，见［德］沃尔特·克里斯塔勒：《德国南部中心地原理》，常正文、王兴中等译，商务印书馆，2010年。
[2] 张大卫：《克里斯塔勒与中心地理论》，《人文地理》1989年第4期，第68—72页。
[3] 罗澍伟：《城市、城市理论与城市史》，《城市史研究》第17—18辑，天津社会科学院出版社，2000年，第145—164页。
[4] 高松凡：《历史上北京城市场变迁及其区位研究》，北京大学硕士学位论文，1987年（该学位论文《历史上北京城市场变迁及其区位研究》正式发表于《地理学报》1989年第2期，第129—139页）；《中地论与历史城市地理研究——以嘉兴市域城镇演化为重点》，《经济地理》1988年第2期，第112—115页。

离城市的历史。1954年，加拿大学者凯尔莱斯（J. M. S. Careless）发表《边疆主义、都市主义与加拿大历史》一文，主张摒弃来自美国史学界的边疆主义，而采用都市主义解释加拿大地区和国家的历史，提出了都市（城市）—地区理论。这一理论依据各级城市与其相关地区（腹地、边疆）在经济、政治、文化、社会生活等诸多方面的密切互动关系，解释城市、地区乃至国家的历史。该理论在解释加拿大历史方面获得了广泛认同，还得到了加拿大其他学者的不断完善。但正如学者所言："都市—地区方法不是呆板的教条，它只是一个大致的理论框架，各国的史学家应该根据本国历史发展的特点不断吸收各学科新的研究成果从而使它不断丰富和完善。只有这样，才能使这一理论方法更好地为历史研究服务。"[1]中国学界对于城市—地区理论也有新的贡献，有学者提出港口—腹地理论，用此解释中国近代的城市与区域发展，解释近代中国的经济地理现象[2]。也有学者基于历史时期城市与地区的相互作用，强调中国城市研究应重视区域观念，要有整体的城市意识，并着力发掘城市的地域特征[3]。城市作为一个地区的综合性或单一性功能的中心，其腹地应是多种类型的，根据城市与腹地的互动影响，有行政腹地、经济腹地、文化腹地，或复合型腹地。城市（都市）—地区（腹地）理论作为一种解释历史的框架，对于中国城市史研究尤其是城市历史地理研究应该具有积极意义。

空间理论（Space Theory）。"空间"原为地理学、建筑学、城市科学等诸多学科的常用概念，随着人们认识的推进，对于"空间"有了更为深入全面的阐释。法国著名社会学家和哲学家亨利·列斐伏尔（Henri Lefebvre，1901—1991）著有《空间的生产》一书，认为空间是一种被主体感知的现象，没有主体的存在，就没有空间理念的存在，主体营造了空间或感知了空间；宇宙事物以自然空间、心理空间和社会空间三种空间现象予以展现；自然空间包括物理、化学和生物空间，社会空间作为一种制

---

[1] 姜芃：《城市史研究中的都市—地区理论》，《史学理论研究》1997年第4期，第79—91页。
[2] 吴松弟：《通商口岸与近代的城市和区域发展——从港口—腹地的角度》，《郑州大学学报（哲学社会科学版）》2006年第6期，第5—8页。
[3] 武廷海：《中国城市史研究中的区域观念》，《规划师》2000年第5期，第87—89页。

度化的空间，包括了感知空间、理念空间和生活空间三个同时存在的相互作用的空间层次。列斐伏尔还对空间进行了多种维度的详细分类，认为马克思的五种社会形态可以用不同的空间生产做出解释①。列斐伏尔被誉为当代西方社会科学"空间转向"的开创者，他敏锐地发现了"空间"所具有的丰富的社会内涵，提出"空间"不仅仅是"时间—历史"维度中社会历史进程的"容器"和社会关系变革的被动载体，更是可以将经济、政治、文化等重新加以辩证整合的社会的主角②。列斐伏尔的空间理论，开启了空间认识的新阶段。整合前人学说并再做思考，可以想到城市空间具有局部空间与整体空间、单一功能空间与综合功能空间、自然空间与社会空间、物质空间与精神空间、公共空间与私有空间、传统空间与现代空间等的区分；城市空间是一种四维空间③，具有层次性、主观性、地域性和历史阶段性等显著特征。空间理论的不断创新，为中国城市历史地理研究乃至城市史研究注入了新的理念。

人地关系理论（Man-environment Relationship Theory）。人地关系即人类与地理环境的关系，属于一种互动的、持续的、多层次的、系统性的相互关系。人地关系是人类社会历史发展所面临的基本问题，认识与处理人地关系的思想、制度与实践，不仅影响着社会文化的方方面面，也深刻影响着人类历史发展的进程与方向。关于人地关系，中国古代思想家提出了天命论、制天命论、天人合一论三种不同的观念。在西方，受亚里士多德、孟德斯鸠、达尔文等人的影响，地理环境决定论在19世纪盛行一时；此后，地理学家在地理环境决定论的基础上进一步提出了地理环境可能论（Probabilism，亦称"或然论"）的思想④。当今社会谋求良性的可持续发展，从而为解决人地关系问题提出了更高的要求。人地关系问题已成为众多的人文社会科学学科所关注和研究的对象，历史地理学强调本学科研究的核心问题是历史时期的人地关系，历史学的诸多专门领域近年来越来越重视人地关系问题，纷纷将其纳入本学科研

---

① 黄凤祝：《城市与社会》，同济大学出版社，2009年，第188—200页。
② 李春敏：《马克思的社会空间理论研究》，上海人民出版社，2012年，第202—203页。
③ 陈敏豪：《生态文化与文明前景》，武汉出版社，1995年，第209页。
④ 姜道章：《现代地理学的概念与方法》，文津出版社，2006年，第72—82页。

究的范围①。城市历史的发展脱离不了人地关系，城市史研究同样需要重视人地关系相关问题的研究。人地关系理论与其说是一种思想学说，不如说是一种认识社会问题的方法论。作为一种不断发展和完善的理论，人地关系理论可以为中国城市历史地理研究提供必要的学术思路。

聚落类型理论（Settlement Type Theory）。"聚落"是地理学的基本概念之一，广义的聚落包括了乡村聚落和城市聚落，狭义的聚落仅指乡村聚落。与此相应，地理学中将聚落地理学分为城市地理学和乡村地理学。随着聚落地理学的发展，城市地理学从其中分离出来，聚落地理学中仅存乡村地理学，故而也有用聚落地理学代指了乡村地理学②。聚落分类是地理学研究的内容之一，不同学者对聚落的分类往往有所差异。根据聚落的职能、形态、规模等方面的差别，可将聚落进行不同层级不同类别的区分。若就聚落的整体综合性特征加以区分，通常将其二分为城市与乡村两大类别③。此外，地理学界亦有将聚落分为三大类型的做法。1952年，法国地理学家邵尔（Max Sorre）在其《人文地理学基础》一书中将聚落分为乡间聚落、都市聚落、从乡间聚落到都市聚落三大类别。1959年，德国地理学家施瓦茨（Gabriel Schwarz）在其《聚落地理学通论》一书中提出了"似城聚落"的概念，将聚落明确区分为城市聚落、乡村聚落和似城聚落三种。似城聚落（City-like Settlement）属于处于城市与乡村之间的过渡性聚落，其与乡村聚落的不同之处在于：乡村聚落的多数人口主要从事的是第一产业的活动，而似城聚落的人口主要从事的是非第一产业的活动；其与城市的差别在于：城市是"非季节性的定居人口占居民的绝大多数，并且具有两种以上非季节性机能，其中包括一种中心地机能的人群聚落"，而似城聚落达不到这样的标准④。似城聚落及聚落三分法理论，对于城市史研究、历史地理学研究等富有一定学

---

① 毛曦：《人地关系研究助力史学新进展》，《中国社会科学报》2016年6月3日第6版。
② 胡振洲：《聚落地理学》，三民书局股份有限公司，1977年，第2页。
③ 罗澍伟：《城市、城市理论与城市史》，《城市史研究》第17—18辑，天津社会科学院出版社，2000年，第145—164页。
④ 王妙发：《略论似城聚落》，《地理科学》1992年第1期，第86—89页。

术价值①。聚落的分类是以聚落性质与特性的认识为前提的，聚落类型理论对于历史聚落地理包括历史城市地理的研究无疑具有重要意义。

三、聚落地理学视阈中的城市史研究

中国城市史研究的地理取向体现出城市史研究学术发展的内在必然性，继续推进城市历史地理研究，需要不断拓展视阈，尝试新的路径。聚落地理学作为现代地理学的一个分支，以城市、乡村等不同类型聚落的地理研究为学科对象，既有对不同类型聚落的分门别类的专门研究，亦有对各种聚落地理的整体综合研究。聚落地理学可以拓展城市史研究的视野，深化城市历史地理的研究。从中国历史聚落地理研究的现状来看，以历史城市地理研究的成果最多，而历史村落地理研究的论著相对较少；将城市地理与村落地理进行分离式研究的成果较多，而对区域城乡聚落地理进行整体综合研究的成果较少②。笔者以为，基于中国聚落历史地理包括中国城市历史地理研究的现状，从聚落地理学出发，结合地理学、历史学、哲学等学科已有的相关理论，为推动中国城市历史地理研究的进一步深化，可以通过将区域、聚落整体、城市化、人地关系等理念纳入其中，探求历史城市地理研究的新路径。为此，中国城市历史地理至少可以加强以下四个方面的学术研究：

一是以城市为中心的区域历史聚落地理的专门研究与整体综合研究。中国城市历史地理研究不仅是单体城市的历史地理研究和城市体系等的研究，还应将城市置于区域聚落体系中加以探讨。一方面，开展区域聚落地理的专门与单体研究，分别就区域范围内城市聚落、似城聚落、乡村聚落各自的地理分布、地理位置、聚落环境、聚落形态、空间结构、聚落规模、聚落功能等地理问题进行专门探讨，尤其是对于以往研究相对薄弱的似城聚落地理和乡村聚落地理予以更多的关注；另一方面，重视区域范

---

① 毛曦：《似城聚落及其在历史研究中的理论意义》，《史林》2016年第5期，第190—196页。
② 王晓伟、龚胜生等：《中国历史聚落地理研究综述》，《热带地理》2012年第1期，第107—112页。

围内不同类型聚落地理的整体综合研究，以城市为中心，研究城市聚落、似城聚落和乡村聚落整体的地理分布，以及各种聚落之间的空间关系和交通、人口等因素的影响作用，并对不同类型聚落在选址、形态、内部结构、规模与功能等方面进行归类和比较，分析城市在区域体系中的层级与地位。此外，在区域历史聚落地理研究中，依据史料情况，尽可能选取不同历史时段的聚落地理情况进行前后时期的各项比较，考察聚落地理的历史演进过程，探寻变迁的特点与规律，分析影响的要素及原因。

二是历史时期城乡关系的聚落地理学研究。城乡关系史是城市史研究的重要问题之一，中国城乡关系史的研究近年来得到学术界更多的关注，已有的研究论著重点考察分析了中国历史时期城乡的经济关系、社会关系和政治关系，讨论了这些城乡关系演变的历史过程和阶段性特点等问题[1]。实际上，中国城乡关系史研究依然有拓展的必要和空间，对于中国历史时期的城乡关系进行聚落地理学的考察应该具有积极的意义。从聚落地理学来看，中国历史时期的城乡差别通常表现为中心聚落与普通聚落、大型聚落与小型聚落、季节性生产功能聚落与非季节性生产功能聚落、多功能聚落与单一功能聚落等的不同。在军事防御功能（中国古代聚落有无城墙及城墙坚固程度等）、政治功能、交通条件、经济功能等方面，城乡聚落二者有时更多地表现为量的差别而非质的不同。此外，城乡聚落在区位与选址、外部形态、空间结构、影响范围、人口结构、人地关系等诸多方面存在有差异与联系。如果考虑到城乡聚落之间似城聚落的存在，三种聚落之间的地理关系当更为细致和密切。总之，关于中国城乡关系史的聚落地理学研究具有一定的学术价值和较大的学术空间。

三是历史时期聚落类型转换和城镇规模扩大与区域城市化研究。城市化（Urbanization），"亦称城镇化、都市化。指人口、用地和经济、文化模式由农村型转向城市型的过程和趋势。主要表现为城市数目的增加、城市规模的扩大和城市经济方式、生活方式的某些特征向农村扩展。城市人口数量在总人口数量中的比重，是

---

[1] 任吉东：《历史的城乡与城乡的历史——中国传统城乡关系演变浅析》，《福建论坛（人文社会科学版）》2013年第4期，第106—112页。

衡量城市化程度的基本指标"①。"城市化"是一个多学科的概念，但也应是城市史学的基本概念。"城市化"有广义与狭义之分，狭义的"城市化"仅指近代以来伴随着现代工业而兴起的城市化过程，而广义的"城市化"则指整个城市历史过程中人类社会的城市化过程。城市化是人类文明史的产物和体现，城市化水平的高低一定程度上反映了文明社会发达的程度。城市化率即城市的人口数量在总人口数量中所占的比重，是测评城市化水平的基本方法。然而，研究和评估中国不同时期的城市化水平，往往因为人口信息的缺乏、不准确及以政区而非以城市为范围的人口数量统计等，为城市化率的计算带来极大的困难，从而影响了对于城市化水平的认识②。对此，关于中国历史时期城市化水平的认识，也可以采取一些变通的办法予以弥补。一个地区城市数量的增加和城市规模的扩大，亦可大体反映出该区域城市化程度的提高。对于区域历史时期的城市化过程及其城市化水平的考察，一方面需要对于该区域城市数量的历史变化，尤其是市镇的数量、性质及规模等进行分析，重视聚落的增减、兴衰和类型的转换，以此认识区域城市化的基本状况；另一方面需要重视对于区域历史时期城市规模变化的研究，无论是城市的经济规模还是占地规模，其规模的不断扩大，都可以在一定程度上说明该地域城市化的大致水平。区域历史时期聚落数量与规模的变化，尤其是聚落类型的转换、似城聚落的出现及其向城镇的转型，以及原有城镇规模的扩大，都反映出该区域城市化的历史过程与发展水平。

四是中国城市历史发展的人地关系研究。人地关系是人类社会历史发展所面临的基本问题之一，城市的历史同样体现着复杂的人与地的相互关系。一方面自然环境提供了城市生存与发展的地理载体，对于城市历史发展具有制约或促进作用，使得城市历史往往带有一定的地域环境的烙印；与此同时，城市历史发展也表现出对于城市内部与外部自然环境的利用与改造，从而对于区域自然环境的变迁产生重要影响。城市史中的人地关系是持续互动的相互作用，人地关系的相互协调应以城市的良性发展为

---

① 刘敏、方如康主编：《现代地理科学词典》，科学出版社，2009年，第653页。
② 江伟涛：《史料、方法与视角——走出江南城镇化水平研究的困境》，《史学理论研究》2016年第1期，第123—130页。

前提，城市历史对此提供了丰富的经验教训。在区域城市或单体城市的历史研究中，人地关系及相关问题的研究无疑具有重要意义和学术前景。

中国历史城市地理构成了中国城市史的重要组成部分，城市史研究的地理取向具有多样化的学术源流和深厚的学理基础，属于中国城市史研究的发展趋势之一。不断更新学术理念，继续拓展研究视野，不失为深化中国历史城市地理乃至城市史研究的一种可行路径。

原载《中华文化论坛》2020年第3期

城市史视域中的城乡关系

张利民

在中国,城市史研究从个案起步逐渐扩展到群体城市、区域城市、不同类型城市以及制度、体制等各个层面;阐述城市发展脉络探求其特点与个性构成了城市史研究的基础。随之研究者将城市置入区域或更广阔的空间环境、网络系统研究城市与周边的关系、城市的定位以及城市间的比较等,拓宽了思路,开阔了视野。当前,随着改革开放不断深化和城市化快速发展,出现了城乡经济的二元结构、城市发展水平和承受能力不足、市镇发展失衡、乡村社会和经济结构紊乱等问题,更促使研究城市史的学者结合历史发展脉络和特征研究具有中国特色的城市发展规律和城市化进程。从城市史的视角论述城乡关系,比照西方国家与中国在城市发展中城市与乡村的作用,研究中国历史上特别是近代以来两者所扮演的角色;从经济、社会、思想和文化等不同角度研究城乡关系的联系或互动,分析城乡关系、城乡差别与城乡对立的演变,不仅有助于总结中国城市兴衰,更重要的是能够为当前推进城市化进程和建设社会主义新农村战略提供一些理论支持和历史借鉴,构筑具有中国特色的城市化道路。

城市和乡村是一定空间范围内缺一不可的组成部分,城市的发展变化很大程度取决于广大乡村的支持力度;乡村的发展依赖于自身的条件,也需要城市发展带来的联系和互动,最终达到城乡的共同发展、城市化水平的提高。城乡关系是通过经济、政治、社会、技术信息等具体方式,来体现两者之间的互动共进和互为因果。这是从城市史视角研究城乡关系的基本点。

在西方,研究城市史的学者十分关注城市与乡村的关系,重视工业化和城市化进程中城乡的联系和互动。芝加哥学派认为，城市的发展是与周围的环境相联系的，周围环境的诸多因素决定着城市的发展前景与特征。美国后现代主义的新城市史学派把乡村和城市作为一个有机过程的两端，论述城乡从量变到质变的过程。从历史上看，西方国家的城乡是一个区域系统内的两个方面，城市的经济功能十分显著，如布罗代尔的《15至18世纪的物质文明、经济和资本主义》第3卷在叙述威尼斯、安特卫普、热那亚、阿姆斯特丹和伦敦等城市领先地位时强调："必须把它们置于11至13世纪期间逐渐在欧洲形成的第一个经济世界的范围之内。正是在那时候，出现了相当广阔的流通区域，而城市则是流通的工具、转运站和受益者"，是商业的中心；并认为城市是与其相关的区域不可分割的，由中心城市、次级城市以及这一区域的腹地形成一个等级制的系统，在这个系统内，中心城市在经济上剥削和统治次级城市和乡村[①]。在西欧早期资本主义发展中，城市与乡村的互动尤为突出。以英国早期资本主义兴起为例。英国农业的产业结构是以农为主、以牧为辅，产权结构是地主与小农所有制相结合，经营形式既有地主或小农，也有大农场的形态。经过15世纪农业相对稳定的发展，英国农业在农作物种类、农牧比重、耕作方式、经营形式和规模、产权结构上陆续出现了一些新的现象，最大的变化则是16世纪后的工业乡村化和乡村工业化。最初是呢绒毛纺织业向乡村转移，并逐渐在乡村扩展；以后麻织业、针织业，以及采矿、冶金、制盐、造纸、制革等行业也在乡村陆续兴起。从城市与乡村的角度总结其原因就会发现，城市内各行会的陈规陋习严格限制成员扩大生产规模，竭力抵制工业资本的进入，而且消费市场也十分有限；乡村则不然，没有城市那样的行会限制，还有矿山、水利等资源和动力，更为关键的是农业生产的发展为乡村工业化准备了诸多有利的条件，如为工业生产提供了必需的粮食保障和生产原料，增强了购买纺织品和其他日用产品的能力，为工业品需求增大了空间，农业结构变革中溢出大量的剩余劳动力等；加之小农经济分化后，一些农民只有少量土地，面临破产，离土不离乡的手工工场是

---

① ［法］布罗代尔：《15至18世纪的物质文明、经济和资本主义》第3卷，施康强、顾良译，生活·读书·新知三联书店，1993年，第86、89页。

其维持生活最好的方式。因此，英国的早期资本主义工业多设立在乡村，并得到迅速发展。工业在乡村的长期发展势必导致乡村工业化，商品关系、雇佣劳动在一种新的形态下在城乡蔓延和扩展，使英国农本自然经济的根基发生动摇、分离和质变。乡村工业化发展到一定阶段和水平后，一批新兴的工业城镇迅速兴起，推进了英国的城市化进程。从英国资本主义发展初期的城乡关系可以看出，城市与乡村是较为良性的互动状态，其中包括乡村农业生产的长期发展、城市资本向乡村的转移、乡村工业的兴起和发展，带来了新兴城镇的崛起，资本主义在更为广阔的城乡得到普遍的发展；而且，乡村工业生产所赚取的财富又多回流到了城市，促进了城市人口的剧增和经济的发展。西欧的早期资本主义发展脉络，成为阐释工业化和城市化进程的典型模式。

在中国，传统社会的城乡关系是城乡一体化模式。在宋代以前，城市和乡村的商品生产就发展到相当的水平，却始终未能跨入工业化的发展阶段。从城市发展的城乡关系角度分析其原因：一是中国多数城市的主要功能不是经济功能而是军事和政治功能，城市是统治中心和政治中心。城市经济的消费性大于生产性，具有很强的寄生性，其手工业和商业主要是满足统治者群体的消费，并没有充分发挥推动社会经济进步的作用。县城以上的城市固然繁华和方便，也是千万学子科举赶考之起源地，但是对以农业立国和重本抑末为宗旨的一般平民而言，城市往往与一些消极的事物连在一起。如城市是民众前去纳税和诉讼的官衙所在地，是奸商、市井、地痞流氓、无赖恶霸聚集之处；灾荒战乱时百姓到此避难，留下的却是卖儿鬻女的悲惨回忆。因此，城乡之间没有呈现出巨大的差别，城市与乡村相比并没有明显的绝对优势，生活方式、文化和情趣没有凸显出过多的优越感和特殊性，甚至在官僚文人从生活和政治角逐等角度反倒将城市视为喧嚣、尘腥和燠热的，是网罟和樊笼，进而产生与此相左的乐山林、鄙城市的田园观念，形成影响深远的隐逸思想[1]。二是中国的乡村经济以小农生产为依托，农业与家庭手工业紧密结合，是世代相传的内陆经济结构，生产工具和技

---

[1] 参见许哲娜：《宋元以前古典田园文学语境中的城市观念》，《城市史研究》第25辑，天津社会科学院出版社，2009年。

术落后、经济效益低下、生产方式僵化，除了盐铁等少数特殊商品外，农民很少需要从城市中获得生活资料，多数生产资料通过乡间的交换而获取，不必与外界的城市发生经济联系，就能够进行简单的农业再生产；加之乡村商品生产普遍不发达，农产品商品率低，在导致广大农民趋向贫困化的同时，在客观上制约了农民与市场的联系，进而构成乡村长期运行于简单的自我复制与循环发展。城乡关系被维系在自然经济体系之中，城市作为政治中心，在政治上统治乡村，在经济上依赖于乡村并剥削乡村；而乡村作为城市的经济腹地，在政治上依附城市，经济上制约城市，形成了互相依存的低水平的城乡一体化。

进入近代，中国的社会经济开始发生巨大转变，但发展状况与西方资本主义模式更为不同，并没有出现工业化与城市化同步发展的局面。本来，明清以后在江南等一些地区农业和手工业中商品生产有了一定发展，出现了一些手工业工场，以商品流通和手工业为特色的城镇不断涌现，沿海与内河运输的活跃，增强了城市与乡村、腹地的经济联系，国内市场已经基本形成，城市规模有所扩大，一些城市的主要功能开始转变。西方势力的侵入，打断了中国自身的发展轨迹。沿海等城市开埠通商后，大量的洋货进入中国市场，由沿海口岸波及周边乡村和腹地，中国的农副土特产品、手工业品和煤铁等资源出口海外。被迫开放的对外贸易，促使城乡中与此有关的商业和进出口加工业的兴起，继而出现近代工业、金融业和交通工具的变革，推动着中国市场与世界市场的接轨，推动着社会经济的转型和发展。在社会经济变革中，城市与乡村都扮演了重要的角色。城市，尤其是上海、天津等开埠通商城市，经济功能迅速增强且转变为主要功能，经济结构和社会结构开始重建，人口剧增，城市规模扩大，成为腹地空间范围不尽相同的经济中心。在乡村中，经济作物种植面积逐渐增加，农产品商品率有所提高，专业生产区逐步形成，家庭手工业与农业也开始分离或重组。于是，中国社会经济发展逐步脱离原来的轨道，以农为本的自给自足自然经济结构开始逐步解体。

在中国近代社会经济的大变革中，毫无疑问，城乡间的联系更为密切和活跃，依存度也逐步加强。城乡关系中最根本的是经济关系，其联系和依存集中表现在：进出口贸易促使部分地区改变农业生产结构，农业生产和农民生活对城市与市场的依赖性有所增强，工业品弥漫式涌入乡村，撼动了农业与家庭手工业相结合的自给自足自然经济的根本。城市人口的剧增和工商业的振兴，增强了对乡村的商品粮、工业原料、劳动力、市场、资金等的需求。这在一定程度上改变了传统社会城市依靠乡村提供生活必需品，并最大限度地聚集乡村资金的单向流动的城乡关系。近代社会经济的发展和交通与信息的变革，使得城乡之间形成了物流、人流、资金流和技术流的双向联系，这种联系的频率和规模与传统时期不可同日而语。在城乡之间联系与依存日渐增强的基础上，还形成了一定程度的互补。对于城市，工矿企业依赖乡村提供廉价劳动力，近代工商业也需要乡村富豪的资金投入，进出口贸易和工商业发展也有待于扩大腹地和市场、提高农产品商品化和建立专业产区，城市经济功能开始发挥开放和聚散的作用，城市经济中心地位有大幅度提升。对于乡村，丝绸、棉花、皮毛、榨油、桐油、发网、草帽辫等农副土特产品大量出口，整合了乡村的农业生产和手工业的结构，提高了产品的商品率；城市一些先进生产技术也改变了乡村手工业的生产和经营方式；城市近代工业的产品在替代乡村生活用品的同时，也支撑了一些传统手工业的调整与发展，如各棉纺厂生产的棉纱造就了江苏南通、河北高阳、山东潍坊等手工织布业产区，丝织、榨油、发网等业的生产也相对集中，而并不是把生产企业全部集中到城市，这些有助于促使农业生产与手工业的分离，有助于乡村生产结构的重新组合。

城市的拉力与乡村的推力也在增强。迅速发展的城市对乡村有着前所未有的吸引力，城市繁盛的工商业为投资者和淘金者提供了契机与平台，也使得进城农民有更多的就业渠道；新式教育聚集也为社会精英和有志之士创造了吸收外来文化的绝好空间；加之居住环境、休闲娱乐、价值取向、生活习俗等各个方面与乡村形成强烈的反差，刺激着各色人等来此享乐和接受城市文化的熏陶。乡村的自然经济在遭受到工业品冲击的同时，地少人多、天灾人祸和苛捐杂税等生存环境逐渐恶劣，驱使一部分破产农民、灾民和难民等不得不离开家乡；一些乡村豪富和士绅向往城市的繁华和开放，一些想要改变自身处境者也走出封闭的环境到更为广阔的城市展示自身的价值与才华。于是，沿海沿江和新兴的工矿、交通枢纽城市的人口迅速增长，城市规模不断扩展，呈现出蓬勃发展的景象。

但是，以上仅仅是城市发展进程中城乡关系的一个方面，还有不可忽视的另一方面，即城乡差别却在迅速扩大，城乡对立愈发严重。也就是说，城乡之间逐渐增强的依存和互动实际上并未有效地加速城乡的发展，反而加重了中国各区域经济的不平衡性，重新构筑了影响至今的城乡社会经济二元化结构。

中国社会经济的发展与西方发达国家的模式有着本质的不同。从整体上看，男耕女织的生产方式在绝大多数地区的乡村一直延续，即便偶尔从事商品化生产的农民，也在市场这把无情的双刃剑下任其宰割，受尽各级商人的盘剥；内地和边远地区的农民更是与商品化生产和市场无缘。因此，在乡村自给自足的自然经济仍然占绝对优势。在城市，近代工业从无到有，改变了城市的经济结构和功能，但近代工业在产业结构的比重相当有限。据统计，在20世纪20年代，中国近代工业仅占工农业总产值的14%；1936年，工业产值占工农业总产值的38%，但在工业产值中工场手工业占到54%—67%；到了1949年，工业产值占工农业总产值的21%左右[①]。另外，中国各区域间社会经济发展不平衡的状况并没有因为城乡发展而趋于缓和，而是愈发严重。如果从城乡关系上分析：其一，城市仍然是政治中心，在政治上统治乡村的特点更为明显。虽然开埠通商后一些沿海城市的主要功能发生转变，但是城市所固有的浓厚的封建性及近代以来强加的殖民地性，使城市政治中心地位不断加强，城市对乡村的剥削和压迫程度更高，手段更加多样化。它不仅延续和强化了原有的封建剥削统治方式，还增加了新的殖民掠夺和资本主义的剥削手法。其二，工业化与城市化并非同步。本来在明清时期，江南等地的手工业和商业城镇已经显示出发展的势头，但遭遇外力侵入下的上海、天津、武汉等城市的迅猛发展，又使之显得黯然失色。迅速发展起来的上海、天津等城市多是因商而兴，近代工业受资金、技术和外资等多种影响，部门结构失衡，发展缓慢，工业在城市经济结构中的比重远远逊于金融业和商业，削弱了城市容纳能力。其三，缺乏制度保证。中国的城市出现很早，但国家实行的是在中央集

---

① 许涤新、吴承明主编：《中国资本主义发展史》第3卷，人民出版社，1993年，第739—744页。

权体制下的城乡合治,始终没有形成以城市为单位的行政管理机制,直到20世纪20年代末南京国民政府才出台《特别市组织法》和《市组织法》,标志着城市行政管理机构的初立。城市在长期缺乏必需的管理机制状况下,没有相应的法律与措施,难以有效地治理社会治安和规范社会秩序,城市问题日益严重,城市环境随着人口剧增和空间扩大日见恶劣;加之军阀混战和政局变幻,增添了诸多的不安全因素,弱化了城市的诱惑力。其四,乡村经济发展缓慢。在广大的乡村依然是小农经济的简单再生产,据第一次世界大战后对数省十余处调查,农村农户的家庭生活资料中有2/3来源于自给,在消费资料中自给部分占65.9%,对市场的依赖是很有限的[①];在工业品的冲击下,家庭手工业萎缩,那些织布、丝绸、发网、缫丝、榨油等专业生产区在捐税和战乱等摧残下难以发展。

因此,城乡关系在城市发展进程中凸显出来的是,城市没有因为工商业的发展形成强劲的拉力,进城农民在城市苦苦挣扎,沦落为边缘群体和社会底层者不在少数;他们即便在城市有了立足之地,也并未斩断与农村的联系,时刻为家乡的土地或妻儿父母牵肠挂肚,除了要经常寄钱接济外,还经常来往于城乡之间,或根据时节或局势择地而居,使城市人口呈不稳定性。乡村也没有因为生产结构、生产技术和方式等本质的转变形成强大的推力,主要是经济日渐衰败将众多农业人口排挤出来,流向城市,农民仍然长期生活在困苦、闭塞和落后的境地,使得乡村不能对城市发展产生应有的支持力量。

近代以来的城市发展进程表明,城乡之间的联系在加强,也有一些互动,但由于受到外力刺激与内力积压的双重作用,城乡对立的关系不仅没有本质上的改变,反而呈现城乡发展脱节、城乡差别迅速扩大的状态。城市与乡村的发展也趋向于两极化,广大农村与城市尤其是沿海城市脱节;城市也因为自身动力不足和得不到乡村的支持而畸形发展,其结果是限制了近代中国城市整体发展水平,导致城市缓慢发展。

原载《学术月刊》2009年第10期

---

① 严中平等:《中国近代经济史统计资料选辑》,科学出版社,1955年,第328页。

从城乡联系史看中国城镇化愿景

熊月之

城镇化,从本义上说就是城市化。城市化一词已久为学术界广泛接受、使用,为何要再新创"城镇化"呢?这个词,当然是学者创造于前,政府接受于后。我理解,其中至少有三个潜在的含义:一是与通常理解的世界范围的城市化有别,突出中国特色;二是与此前已经进行的城市化有异,突出时代特点与创新内涵;三是表达与乡村的亲近,突出城乡一体的中国风格[①]。镇,在中国传统语义中,本来就介于城与乡之间,既为联系城乡的中介,也兼具城乡的特点,不像城市那么繁闹、巨大、坚硬与冷漠,也不似乡村那么僻静、狭小、温柔与热情。无论是丰子恺描绘的江南小镇,还是沈从文笔下的湘西古镇,都是如此。

现在政府倡导的新型城镇化重要特征之一,是城乡统筹、城乡一体、和谐发展,包括文化上的城乡一体性。这方面,回顾一下中国历史上的城乡联系史,也许不无裨益。

[①] 据研究,"城镇化"一词,是中国学者创造的一个新词汇。1991年,辜胜阻在《非农化与城镇化研究》(浙江人民出版社,1991年)中使用并拓展了"城镇化"的概念,在后来的研究中,他力推中国的城镇化概念,并获得一批颇有见解、影响较广的研究成果。2000年,中共十五届五中全会通过的《中共中央关于制定国民经济和社会发展第十个五年计划的建议》,正式采用了"城镇化"一词。关于城镇化的概念,具有代表性的观点是,城镇化是由农业人口占很大比重的传统农业社会向非农业人口占多数的现代文明社会转变的历史过程,是衡量现代化过程的重要标志。见浦善新:《走向城镇化:新农村建设的时代背景》,中国社会出版社,2006年。

一、中国历史上的城乡联系

中国历史上，从秦汉到明清，城乡联系一直相当密切。农业是国民经济基础，农民占人口绝大多数，农户是生产和生活消费的统一体。城镇在总体上是消费性而非生产性的，不可能容纳大量的农业以外的生产者。城镇人口在社会总人口中占很小的比例。农民自己进行农产品的生产和加工，到城镇去交换农产品，买回制造品。在这种交换中，乡民和市民相互服务，相互得益，城市与乡村关系，自然而和谐。

城镇在国家行政体系中的地位虽然重要，但在经济生活中的比重并不大。近代以前，中国城市向无独立的建制，即从来没有行政建制意义上的城市。国家一直实行城乡合治体制，城镇只是各级行政区域体系中的网点，并非单独的行政单位。城镇内的工商业，由行政区域的行政管理机构代行管理；其他各种事务，由行政区划块分别管辖。无论是都府，还是一般市镇，无一例外地实行分割管理方式。比如，唐朝首都长安，城区面积达80平方公里，人口近百万，但在管理方面，分为两个区域，以南北走向的朱雀大街为界，东西两侧，东面属万年县，西面属长安县。明代的南京，分属上元县与江宁县管辖。清代成都府城，由成都、华阳两县分治；苏州府城由长洲、吴县分管；杭州府城由钱塘、仁和两县分辖；浙江乌青镇，地跨湖州、嘉兴两府，便由两府下属县分治，乌青镇有一水中分，其河东部分隶桐乡县，河西部分隶乌程县。清代江苏的白蒲镇，地跨同属扬州府的通州、如皋两州县，也是两州县分治，南属通州，北属如皋。一个城镇分属不同行政单位管辖以后，其居民之司法权、科举考试归口地，均随所属机构转移。该镇距泰州府治所125公里，距扬州府治150公里，镇内南北两个区域的居民无论是诉讼还是科举考试，都要赶赴各自所属的泰州府治所或扬州府治所，路途遥远①。这种管理体制，使得每个城镇在管理权方面都不是一个完整的独

---

① 刘君德、汪宇明：《制度与创新——中国城市制度的发展与改革新论》，东南大学出版社，2000年，第21—23页。

立单元，这在今日看来简直匪夷所思，但在那时，却是普遍。

在这种体制下，城镇里的居民与乡村保持着天然的、广泛的联系。四乡八里的农民来城镇交易、消费。一部分地主出于安全与享乐的考虑，居住在城镇，比如光绪年间苏州市有四千户地主，常熟县城有三千户地主，吴江县城有三百户地主，但他们的田地在乡下，与乡村保持着千丝万缕的联系。一些退职官员、致富商贾生活在城镇，通常也会投资土地。管理土地、考察佃户、收取地租等事务，都使得城居地主与农村保持密切联系。正如费孝通先生所说，人们由乡村迁往城市，仍然还要"留着一个根在乡村里"，并没有因这些人被吸引到城市里，而与乡村脱离了关系，那些把老家留在乡村里，单身寄生在城市里当工匠或伙计甚至老板的人物在现代都市里，即使有，也是暂时的和少数的，但是在我们传统城市这却是一种相当普遍的情形[1]。其时，城乡文化保持高度一致性，不存在城镇优于乡村的概念，也不存在轻视农村和乡土的生活方式及文化。人们的理想世界是耕读传家、衣锦还乡。所以，中国历史上，从来没有西方历史上的城市自立地位，也没有西方意义上的城乡对立情形。

二、近代以来城乡联系的特征

鸦片战争以后，随着上海、汉口、天津等通商口岸的辟设，治外法权的实行，租界的建立，西方的城市规划、司法制度、市政管理、经济管理等制度的引入，近代工业、商业的兴起，中国传统城市演化进程被打断，与西方工业化以后的城市相似的近代中国城市才开始出现，诸如上海、重庆、天津、汉口等，中国先前的城乡文化一致性、城乡行政一体性的特点才逐渐消失，代之而起的是城乡对立与城乡分治。

中国城乡行政一体性解体的标志是1909年清政府颁布的《城镇乡地方自治章程》。这一章程规定：凡府、州、县治所在的城厢地方称为城，其余地方人口满五万的称镇。城和镇都可以与府、州、县等传统行政区单位一样，单独设置自治管理机

---

[1] 费孝通：《费孝通论小城镇建设》，群言出版社，2000年。

构。这些自治机构的职能涉及教育、卫生、救济、市政工程、工商管理及其他城镇特有的事务①。民国初年，各地方实力派热衷于地方自治，仿效西方的市政建制，制定了所谓的市乡制度。1921年，北京政府公布《市自治制》和《市自治制实施细则》，从国家意义上开始了中国的市制。

需要指出的是，到近代即使在上海这样西化程度很高的城市，城乡联系依然相当密切，城乡文化一致性的特点在某些方面也有所表现：

其一，城市移民与移出地保持相当密切的联系，主要有如下方面：

一是各大城市同乡组织发展繁盛。近代上海的同乡组织，少的时候有56个，多的时候达到256个。其功能从祭祀神明、联络乡谊、办理丧葬、迁运棺材、按照原籍习俗安排节庆活动等，扩展到兴办各种慈善事业、教育事业、对旅沪同乡实施救助、对受灾家乡实施紧急救助、沟通移民与政府之间的联系，在协助地方政府约束来沪移民方面，在税收和维持地方秩序方面，实际上起了"半政府"的作用。山东会馆在规条中规定："同乡之游于沪上者，或客居、或路过，如有应代理之事，必先由本帮司董为之理处，如事可了，毋庸集议；倘本帮司董不清理，再行传单齐集公议。"同时会馆规条还规定，同乡中若有人被欺负或无端受牵累，会馆亦会参与共同具禀保释事项②。许多会馆都有类似功能。1902年耶松船厂的四名广东木工，因事被租界当局逮捕。有关公所董事就此进行斡旋，先后与木工首领、会审公廨、外国船厂老板接触，并向道台寻求帮助，最终使他们获释。1905年12月，上海人大闹会审公堂案件中，因为被诬拐卖人口的黎黄氏是广东籍已故官员黎廷钰的妻子，所以广肇公所、潮州会馆在联络广东人方面，起了关键作用。1946年，苏北先发生水灾，随后又发生战争，出现大批难民。上海苏北同乡会积极开展救助工作，在上海虹口、杨树浦一带设立了5个难民收容所，不到半年就收容苏北难民近6万人，收容来自其他地方的难民2万人。

二是有些人亦城亦乡，有些人虽然人在城里工作，但家庭重心在乡下，持续寄钱

---

① 刘君德、汪宇明：《制度与创新——中国城市制度的发展与改革新论》，东南大学出版社，2000年，第27页。
② 张忠民：《清代上海会馆公所及其在地方事务中的作用》，《史林》1999年第2期。

回乡。有些人频繁往返于移出地与移入地之间。他们单身进城，家在乡村，城里工作忙时入城做工，闲时回乡务农，或者农忙时回乡务农，农闲时进城打工。这种离土不离乡的人，亦工亦农，双重身份。20世纪二三十年代的江南，不少农村家庭都是妇女在城里丝厂、棉纺厂、火柴厂或烟厂做自由工或包身工，或是男的扔下家到城里工作，每月寄一点钱回去。1925年久大盐场500名工人中有211人给家寄钱，1926年有123人。汇款总数亦相当大，1925年平均每人每年寄23元，1926年达到39元。这种将城里打工所得寄回老家的情况在当时相当普遍①。

三是移民在城市的职业，往往与其家乡物产有一定联系。以近代上海而论，福建人经营木材、蔗糖，广东人经营洋货，江浙人经营丝茶，山东人经营豆麦，宁波人经营水产等，都是利用了其家乡的物产优势。以描写上海社会风情出名的吴趼人，曾经写过一篇《沪上百多谈》，专述上海都市风情，其中说到职业与籍贯关联的有：剃头师傅多句容人，典当朝奉多徽州人，卖土挑膏多广东人，卖熏肠熏腊多无锡人，打拳卖艺多山东人，收纸锭灰多绍兴人，酱园店多海盐人，药店多宁波人，酱肉酱鸭店多苏州人②。这些都与移民家乡物产或地域特点有内在关联。

其二，城市移民保持移出地民情风俗。许多移民在上海按籍贯聚集而居，广东人多住虹口，苏北人多住杨树浦、曹家渡。有时候，一条弄堂里住的可能都是来自同一个地方的人。广大移民依托着会馆公所这一平台，将其原籍文化搬到上海，说家乡话，吃家乡菜，祭祀家乡神明，遵循家乡风俗。比如徽州人供奉紫阳公朱熹，福建人供奉天后娘娘，江西人供奉许真君，山东人供奉孔夫子，山西人供奉关公，粤菜、川菜、徽菜、淮扬菜各领风骚，粤剧、锡剧、淮剧、越剧、绍兴戏、黄梅戏各擅胜场。广东人对盂兰盆会尤其热衷，便将这一民俗带到上海，搞得有声有色。每年中元节前后，必举行此会，梵呗之声、钟铙之响，喧阗彻夜，震耳欲聋。"茶余饭罢，散步街头，辄见旗旆飘拂，荪檀馥郁，门前悬挂明灯，五色相宣，触目皆是"。广肇山庄尤

---

① 刘芳：《试析农民离村对近代乡村发展的影响——以20世纪20—30年代的江苏为例》，《南京师大学报（社会科学版）》2004年第6期。
② 顾柄权：《上海风俗古迹考》，华东师范大学出版社，1993年，第478—479页。

为巨擘,除延僧道诵经,室中陈设古玩画幅,光怪陆离,又以花草扎成各种人物鸟兽,栩栩如生。悬挂明灯万盏,上下参差。上海男女老少,摩肩接踵,香车宝马,如水如龙①。在苦力为主的棚户居民中,直到20世纪40年代后期,仍然保留着乡民特有的文化习俗。沪西余姚路棚户中居民仍以"义悟堂"(土地庙)为聚会场所,当他们在中国共产党引导组织下反抗地头蛇欺压时,还习惯于聚集义悟堂,磕头烧香盟誓。在他们组织灾民进行求生存游行时,每人还手持一支祭神用的香,燃香游行②。

卢汉超的研究表明,近代上海人在享受西方物质文明的同时,又延续了许多乡村生活的传统。大多数上海人居住的弄堂,称之为都市里的村庄也许更为合适。这里的人生活极其简朴,普通人的早餐仅是淡而无味的泡饭与咸菜。这里虽有发达的交通系统,但许多人仍然以步当车,一走就是好几里。尽管这里的电灯、自来水已经问世很多年,但相当多的居民依然从河里取水、井里打水、点煤油灯。绝大部分上海人的活动范围主要是自家附近的一些街区,几乎所有的日常需求依靠步行即可解决,大多数孩子就在附近街区或者弄堂里上学③。

其三,移民在城市经营的企业,多与其原籍有程度不同的联系。虞洽卿发起组织的宁绍轮船公司与三北轮船公司,主要是经营宁波与上海之间的运输业务,就有加强宁波与上海联系的意思。上海很多企业存在优先录用本乡人的潜规则。先施、永安、大新、新新四大公司,都是广东人开的,其管理层的职员,几乎全是广东人。荣家企业20世纪20年代所雇佣的957名职员中,617名为无锡人。英美烟公司买办郑伯昭的永泰和烟行,在上海本行和长江下游的一些分行雇了200多名职员,都是他从广东招募来的同乡。

其四,城市移民常有在其移出地、移入地共同创业的情况。周舜卿(1852—1923)的情况就较为典型。他生于无锡贫寒家庭,16岁进上海利昌铁号当学徒,后任

---

① 《论盂兰盛会之无益》,《申报》1892年9月2日。
② 张仲礼主编:《近代上海城市研究》,上海文艺出版社,2008年,第631页。
③ 刘芳:《试析农民离村对近代乡村发展的影响——以20世纪20—30年代的江苏为例》,《南京师大学报(社会科学版)》2004年第6页。

升昌五金煤铁号经理,发迹后回无锡家乡创业,拓地百亩,辟街道、造桥梁、设店铺、办学堂,逐步把一个旧村落改造成为一个具有多家近代工商企业的新兴市镇。他在上海、无锡两地都有企业,相互支援,相得益彰。无锡西郊荣巷的荣氏族人,原以耕、纺、蚕、渔为生,后来由于人丁繁盛,地少人多,遂纷纷外出到上海、苏州等地。及至荣德生兄弟创办面粉和纺织工业,更带动了无锡及荣巷人在外地兴办麦行、纱号等行业。荣氏族人利用宗族关系,相互引掖,使得荣巷地区中华人民共和国成立前在外谋生的男人占了十之六七。荣氏资本集团的发迹,又反作用于荣巷地区,使荣巷镇一跃而成为无锡西郊的新兴集镇。

三、上海开埠后的城市移民发展

讨论近代城乡联系,特别要强调的一点是,城乡人口对流相当畅通,农民进城没有任何政策限制。1843年上海开埠时,人口不到20万,到1949年已达546万,其中80%以上是从全国各地迁移进去的。国内各地发生战争与灾荒时期,就是上海、天津、汉口等地人口增长时期。19世纪50年代末,"黄河决口,江苏北境竟成泽国,人民失业无家可归者,无虑千万,咸来上海就食"[①]。上海等大城市人口涨落明显因战争的起伏而呈潮汐现象,战争起,人口增,战争停,人口落,来的多,去的少,城市人口因此而暴增。太平天国战争期间,上海租界人口净增11万,整个上海净增15万。抗日战争前五年,上海两租界人口净增78万。1945年至1949年的第三次国内革命战争时期,上海人口净增208万[②]。

近代城镇没有严格的户口管理,没有人为设置的城乡鸿沟。清末地方自治时,上海参事会下设户政科,户政科下设户籍、地产、收捐三科,但在户籍管理方面没能发挥实际作用。北洋政府时期,上海先后于1920年、1924年和1925年进行过户籍调查,

---

① 容闳:《西学东渐记》,徐凤石、恽铁憔原译,张叔方补译,湖南人民出版社,1981年,第40页。
② 邹依仁:《旧上海人口变迁的研究》,上海人民出版社,1980年,第4—5页。

但不全面，也不精确。南京国民政府时期，1928年，上海进行过比较全面、细致的调查，但户籍与经济利益没有关联。汪伪时期，1938年进行户口复查，1939年实行保甲制度，颁发市民证、居住证，1943年以后，因物资供应紧张，实行粮食配给，上海户口才开始与经济利益挂钩。1946年以后，上海重新实行保甲制度，发放国民身份证，并按证配给粮食，但是，对于来沪人口仍然没有限制。

在上海城市移民中，难民与游民占相当高的比例。1930年至1936年，上海失业、无业人口约70万。据1950年1月的统计，全上海500万人中，就业者206万，占全市人口的比例超过40%，其余近60%人口，即300万人中除了老弱病残、小孩与家庭妇女外，存在着大量失业人口[①]。许多人沦为临时工、拾垃圾者、拾煤核者、乞丐，如若能够充当清道夫、小车夫、轿夫、杠夫、粪夫已经很不错了。其中有些人靠拆迁废旧房屋为生，成群活动，为的是拾捡一些遗弃的木材废品。"此辈百十成群，专伺居民拆迁之最后一日，任何扫除之役，并不取值。盖所谓扫除者，非对于垢秽而言，其目的所在系搬取迁出时之遗剩废件，如朽木、破器等均为搜括，相沿成例，遂有不待主人辨别弃取彼辈已自由行动者，常至喧争不已，虽鸣捕亦无如何……但此种人数虽众，平日尚无其他不法行为，捕房恒宽待之。"[②]

多年来，人们已习惯于抨击城市里两极分化，是富人的天堂，穷人的地狱。应该说，那些抨击全然在理。但是，在抨击之余，人们也该想一想，那些苦力、乞丐，为什么情愿在城市里受苦受累受欺侮，也不愿意回到乡下去？对此，格莱泽的看法很有启发性：城市的贫困也有很多值得肯定的地方。不是城市让人们变得贫困，而是这些城市吸引来了贫困人口，是更好生活的前景吸引了这些贫困人口。有能力吸引贫困人口的城市是有活力、有优势的城市，没有能力吸引贫困人口的城市是没活力、有问题的城市。弱势人群流向里约热内卢、鹿特丹等城市，证明了这些城市的优势，而非弱势。从乡村和其他地方来到这些城市的贫民并非傻瓜，他们纷至沓来，是因为这些城

---

① 邹依仁：《旧上海人口变迁的研究》，上海人民出版社，1980年，第31页。
② 陈伯熙：《上海轶事大观》，上海书店出版社，2000年，第12页。

市具有他们原来所在地所没有的优势。这里提供了更多的机遇、公共服务与乐趣①。那些苦力、乞丐愿意在城里受苦受累受欺侮，正说明乡下的日子一定比城里更苦更累更不堪。上海有那么多难民、游民，其病根在出产难民、游民的乡村，在整个社会。

四、城乡二元结构形成与新型城镇化愿景

新中国建立以后，城乡联系最初几年比较正常，对农民进城没有限制，城乡人口可以自然流动。1951年虽然实施了《城市户口管理暂行条例》，开始对城市居民依属地进行户口登记和管理，但并不限制迁徙，也不限制农民进城。1953年，由于出现粮食危机，人口迁移出现了一定的盲目流动，造成对城市稳定的冲击。为解决粮食问题，1955年建立统购统销制度，使得乡村粮食短缺问题日益严重。同年，国务院发布《关于建立经常户口登记制度的指示》，规定全国城市、集镇、乡村都要建立户口登记制度，开始全国城乡的户口登记工作。1956年，农业合作化运动与自然灾害结合在一起，很多省份粮食大量歉收，乡村开始出现饥荒，城市粮食供应也特别紧张。1958年，国家公布《中华人民共和国户口登记条例》，我国户籍制度正式建立，奠定了城乡分治基础，城乡自然联系被人为隔断。国家将居民区分为农业户口和非农业户口两种不同户籍，严格限制乡村人口流入城市，通过人民公社制度将农民束缚在土地上，禁止企业从乡村招工，并将自行进城的农民遣送回原籍。与此同时，国家对城市居民采取从出生、入学、就业、医疗、物资供应、住房到社会保障等方面的全套保护政策，而除了少数军烈属外的农村居民则被排斥在社会福利保障之外。这就形成了市民与农民两个不同的阶层，造成身份与社会地位的不平等。这种不平等，由于迁徙管制、两种户口转化的限制，得以固化并沿袭给后代，形成城乡分治、城乡隔离、城高乡低的二元社会结构。

这样的做法虽然为国家工业化原始积累提供了条件，但也导致了极其严重的后

---

① ［美］爱德华·格莱泽：《城市的胜利》，刘润泉译，上海社会科学出版社，2012年，第65—66页。

果。对于这些方面，学术界已经有了很多很好的研究成果，兹不详述①。诸如同生不同教（同样出生，因籍贯不一样而获得的教育条件不一样）、同工不同酬（干同一工作，因身份不同而导致报酬不同）、同校不同分（报考同一学校，不同区域学生录取分数线不同）、同学不同值（同一学校毕业，因户籍不同而使得就业机会不同）、同病不同医（患同样疾病，因身份不同而医疗待遇不同）、同命不同钱（因同一事故，不同身份赔偿金不同）等久已为学术界口诛笔伐的问题，特别是中国特有的"农民工"现象，都是城乡二元社会结构的直接产物。

回顾城乡联系史，我们可以清楚地看到，城乡二元社会结构既不是近代以前的中国传统，也不是近代中国城乡关系的自然延伸，而是特定时期特定政策造成的。党的十八大报告提出："坚持走中国特色新型工业化、信息化、城镇化、农业现代化道路，推动信息化和工业化深度融合、工业化和城镇化良性互动、城镇化和农业现代化相互协调，促进工业化、信息化、城镇化、农业现代化同步发展。"将新型城镇化提到前所未有的高度，要求城镇化与工业化、信息化、农业现代化同步发展。这是一个宏伟而美好的目标。人们有理由期待，新型城镇化将会以人口城镇化为核心，实现职业上从农业到非农业、地域上从农村到城镇、生态上从环境污染到环境保护、身份上从农民到市民、待遇上从城乡二元向城乡一体的转换。人们有理由期待，新型城镇化，将是城乡优势互补、利益整合、良性互动的局面。人们也有理由期待，经过若干年的努力，"农民工"这一时代的产物将从中国大地上逐渐消失，"农民工"也将成为历史词汇。

原载《中原文化研究》2013年第5期

---

① 李强：《农民工与中国社会分层》，社会科学文献出版社，2004年；李培林、李炜：《农民工在中国转型中的经济地位和社会态度》，《社会学研究》2007年第3期；温铁军：《"三农"问题与制度变迁》，中国经济出版社，2009年；邓鸿勋、陆百甫主编：《走出二元结构：农民工市民化》，社会科学文献出版社，2012年。他们对此问题都有很好的研究。其中，郎雪云：《中国二元户籍制度与户籍歧视的伦理思考》（华东师范大学硕士学位论文，2007年），对二元户籍制度造成的严重后果有相当细致的论述与批判。

近代城市史研究中的城乡问题探微

任吉东

毋庸讳言,虽然"英语世界关于中国城市史的研究正是从研究城乡关系开始的"[①],而大部分学者们也基本认同:"城市史这个概念是建立在如下观点之上的:城市有其独特之处。如果城市与社会的其他地方没有什么区别,那么再把'城市史'当作一个单独的研究领域进行讨论就没有意义。无论城市的特性包括什么——无论它是地理的、经济的、社会的还是文化的,既然明确是城市,其特征就应该使其与乡村区分开来。因此,任何综合性的城市史都应该包括对城乡关系的考察。"[②]

但关于城乡问题的研究一直以来仅仅是作为城市的一个伴生参照物而出现的,即使是在近代城市史研究如火如荼的今天,作为独立分支的城乡问题一直处于不上不下的夹生状态,是其他分支研究的擦边球,"由于传统对于城、乡问题的研究,大多并不是直接针对城市或乡村而引发,而是在探讨相关问题时,如乡绅地主、地方赋役、商品流通与市场、基层管理、地方治安、地域社会和文化、'共同体'研究等,才关涉较多"[③]。有鉴于此,相对于近代城市史的其他分支来讲,城乡研究无疑处于一个非常尴尬的地位,它既是连通城市与乡村两个专业学科的桥梁和纽带,又是两者都常常选择性忽略的边缘和过渡领域。

---

① [美]卢汉超:《美国的中国城市史研究》,《清华大学学报(哲学社会科学版)》2008年第1期,第16页。
② [美]周锡瑞:《华北城市的近代化——对近年来国外研究的思考》,孟宪科译,《城市史研究》第21辑,天津社会科学院出版社,2002年,第3页。
③ 冯贤亮:《明清时期中国的城乡关系——一种学术史理路的考察》,《华东师范大学学报(哲学社会科学版)》2005年第3期,第113页。

然而毋庸赘言，城乡研究无论对如日中天的城市史还是渐入佳境的乡村史来讲都是不可或缺的重要组成部分，尤其是对前者，城市史必须重视城乡研究，重新解读城乡研究在城市史中的角色和地位，重新审视城乡研究的重点和趋向，在此基础上才能进一步拓展研究领域的深度和广度，才能对近代城市转型发展路径和特点有更为直观的认识和解读，也才能正确理解当下社会城乡关系所面临的种种问题与症结。

一、角色与方法：城市史研究中的城乡站位解读

作为人类文明产生以来的两种不同社会生存场域，城乡各自代表的既是两种相异的生存空间，更是诸多相依的社会关系，不仅仅包含有简单的地理区位指向，更涵盖有复杂的人文社会内容。虽然由于彼此的自然环境、经济基础以及人文形态的不同，城乡往往被视为对立存在而加以表征，但是两者又是相辅相成、互相依存、缺一不可的，正所谓"无乡不城、无城不乡"。

城市的起源和发展都深刻地说明了这一点。在城市的众多起源论中，大多数学者比较认同的是城乡发展的自然顺序，即城市由乡村衍化而来，乡村是城市的源头，城市是乡村的方向，而在城市形成以后，城乡在经济文化上对彼此都发挥着效力不等的影响，古代是这样，现代亦然，就像马克思说的那样："现代的历史是乡村城市化，而不像古代那样，是城市乡村化。"无论是乡村形成城市（乡村城市化），还是城市回归乡村（城市乡村化），两者都有着千丝万缕的关系，彼此对立统一、依存包容、密不可分、浑然一体，因此无论在城市史，还是乡村史研究中，我们都应该力求从城乡的整体出发，将城乡个体与城乡整体统筹兼顾，而不应该只是偏执于一方而忽略另一方的存在，形成没有乡村的城市史和没有城市的乡村史。

而对于城市史研究来说，这个问题更为重要和举足轻重。无论是研究个案城市、区域城市还是不同类型的城市群体，首先必须把城市置于与之相对应的城乡界限之中，从而有效精准地定位城乡角色在不同范围中、不同区间内的相互转化。因为无论城市规模如何，跨度几何，都会有在空间和时间上与之对应存在的腹地乡村作为支撑

和呼应，就好比学者论述的那样，站在上海的位置，中国的其他城市皆为乡村内陆地位，而站在西方国际城市的角度，上海也不得不屈尊为乡村腹地角色，城乡之间角色互换与联系是我们研究城市史必须具备的思维和视野。

西方城市史学者在研究中就十分关注城乡的相互关系，重视城市化进程中城乡之间的联系和互动，如芝加哥学派就认为，城市发展是与周围环境息息相关的，外部乡村环境的诸多因素决定着城市未来前景与发展特征；新城市史学派更是把城乡作为一个统一的有机过程的两端，着重论述城乡从量变到质变的进程。而在施坚雅之后，学者们对城乡关注也逐渐从小城乡升华到大城乡，即从城市—郊区县镇扩展到城市—乡村腹地，"过去对于中国社会城市和农村的较为流行的认识，不论认为二者间是自发的对立，还是相反认为二者彼此间不存在明显的差异，都逐渐让位于对城市中心地及其区域腹地发展的相互联系程度的研究"[①]。

同时，当我们深入观察和细致探讨近代中国城市的各种城市问题和不同社会层面时，也不应该只局限于站位于城市的角度，以城看城容易陷入"不识庐山真面目，只缘身在此山中"的窘境和困境，而应该移身换位于乡村层境，以"从下而上"的站位视角，通过乡村眼光来审视城市话语，从而把城市与乡村置于同一个平面上加以分析比较，得到更为立体多维、全面透彻的观感和体验。

而事实上，这种从下而上的乡村站位更能反映城市生存和发展的内生驱动力和外部制约力，从而更到位地理解中国式乡村城市化的发展道路，诸如赵冈提出的"余粮率"那样，将城市内部（城市）发展规模的局限所在与城市外部（乡村）粮食生产相联系，对城市与乡村的相互关系提出了独到见解，也诠释了中国江南不同于西方模式的市镇形成之路[②]。另一位学者黄宗智对乡村的过密化解读也论证了城市与乡村文化差别的经济成因："大城市的产生伴随着农村的人均低收入，都市的'发展'伴随着农村的过密化，正是中国历史上上层社会文化和农民文化之间显著差别的导因。巨大

---

① ［美］林达·约翰逊：《帝国晚期的江南城市》，成一农译，上海人民出版社，2005年，第1页。
② ［美］赵冈：《中国城市发展史论集》，新星出版社，2006年，第25页。

而复杂的城市使都市的上层文化得到高水平的发展,但是这种发展是建筑在农村过密化的贫困之上的。"①

可见,只有定位于城乡角色转化、站位于城乡整体视野,才能更精准地体察理解城市发展的区域特征和动力所在,体悟出城乡之间的内部联系和互动影响,从而拓展城市史研究的外延界面和场域体位,激活城乡本身应有的层次性和辐射性。

二、经济与文化:城市史研究中的城乡差别探究

目前为止,关于城乡差别的问题一直是城市史研究关注的热点和争论的焦点,它既是城市史研究的基本出发点之一,也在一定程度上代表了城市史研究的走向。

在这个问题上,学者们普遍赞同中国城乡之间分化的结果是近代的产物,诚如卢汉超所言:"在二十世纪,乡村的衰败和城市的工业化并行,促进了城乡的分化,拉大了城乡之间的差距——城乡一体化渐渐被城乡断层所取代。"②

对于这种城乡差异,学者们早期关注的是经济层面的诠释,"粗略地看,1949年之前的中国经济可以看作由两部分组成,一个很大的农业(或农村)部分,包括大约75%的人口,和一个很小的非农业(或城市)部分,以半现代的通商口岸城市为主要基地。中国农村出产占全国产出量65%的农产品,也利用手工业、小买卖和老式运输。有一个与城市的联系变化不定的农业腹地附属于城市部分,它主要分布在通向港口的河流沿岸和铁路沿线,它可以与中国农村的主体区别开来,因为它在较大程度上与城市部分的沿海和沿河城市贸易"③。

在经济活动上,城市与乡村的界限泾渭分明,但又各司其职,各有功用。如果把前近代城市看作是一种传送带,"它联结与农村相接的各条道路,主要地在各地资源

---

① [美]黄宗智:《长江三角洲小农家庭与乡村发展》,中华书局,1992年,第331—332页。
② [美]卢汉超:《霓虹灯外:20世纪初日常生活中的上海》,段炼、吴敏、子羽译,上海古籍出版社,2004年,第4页。
③ [美]费正清编:《剑桥中华民国史(1912—1949)》上卷,杨品泉、张言、孙开远等译,谢亮生校,中国社会科学出版社,1994年,第6页。

流动上起一种内外穿梭的作用"①,那么近代城市则是一台挖掘机,自耕农输给了城市里的大的土地投资者——有点像美国农业家庭面对着农业经营公司的金钱势力那样。在中国当时的情况下,新的士绅商人混合阶层使用武力加强了城市对农村日益加重的剥削②。

晚期的注意力多集中在文化层面。学者们认为,城市是所有近代事物的集中地,而乡村则被看作是传统地区并被当作落后的典型。造就近代社会的新科技——电力、汽车、柏油路、摩天大楼、摄影、电影、电话和电报——几乎无一例外地集中在城市。近代经济诸如工厂、银行和百货商店(唯一的例外是采矿业)也都是城市独有的现象。所有这些经济的、社会的、政治的和技术上的变化,其结果是使城市逐渐产生出一种明显区别于周围乡村的新型近代文化。城乡之间的文化鸿沟在20世纪上半叶不断扩大③。

文化鸿沟的形成使得传统中国城乡那种无差别的连续统一体状态消失殆尽,基于城市意识之上的城市优越感成为社会的共识。虽然在中国,城市文明与乡村文明间清楚的分野很早就消失了,虽则世界上许多别的地方久久地保留着这个特点,直到近代才消失,而在他国文明里,这又产生了独特的城市傲态。在中国,这种傲态得以存在的社会条件,在帝国时代开始时似乎就已消失了,它消失得这么早,使得城市优越感竟至分毫不留了④。然而在最晚至明清时期这种城市优越感已经萌芽再起,卷土重来,"明清以来随着所谓资本主义萌芽的出现和市民文化的繁荣,城市无论在规模和数量上都有所发展,城市地位有所提高,市民渐有凌驾乡民之上的趋势。但直到通商口岸出现,城市优越感才普遍形成。其中上海这样的通商大埠则在促成城市优越感上

---

① [美]吉尔伯特·罗兹曼主编:《中国的现代化》,国家社会科学基金"比较现代化"课题组译,江苏人民出版社,2010年,第19页。
② [美]费正清:《伟大的中国革命(1800—1985)》,刘尊棋译,世界知识出版社,2000年,第26页。
③ [美]周锡瑞:《华北城市的近代化——对近年来国外研究的思考》,孟宪科译,《城市史研究》第21辑,天津社会科学院出版社,2002年,第14页。
④ [美]卢汉超:《霓虹灯外:20世纪初日常生活中的上海》,段炼、吴敏、子羽译,上海古籍出版社,2004年,第114页。

面起了举足轻重作用"[1]。这些与乡村,甚至是与它毗邻的乡村形成了两个截然不同的世界,乡村相距不到十英里;水稻田和村庄,可以从市区的任何一座高楼大厦上瞧得清清楚楚。这是世界上最为轮廓鲜明、最富戏剧性的边界之一。传统的中国绵亘不断,差不多伸展到外国租界的边缘为止。在乡村,人们看不到上海影响的任何迹象[2]。

在讨论近代城乡关系转变原因的问题上,在经济层面上,学者们多归因于城市近代化和经济发展的推动。早期的论点最典型的当属"冲击—反应"模式[3],但费正清也在后期部分地纠正了自己的观点,很大程度上承认了中国的近代化主因是中国自身内在生命和动力的因素。罗威廉的研究则以与"原初工业化"含义大致相同的"现代早期"来解释这种转变,他认为,"无论是在欧洲,还是在中国,长途贸易的发展导致地方生产专业化以便供应远方市场的需求——低地国家和江南的手工纺织品是最著名的、但不是唯一的例子。由于这些新的、地方性的、面向外销的产品实际上是在乡村或郊区生产的,诸如运输协调、估价和最后加工等许多职能,都势必在主要城市进行。这不仅改变了城乡关系的性质,也改变了城市自身的内部结构。伴随着大规模的机械化工厂企业集中出现在城市郊区,城市外貌发生了重大的、引人注目的变化(在欧洲始于1780年前后,在中国始于1895年前后),它又进一步引发了一些根本性的变化"[4]。

在文化层面上,学者们部分地归因于士绅群体的作用,认为士绅阶层的缺位和异化是城乡文化分离的根源之一,士绅阶层中介地位的丧失导致城乡人文联系被迫割断,"老式的地主士大夫纷纷迁移到城市里去了,他们和他们的佃户间原有的相互依

---

[1] [美]卢汉超:《美国的中国城市史研究》,《清华大学学报(哲学社会科学版)》2008年第1期,第116页。
[2] [美]罗兹·墨菲:《上海——现代中国的钥匙》,上海社会科学院历史研究所译,上海人民出版社,1986年,第4页。
[3] 叶哲铭:《在"西方中心"与"中国中心"之间——论〈剑桥中国晚清史〉中费正清的史学研究模式》,《杭州师范学院学报(社会科学版)》2005年第6期,第80页。
[4] [美]罗威廉:《汉口:一个中国城市的冲突和社区(1796—1895)》,鲁西奇、罗杜芳译,中国人民大学出版社,2008年,第5页。

存以致个人间的互相往来关系不存在了，取而代之的是非个人的市场关系。村社共同体意识也没有了。此外，下层士绅（比一般百姓高一层）也被卷入金钱来往中，从而加强了地租负担和对农民的剥削"①。谢和耐也承认："伴随着使某些农村变空，在资本外流的同时，人才也离开了内地的辽阔农村……过去的社会精英有着强韧的地方关系并且与农村社会保持着某种接触，他们处于传统而多少还关心一些农民阶级的利益。但对于商业资产阶级和开放口岸的知识分子来说，情况却大不相同了。他们的生活方式、生活范围以及深受西方影响的思想意识，都使他们越来越远离农民阶级了。"②

这种中介桥梁的缺失使得城乡文化交流与互动功能陷于瘫痪和丧失，城市精英文化与乡村大众文化之间的隔阂与对立开始出现，而之所以会在城市出现传统乡村文化的延留和固守，则"可以通过区分城市社会中的不同阶级来找到，受近代科技和外国影响最大的是城市精英阶层的文化，这种文化对乡村的多数人来说是格格不入的，如果我们看到城市贫民的社会习俗、生活条件及娱乐方式，就会注意到古老的乡村文化在城市中的存在，当城市精英在文化上变得与乡村日益疏远时，城市贫民反而在社会文化方面一直与乡村生活保持着密切联系"③。

在城乡差别这个根本问题上的这种从经济层面到文化层面的探讨转向和角度也在很大程度上代表了城市史研究的研究趋向与转变，即学者们的研究志趣逐渐从关注经济为主题的总体宏观层面，过渡到偏于碎片化的城市社会文化微观层面，开始力图用一种新的文化视角来解读城乡问题，为我们呈现出城乡社会内部更加丰富多彩、更为立体全面的历史景观与大众百态。

---

① ［美］费正清：《伟大的中国革命（1800—1985）》，刘尊棋译，世界知识出版社，2000年，第75页。
② ［法］谢和耐：《中国社会史》，耿昇译，江苏人民出版社，1995年，第538页。
③ ［美］周锡瑞：《华北城市的近代化——对近年来国外研究的思考》，孟宪科译，《城市史研究》第21辑，天津社会科学院出版社，2002年，第18页。

三、问题与建议：城市史研究中的城乡发展审视

作为城市史的重要组成部分，城乡问题虽然已经受到诸多学者的关注，也取得了一定的成果数量，而且日益呈现出强劲的发展潜力，但总体而言，目前仍面临着一些问题，需要在今后的研究中加以重点突破和解决。

理论框架缺失。与城市史研究的窘境相同，城乡研究作为独立的学科远未成熟，甚至一些基本的概念和定义还存在模糊和分歧，需要进一步加以厘清析明；而在理论上也还受到"西学东渐"的影响，无法摆脱西方框架下的理论束缚，未能真正构建出具有中国特色、符合中国城乡实际的带有权威性的理论体系和框架。

研究区位失衡。研究中仍然存在"东多西少"和抓大放小的失衡现象，相对发达的沿海和沿江地区研究成果较多，而内陆和边疆省份研究相对薄弱；研究主要集中在少数大中城市周边，而中国各地差异巨大的大多数中小城市和小城镇的研究还处于薄弱或空白状态，这种状况严重制约了区域城乡研究和整体宏观研究的全面展开。比较性研究极度缺乏，尤其需要开展不同区域城乡的比较研究，目前这方面的成果不容乐观。

交叉研究缺乏。在研究中运用历史方法的成果较多，而交叉运用经济学、社会学、地理学的成果尚不多见，特别是对新文化史、网络分析、大数据方法的利用和借鉴还十分欠缺。尤其缺少对通史的融会贯通和缺乏能够统领古代、近代和当代的城乡发展的比较和总括性研究。另外，对一些社会文化、社会群体研究不够，如民间信仰、行业发展和非主流群体等方面继承性和融合性的研究。

针对中国城乡研究领域存在的上述问题，今后研究的方向和进路建议集中于以下几个方面：

重视方法与理论的创新。综合运用多学科方法，借鉴人类学、地理学与城市学的研究方法，加强对新文化史、网络分析的吸收和借鉴，总结各区域各时段城乡发展规律，通过有选择地借鉴西方成熟理论，加以吸收创新，构建整合具有中国城乡特色的

理论框架。

重视微观与宏观的结合。一方面要开展多层次、多角度不同地区的个案研究，尤其是中小城镇的城乡问题研究，这是当前研究的短板；另一方面要对区域城乡进行系统和分类研究，勾画出区域的整体发展特点和主线，进而形成长时段与短时段、点线面相辅相成、互为参考和借鉴的综合研究体系。

重视横向与纵向的比较。在横向上，重视比较同一时段不同地域的城乡发展特点，尤其是东西部、沿海与内陆等地区的城乡发展模式；在纵向上，加强对同一区域在传统、近代以及当代不同时段的多个主题，特别是在城乡信仰观念、社会生活和文化习俗等方面的研究，勾画出带有跨时代、长时期的发展异同和特点规律。

原载《武汉大学学报（人文科学版）》2017年第1期

中国城市史学科建设

理论方法与基本问题——改革开放以来中国城市史研究的探索

迈向学科的城市史研究

陈 恒

被称为"当代美国城市史奠基者"的阿瑟·施莱辛格（Arthur M. Schlesinger）在《城市的兴起：一八七八至一八九八年》（*The Rise of The City, 1878—1898*）扉页上意味深长地引用了经济学家威廉·托尔曼（William Howe Tolman）的话："我们现在是城市国家。"接着他又引用新教神学家阿博特（Lyman Abbott）的话："我们该如何应对伟大的城市？伟大的城市又是如何影响我们的？这两个问题是每一个有思想的美国人都要面对的。因为，这两个问题所涉及的不再仅仅与城市有关。整个国家都处于伟大城市的影响之下，国民性格和国家历史莫不如此……不管城市带来的是好还是坏。人类现在生活在一种不可思议的混合共同体中，经受着城市带来的至善与至恶之混杂状态下的磨砺。"可见，施莱辛格试图创建一种解释美国文明的新模式，他把"伟大城市"融入弗雷德里克·特纳（Frederick Jackson Turner）的"边疆学说"，认为城市才是理解、解释美利坚民族特性的核心。这一概念大大改变了研究者的视角，引起广泛影响，是城市研究的一个重要标志，为城市史研究奠定了理论根基与思想基础。

当今学科意义上的"城市史"发端于"二战"后的英美，两国的史学界在人才培养、组织机构、论坛、刊物建设、出版等方面为城市史成为当代学术研究中的一个分支学科做出了重要贡献。

英国"城市史之父"戴奥斯（Harold James Dyos）被视为现代城市史研究的奠基者。他认为"在这个国家，存在一个几乎是必然的选择——假如历史学家对社会

理论方法与基本问题
——改革开放以来中国城市史研究的探索

变化感兴趣,对地方政治感兴趣,或者对特定环境下的建筑形式感兴趣,无论哪一种形式的兴趣——自然会被卷入或致力于研究城市生活及其制度"(B. Stave, "A Conversation with H. J. Dyos: Urban History in Great Britain")。他于1963年在莱斯特大学创办了《城市史通讯》(Urban History Newsletter),每年两期,成为这一研究领域的研究指南;1968年,他主编并出版会议论文集《城市史研究》(The Study of Urban History);此后举办了一系列城市史讲座,1973年结集出版《维多利亚时代的城市》(The Victorian City,和 Michael Wolff 共同主编);1974年创办《城市史年鉴》(Urban History Yearbook),该年鉴一直出版到1991年,1992年起改为《城市史》(Urban History),已成为城市史研究者的必读刊物。这一切为城市史研究奠定了扎实的学科基础。

城市史研究在20世纪60年代呈快速发展趋势,到80至90年代则逐渐形成了独立的研究组织。如在欧盟的支持下,欧洲城市史协会(European Association for Urban History)于1989年成立。其宗旨是为历史学家、地理学家、社会学家、人类学家、艺术史家、建筑史家、规划学家及其他学者提供一个跨学科的平台,就城市史进行多维度的研究。美国历史学会则在20世纪50年代成立了城市史小组;60年代爆发的遍及美国各地的几百起种族骚乱,带来了大量伤亡,这让历史学家认识到城市史研究的重要性;1974年创办的专业期刊《城市史杂志》(Journal of Urban History),成为城市史研究的重要阵地;1988年城市史学会(Urban History Association)成立,并于1989年创办了《城市史通讯》(The Urban History Newsletter,每年两期)。

经过学者们的不断努力,人们终于认识到城市史是了解人类文明的新途径。对"城市"的定义不一,有从制度或共同体的层面来定义的,有以某地区可为其他定居点提供服务功能的多少来定义的,也有从人口临界点来定义的……无论如何界定城市概念,不可否认的是,世界上各主要文明的形成往往伴随着城市的产生,正是人群的大规模集聚对管理提出了更高要求,从而催生了早期国家、官僚体系和贸易活动。正如法国历史学家费尔南德·布罗代尔(Fernand Braudel)所说:"城市永远是城市,不论它位于何处、产生于何时、空间形式如何。"

自此，城市史已成为史学的一个分支学科，有自己固定的研究队伍、学术会议、论坛、专业刊物，也有自己的研究主题、方法和价值追求，已不是先前被人们认为的"百纳主题"或"知识领域"，并为学术界贡献了很多出色的城市史著作。就著述体裁而言，城市史著作大概不外乎以下三种类型：城市传记、城市化、城市生活。

城市传记是有关城市的综合性通史，以宽视野、长时段来考察一座城市的形成、发展与嬗变。通过叙述气候、地理、环境、规划、住房、人口、经济、宗教、艺术等来展示城市性格的形成，有时也会与其他城市进行对比研究。这类作品关注的是具体城市的出现与发展，以时间为经度进行叙事，擅长修辞，但缺乏概念的提炼与意义的升华，不关心城市化的总体进程。当下流行的《耶路撒冷三千年》就属于此类。需要说明的是，在城市史学出现之前，英美国家业已出现的城市传记类作品，多数由非专业史家撰写，属"记事体"——如实记述城市发展，不重语言修辞。但这些关于纽约、芝加哥、圣路易斯、克利夫兰等城市的传记日后成为城市史专家可供参考的重要史料。由阿尔弗雷德·安德烈亚斯（Alfred Theodore Andreas）于1884年出版的三卷本《芝加哥史》（*History of Chicago*）即属于这种早期的城市传记作品。

城市化是人口从乡村向城市转移的一种自然结果。工业化加速了城市化进程，近代帝国主义的扩张则大大拓展了工业化和城市化的空间。这是一个长期的过程，一直延续至今。很多城市史家将城市化视为城市撰述的一种类型，即研究者把城市作为一种过程来叙述。西班牙工程师塞达（Ildefonso Cerdá）于1867年最早提出城市化（Urbanización，即英语所称的Urbanization）这一概念。塞达在有关城市化的论述中提出"乡村化城市，城市化乡村"这一概念，并说："我们乡村化城市，就像我们城市化乡村一样。"把原本不属于城市的土地归入城市的范围，没有一个比Urbanizar更合适的动词去表达这个概念。Urbanizar在西班牙语中的本意为"使……变成都市"，即拥有城市的属性。不仅如此，我们还使用它的反义词Rurizar，意指乡村化。这方面的个案研究不胜枚举，宏观研究也令人耳目一新，如刘易斯·芒福德（Lewis Mumford）的《城市发展史：起源、演变和前景》、简·雅各布斯（Jane Jacobs）的《美国大城市的死与生》、彼得·霍尔（Peter Hall）的《文明中的城市》、保罗·霍恩伯格（Paul M. Hohenberg）和林恩·霍伦·利斯（Lynn Hollen Lees）的《都市欧洲的形成（1000—1994）》、布赖恩·贝利（Brian L. Berry）的《比较城市化：20世纪的不同发展道路》等，都堪称城市史研究的经典之作。

城市化不仅是人口从乡村转移到城市，还包括转化为城市生活方式，"人们来到城市是为了生活，人们居住在城市是为了生活得更好"（亚里士多德语），因此，不少城市史家把"城市作为一种生活方式"来叙述，即把城市当作人类的处所。这类著作的一个共同点是：作者只关注城市里发生哪些事，这些社会、文化、艺术、宗教、经济、政治的研究都是关于城市生活的，但却很少与城市的历史相关，讲城市里发生的故事，而不是讲城市演变的历史。比如《城市妇女：近代早期伦敦的钱、性和社会秩序》就是对16、17世纪伦敦普通女性的研究。

彼得·克拉克（Peter Clark）主编的《牛津世界城市史》大致属于第二种类型的城市史研究集成，重点关注的是全球城市的发展趋势。克拉克召集了这一研究领域的五十五位学者共同完成了这一著作。作者队伍中有剑桥大学古典学家罗宾·奥斯本（Robin Osborne）、剑桥大学文化史家彼得·伯克（Peter Burke）、圣母马利亚大学全球史教授菲利普·费尔南多–阿梅斯托（Felipe Fernández-Armesto）、新泽西州立大学城市史教授安德鲁·利斯（Andrew Lees）、约翰·霍普金斯大学汉学家罗威廉（William T. Rowe）、宾夕法尼亚大学东亚艺术教授夏南悉（N. Steinhardt）、莱顿大学东亚与东南亚历史教授包乐史（Leonard Blusse）、比利时汉学家魏希德（Hilde De Weerdt）、布法罗纽约州立大学历史学教授司昆仑（Kristin Stapleton），以及华人学者陈向明、孔皓峰、詹韶华等，可谓是这一领域的学术全明星队。全书由早期城市（从城市起源之时到600年左右）、近代早期城市（从600年左右到19世纪）、近现代城市（从19世纪至当下）三大板块构成。每一部分又由概览（对主要城市体系中的大趋势进行个案研究）和专题（对若干关键变量进行比较分析，如权力、人口与移民、环境、商业网络等）两部分组成，共计四十四篇专论。不敢说这本书中每一篇文章都是能反映当下城市史研究最好的文章，但就总体而言，该书是最能反映当代世界城市史研究的成就与水准的一部著作。

城市的发展趋势、城市区域的延展、城市体系的形成、城市结构的细化……一言以蔽之，城市的系统性是如何演化的，是本书研究的重点。城市是在历史进程中形成的人类最为宏伟的标志物，堪称人类最伟大的创造。城市化进程是错综复杂的，在这些进程中，有的村落、村庄演变成小的城镇和大的城市，甚至成为伟大的城市，有的则衰落了。在本书作者看来，有关这些城市兴衰的叙事不外乎三种模式：循环史观中的城市、线性史观中的城市和革命史观中的城市。

第一种城市叙事是循环的和周而复始的。将历史视为一个过程的观念在西方源自古代希腊。公元前8世纪的希腊诗人赫西俄德认为人类社会的演进可分为黄金时代、白银时代、青铜时代、英雄时代、黑铁时代，不断循环发生。这种观念一直笼罩着古典世界直到基督教的进步史观出现为止，历史上伟大城市的兴衰则为这一模式提供了解释的案例。城市兴衰与人类文明兴衰的关系如何？城市在历史上发挥了怎样的作用？建设满足人类需求、可持续发展的新型城市是否可能？城市是实现人类大同的乌托邦吗？城市是帕特里克·格迪斯所说的"坟场"吗？这些问题都是在人类城市的历史过程中逐渐形成的，因此要了解这些问题并找到解决办法，城市史家就必须明了城市的兴衰。

第二种城市叙事是发展的和线性的，在19世纪，这种线性模式在进步观念的包装下被奉为圭臬。线性史观包含了这样的观念，即从开始到结束是一个连续的过程，但终点和起点是不一样的。基督教教义把城市比喻为获得救赎的希望之塔。圣奥古斯丁区分了此岸罪恶的"地上之城"与彼岸圣洁的"上帝之城"。16世纪的加尔文教徒就把约翰·加尔文主宰下的日内瓦视作神圣的天堂。自18世纪以降，这种线性观在欧洲和北美经历了世俗化，表现为改良与进步的城市观念。城市发展被视为某种累积性的仁慈趋势的一部分：识字率的提高、商业的广泛性、技术的发展、公民的自由等。这一趋势让人回想起德国那句谚语："城市的空气使人自由。"进步的城市将有可能最终解放每一个人，理想城市也将随之出现——幸运的是，这一次它将出现在人间。具有讽刺意味的是，城市进步带来的不仅是繁荣昌盛，还有无序、冲突、犯罪、疾病、污染、拥挤等。

这些不良现象在马克思主义者看来都是资本主义制度不可避免的。马克思也一直关注城市问题，恩格斯的《英国工人阶级状况》更是经典的城市著作。在他们看来，资本主义时代的工业城市居住着大量愤愤不平而且受到剥削的雇佣工人，他们正在为其他人创造财富，自己却生活潦倒。城市中的这种不良现象，或者说城市经济发展与社会进步的"二律背反"，为马克思、恩格斯的革命主张提供了现实基础，城市革命将随之发生。后来，芒福德在批判"无情的"焦煤镇时也支持这种观点。在他们看来，城镇既是旧事物的溶剂，又是革命的熔炉。城市革命也成为城市发展的另一种驱动力。

城市发展的动力因素有哪些？这些动力因素是如何相辅相成的？在不同时代又是如何变化的？这是本书的另一个研究重点。城市与权力、市场、经济、移民、宗教、文化、规划等因素之间的关系如何？这些因素与不断加强的国家之间的关系又如何？随着时间的推移，这些随时空不断变化而组成的动态关系在全球化背景下呈现出何种面貌？城市之间的竞争与合作是城市发展的驱动力之一，对历史进程也产生了很大影响。城市的竞争是基于资源、贸易、人口、宗教等方面的优势或话语权而言的，自古以来就是如此。城市间的合作表现为互相效法，对彼此之间的统治策略、基础建设、文化生活等方面的学习。而后，世界城市、全球城市也随之出现，逐渐演变为全球化的一个动因。这衍生出一系列新词汇，如巨型城市、超级城市、城市群、城市圈、区域城市化、巨型区域、全球城市、全球城市圈等。

彼得·霍尔在1966年出版的《世界城市》（The World Cities）一书，是最早以全球眼光审视大都市的著作之一。在20世纪80年代，约翰·弗里德曼（John Friedmann）、安东尼·金（Anthony King）等人的一系列文章则使这一视角得以普及与丰富，并逐渐形成"全球城市"的概念。早前，布罗代尔认为"世界城市"是特定的"世界经济"中心，是"磁力般的城市中心"。弗里德曼则认为，世界城市是少数位居全球城市顶端的巨大城市区域，它在世界范围内控制生产和市场扩张。世界城市也可能是国际资本集中和积累的主要节点。从20世纪90年代开始，人们的注意力转向了发达的资本主义世界，美国社会学家萨斯基雅·萨森（Saskia Sassen）在这方面起了至关重要的作用。她的《全球城市：纽约、伦敦和东京》被认为是探索经济全球化运作的绝好案例。

上述这些研究都借用了比较的方法，这也是目前城市史研究中最常见的方法。城市的比较研究方法源自芝加哥学派，他们于20世纪20年代就试图建构城市的综合模型。但就史学中的比较研究方法而言，法国历史学家马克·布洛赫（Marc Bloch）是最早推崇比较史学研究法的历史学家之一。他认为，即使在毫无关联的社会之间也存在一种共通的历史。"二战"后，法国年鉴学派愈发关注城市研究，为城市史领域中的比较研究的发展提供了更为重要的推动力。布罗代尔在《地中海与菲利普二世时代的地中海世界》一书中就对南欧、北非、近东部分地区的城市发展进行了比较研究。因此，本书承继史学传统，采用了比较研究方法，以比较方法宏观看待城市史，这一思想自始至终贯穿全书的各个主题研究。

最后需要一提的是，该书为"牛津手册"丛书之一。该丛书由牛津大学出版社邀请全球资深学者领衔主编，涵盖范围极其广泛，分艺术人文、社会科学、法学、医学四大系列，几乎涉及人类知识的各个领域。丛书注重前沿性、原创性、思想性、学术性、通识性，既可深度研读又可快速查阅，已成为各个学科的权威参考书。目前，仅"艺术人文"系列所出书籍已达800种，且每一本的内容都全面、系统且丰富，如本文所介绍的《牛津世界城市史》，其中译本近百万字。四大系列合计出版的书籍总数已达1600多种，且在不断推出新品，可以想象这家出版社对学术出版的执着、坚持与韧劲。

（Peter Clark, ed., *The Oxford Handbook of Cities in World History*, Oxford: Oxford University Press, 2016. 中文版《牛津世界城市史》将由上海三联书店出版，陈恒、屈伯文、吕和应等译。）

原载《读书》2019年第12期

新时代新使命新目标：推进中国特色的中国城市史学"三大体系"建设

何一民

2017年党的十九大作出中国特色社会主义进入新时代的重大政治论断。新时代的奋斗目标就是"决胜全面建成小康社会、进而全面建设社会主义现代化强国的时代。中国社会将在完成第一个百年目标之后，分两步走用三十年的时间全面实现现代化，把中国社会建设成为富强、民主、文明、和谐、美丽的社会主义现代化强国"[①]。城市化是中国走向现代化强国的必经之路，而历史上的城市和今天的城市是建设未来城市的重要基础，因而加强中国城市历史研究，对于中国建设现代化强国有着重要的学术意义和现实价值。改革开放以来，中国城市史学"三大体系"建设开始起步，40年来取得了很大的成绩。今天，在中国进入新时代的重要转折时期，中国城市史"三大体系"建设进入一个新的发展阶段，相关研究者也需要进一步重新审视中国城市的发展历史，总结其发展经验，探索其发展规律，创新其发展理论，将中国城市史研究与新时代城市建设相结合，进一步完善和发展具有中国特色的中国城市史学"三大体系"。

---

① 辛鸣：《新时代是中国特色社会主义新时代》，求是网评，2018年6月7日，https://www.qstheory.cn/wp/2018-06/07/c_1122950015.htm。

一、中国城市史学"三大体系"的初步构建的重要条件

中国是世界城市发源地之一,大约在距今6000—4000年之间,早期史前城市就已经遍布黄河和长江流域。数千年来,有关城市的记载不绝于书,但关于中国城市历史的研究却起步甚晚。20世纪初年,梁启超先生撰《中国都市小史》[1]《中国之都市》[2],才开启了中国城市史研究的新方向。其后,虽也有少数学人涉及城市史研究[3],然由于多种原因,研究者寥寥无几,并未构成学科体系。中华人民共和国成立后,部分学者开始对不同历史时期的城市进行了若干研究,特别是对单体城市和城市经济研究着力较多,撰写了若干论著,但城市史并未作为一个独立的学科出现,也未形成整体研究的态势。

改革开放以来,中国城市史学异军突起,经过40年的发展和积累,逐步形成了以马克思主义城市史观为指导的具有中国特色的城市史学,建立起了中国城市史学科体系和学术体系的基本框架,话语体系建设方面也取得了重要进展,中国城市史已成为中国历史学的一个分支学科,被教育部和国家社科工作办公室确定为一级学科中国史下的二级学科专门史下的三级学科。中国城市史学在学科体系、学术体系和话语体系的建设之所以取得相当突出的成就,并初步发展成为独立的学科,主要在于中国城市史学具备了三个方面的重要条件。

(一)专业性研究机构的建立和有着固定研究方向的研究人员的长期存在,是中国城市史学"三大体系"建设的重要条件之一

40年来,中国城市史学之所以能成为独立的学科,首先与国内部分高校和科研院所相继建立了多个中国城市史教学和科研机构有着直接的关系。1988年,四川大学率

---

[1] 梁启超:《中国都市小史》,《晨报》七周纪念增刊,1926年10月。
[2] 梁启超:《中国之都市》,《史学与地学》1926年12月第1期、1927年1月第2期。
[3] 子诚:《我国都市之发展与财源》,《建设月刊》1935年8月第9卷第2期。

先成立了国内最早的以中国城市史为主要研究方向的学术机构。其后，上海社会科学院、天津社会科学院、中国社会科学院、上海师范大学、华东师范大学、浙江大学、浙江师范大学、江汉大学、重庆大学等也都先后设立了与中国城市史相关的研究机构。四川大学城市研究所是集科研和教学于一体的学术机构，40年来，先后承担了3项国家社科基金重大招标课题，6项国家社科基金重点课题，十余项国家社科基金年度课题和青年课题，作为城市史学科的开拓者和领先者，四川大学城市研究所不断引领学术潮流，科研水平居于国内本学科前沿地位，科研成果受到学术界高度认可。团队成员多次获得国家哲学社会科学优秀成果奖、中国图书奖、教育部和四川省社科优秀成果奖等奖励，在学术界产生了广泛影响，现已形成一支综合研究能力强、梯队层次健全、对外交流广泛、学科专业涵盖面广的研究队伍，拥有专、兼职研究人员21人，其中教授（研究员）15人，副教授6人，19人具有博士学位。同时，四川大学城市研究所在教学和人才培养方面也成绩突出，以中国城市史为重要研究方向的四川大学地方史专业成为全国第一个地方史博士授权点，后以此为基础发展为国家重点学科"专门史"，并长期开设本科生公选课"中国城市史概论""中国近现代城市发展"等课程，研究生专业课"中国古代城市史专题""中国近现代城市史专题""中国城市史文献导读""中国地方城市史专题""中国城市文化史专题""中国城市社会史专题"等课程，为专门史城市史方向硕、博士培养提供了完善的教学体系。自1994年获得博士学位授权点以来，四川大学城市研究所先后培养了80多名博士，300余名硕士，历届博士毕业生分别就职于南京大学、四川大学、电子科技大学、西南交通大学、山东大学、江汉大学、西南大学、广州大学、四川师范大学、江西师范大学等国内知名高校，历届毕业生中成为教授博导者30余名，副教授者60余名，皆为各大高校的学术骨干。另外，四川大学城市研究所也为党政机关、事业单位培养出大量专业性人才，其中有不少人已经成为相关领域领导或业务骨干，据粗略统计，近20年来所培养的历届学生中，现有厅级干部9人，处级干部20余人。四川大学城市研究所还注重教材建设，所撰写《中国城市史纲》（1994）、《中国城市史》（2012）曾长期作为历史专业、规划专业和建筑专业的教材；《成都学概论》于2010年出版后，成为国内地方学、城市学人才培养的重要教材；新近编撰的《中国城市简史》也已列入四川大学历史文化学院教材出版计划。

（二）全国性专业学会的建立和常态化召开专业性学术年会、学术研讨会等，是中国城市史学"三大体系"建设的另一重要条件

中国城市史研究者早在20世纪80年代末就开始酝酿成立全国性学会。但当时由于多种原因，成立学会存在诸多困难，因而只能通过召开学术研讨会等方式来凝聚分散在全国各地的中国城市史教学与科研人员。从1988年到2007年，以城市史研究为主题的学术交流活动在成都、上海、重庆、武汉、天津、青岛、杭州、兰州、西安等城市多次举办，学术研讨蔚然成风。随着越来越多的学人加入中国城市史学行列之中，研究队伍不断扩大，2008年以后，建立中国城市史学会组织的工作也再次被提上日程。2012年秋，中国社会科学院、四川大学、上海社会科学院、天津社会科学院、江汉大学等单位的学者在成都成立了中国城市史学会筹备会。2013年，中国城市史研究会正式成立，研究会以汇聚学术力量和研究成果，构建学科体系、学术体系和话语体系为目标，以推动中国城市史学创新和繁荣为宗旨，其会员人数达200余人。

中国城市史研究会成立后，开展学术交流形成了机制，开始定期举办学术研讨会，先后召开的学术会议主要有9次，参见下表：

时间	地点	主办单位	会议名称
2013.6.20-6.24	重庆	中国城市史研究会、中国抗战大后方研究中心、西南大学历史文化学院、四川大学城市研究所	"城市发展与中华民族复兴"学术研讨会暨中国城市史研究会首届年会
2014.9.26-9.28	金华	中国城市史研究会、浙江师范大学江南文化研究中心、四川大学城市研究所等	第三届江南文化论坛暨首届中国城市史研究高端峰会
2015.9.19-9.20	武汉	中国城市史研究会、江汉大学、四川大学城市研究所	"战争、灾难与近代中国城市发展"学术研讨会暨中国城市史研究会2015年年会

续表

时间	地点	主办单位	会议名称
2016.10.21–10.26	成都	中国古都学会、中国城市史研究会、成都古都学会、四川大学城市研究所	中国古都学研究高峰论坛
2017.10.13–10.15	金华	中国城市史研究会、浙江师范大学江南文化研究中心、上海人民出版社	《江南城镇通史》发布会暨中国城市史研究高端峰会
2017.4.7–4.8	成都	四川省社会科学院、中国城市研究会等主办，四川大学城市研究所等承办	"天府之国与丝绸之路"国际学术研讨会
2018.10.26–10.28	成都	中国城市史研究会、四川大学城市研究所	"中国与世界：多元视野下的中国城市史研究"学术研讨会暨城市史研究会2018年会
2018.6.22–6.24	天津	中国城市史研究会、天津社会科学院	"新时代城市史研究的路径与指向"暨《城市史研究》创刊30周年高端论坛
2019.12.4–12.10	武汉	中国城市史研究会、《城市史研究》杂志社、四川大学城市研究所、江汉大学城市研究所	"陆海时代视阈下的中国城市史"首届中国城市史研习班

以上这些学术研讨会都有研究主题，与会者所提交的论文数量多、质量高，不仅有利于深化中国城市相关专题的研究，而且有助于推动中国城市史学科体系、学术体系和话语体系的建设。

（三）创办专业性期刊杂志，也是中国城市史学"三大体系"建设的重要推动力和条件之一

早在20世纪80年代，中国城市史研究者就十分重视对专业期刊的建设，在1988年创办的《城市史研究》，作为城市史研究的专业刊物，一经问世就受到高度重视，发表了若干重要的学术成果，成为城市史专业人才产出成果的摇篮。该刊至今已经出版46辑，"现为中国城市史研究会会刊，由天津社会科学院和中国城市史研究会主办，

社会科学文献出版社出版发行，其宗旨是为研究城市史的基本问题和理论架构、学术前沿与热点等提供交流平台，倡导人文科学与自然科学的结合、交叉学科和多学科的综合研究，从历史、政治、经济、社会、文化、生活和空间、地理、规划、环境、建筑等多重视角推进城市史研究的发展，推进历史学、城市学学科建设，为我国城镇化发展提供借鉴和启示。"[1]30多年来，《城市史研究》辑刊在推动中国城市史"三大体系"建设方面起到了重要的作用，尤其是近年来，该刊因其广泛的学术影响力，已经被收入到CSSCI期刊目录，并多次被社会科学文献出版社等单位评为优秀辑刊。

中国城市史学相比改革开放以来其他一些新兴学科，正是由于具备了以上所述若干重要条件，故而"三大体系"建设取得了较大的进展和较佳的成绩。

二、中国城市史学"三大体系"的初步构建的主要表现

40年来，中国城市史学"三大体系"建设取得相当的成就，主要表现在研究成果十分丰硕、高层次的课题和高水平的研究成果不断涌现、理论和方法创新有较大突破，形成了初步的理论模式和研究范式，在学术界产生了较大影响。

中国城市史学"三大体系"建设之所以取得较大的发展，是与改革开放以来国家哲学社会科学规划领导小组长期对中国城市史相关研究的高度重视分不开的，从国家哲学社会科学"七五"规划到"十三五"规划，设立的与中国城市史相关的国家课题多达上百个，仅2016—2019年四年间所设立的国家社科基金课题就多达47个，其中既有重大项目，也有重点项目，占数量较多的则是青年项目。此外教育部和各省市哲学社会科学规划课题也都持续设置有中国城市史学课题。正是在国家哲学社会科学规划学术导向作用下，越来越多的研究者向中国城市史学领域靠拢，其研究领域不断扩展，有力地推动了中国城市史学的发展，呈现出方兴未艾的繁荣发展景象。

---

[1] 任吉东：《经世以致用 集刊以专成——新时代城市史研究的路径与指向暨〈城市史研究〉创刊30周年高端论坛侧记》，《城市史研究》第39辑，社会科学文献出版社，2018年。

1. 单体城市研究的普遍化和深入化。20世纪80年代，研究者主要围绕少数新兴大城市开展研究，并着意于这些新兴大城市从传统到现代的变迁过程研究，力图从整体上说明这些大城市的地理、经济、政治、文化的多层次结构状态及其演变的过程。20世纪90年代以后，单体城市研究仍然是中国城市史学的一个热点，但与80年代不同的是出现了两个新的特点，一是单体城市研究的范围大大拓展，从对少数新兴城市的研究拓展到对其他更多的城市进行研究，除对大城市研究外，越来越多的中小城市研究也受到重视，并从通商口岸城市研究向内地各种不同类型城市研究扩展，如关于北京、成都、济南、广州、苏州、无锡、杭州、昆明、沈阳、大连、自贡、本溪、鞍山、洛阳等城市都有一批研究成果问世。二是单体城市研究向多层次、多角度、多学科交叉研究深入发展，对城市的经济、政治、文化、建筑、社会生活、阶级阶层等领域广泛展开研究，不少城市的研究成果都十分优秀，如《上海通史》（30卷）、《北京通史》（10卷）、《成都通史》（7卷）、《重庆通史》（3卷）、《杭州史稿》（5卷）等都是具有重大影响的优秀成果；此外，各种不同单体城市的专题研究成果更是"乱花渐欲迷人眼"。

2. 研究领域向纵深拓展，主要表现在从单体城市研究向区域城市研究拓展。1990年代以后，国家社科基金重点课题的设置不再以单体城市为主，而是强调对不同类型城市和区域城市的综合研究，先后批准的国家重点课题有"中国近代不同类型城市综合研究""东南沿海城市与中国近代化研究""近代华北城市系统研究""山东城市史研究""近代中国城市发展与社会变迁研究""近代衰落城市研究""20世纪新疆城市与区域发展研究""西藏城市发展与社会变迁研究"等，这些新课题的最终成果也都成为影响较大的优秀学术专著。

3. 中国城市整体史研究受到关注。从20世纪90年代开始，相继出版的中国城市通史性著作就有多部，在学术界产生了广泛的影响，如《中国城市史纲》即获得中国图书奖。2012年国家社科基金更是将编纂大型多卷本中国城市通史列入重点项目，该项目现已经完成，最终成果达450万字，已由四川大学出版社出版。通过中国城市整体史研究，中国城市史学的系统性和完整性得到提升，并在探索中国城市发展规律、城市发展道路特点等方面取得很大进展。

4. 出现了将学术研究与现实服务相结合的新趋势。20世纪90年代以来，各地城市史研究者都具有较强的时代服务意识，他们力图摆脱传统的研究框架和范式的束缚，努力寻求历史与现实的结合点，在研究内容、理论与方法等方面都具有较强的历史透视作用，"城市史已经成为寻求历史学与现实社会相结合的一条有希望的途径"[1]。

5. 理论方法的探索与创新，是"三大体系"建设的重要内容。中国城市史学以马克思主义为指导，广泛吸纳多学科的理论与方法，初步奠定了中国城市史的理论体系。早在20世纪20年代，西方部分学者就开始对中国城市史进行研究，其后数十年间西方学术界在中国城市史研究方面取得很大成就，形成了若干理论模式和研究范式[2]。因而中国城市史研究者在研究之初，一方面以开放的心态广泛地学习西方城市史学以及其他相关学科的理论和方法，另一方面也以马克思主义为指导，结合中国国情对中国城市史相关理论进行了一系列理论探索，取得了相当的进展。如对中国城市史研究的目的、意义，中国城市史研究的主要对象，城市化与现代化，现代化与半殖民地化，城市体系、空间布局，城市的功能结构，城乡关系，城市发展动力等理论问题都进行了较为深入的探讨；另外，四川大学、天津社会科学院、武汉社会科学院的部分学者还分别提出了中国城市史研究的理论模式和研究范式，初步形成了"结构—功能学派""综合分析学派""社会学派""都市文化学派"，以及"人文生态学派"等不同的城市史学研究路径，这些多元的理论与方法的探索反映出中国城市史研究者的学术创新，有力地推动了"三大体系"的建设。

近40年来，国内的中国城市史学研究者筚路蓝缕，开拓创新，辛勤耕耘，在中国城市史学领域产生了一批丰硕成果。有学者统计，仅自1979年至1994年，国内出版的关于近代中国城市史的专著、资料集、论文集便已多达534部，关于中国城市史学

---

[1] 任云兰：《第三届近代中国城市研究学术讨论会综述》，《城市史研究》第6辑，天津教育出版社，1991年，第138页。
[2] 魏楚雄：《挑战传统史学观及研究方法——史学理论与中国城市史研究在美国及西方的发展》，《史林》2008年第1期；[美]卢汉超：《从精英到大众：近年美国中国城市史研究的"从上到下"取向》，《史学月刊》2008年第5期。

的论文则多达上千篇①。另据中国期刊全文数据库统计显示,自1986年至2008年,仅《历史研究》《近代史研究》《中国史研究》《史学月刊》《史林》《中国历史地理论丛》《史学集刊》《历史档案》《中国社会经济史研究》等9家主要人文社科期刊所刊发的与城市史相关的论文就有505篇,占各期刊发文总数的2.8%。近十余年来,在各类期刊、论文集所发表的城市史论文更是多达数千篇,通过知网统计,仅2016年至2020年初的四年多时间内发表的中国城市史的论文就有近800篇。总之,改革开放以来,中国城市史研究者在传承中国历史学优良传统的基础上,以开放的视野、开拓创新的精神开展了一系列城市史研究的课题,取得了丰硕的成果,从而为中国城市史学科体系、学术体系和话语体系建设奠定了基础。

总体而言,改革开放40年来,中国城市史学已经建立起一个现代学术体系的基本框架,不仅在学科体系建设与学术体系建设方面取得长足的进步,而且在话语体系建设方面也成效显著,中国城市史已成为中国历史学科最为活跃的分支之一,在学术界有着较大的显示度和影响力。

三、加快完善中国城市史学"三大体系"的思考

党的十八大以来,中华民族伟大复兴开启了新的征程,以习近平同志为核心的党中央对加快完善具有中国特色的哲学社会科学"三大体系"指明了发展方向,提出了新的要求,提供了新的遵循。中国城市史学作为一门新兴学科,其综合性和交叉性特点使其站在了新的历史起点上,迎来了新的发展机遇。但是中国城市史学作为一门学科,自身也存在诸多不足,还不能满足新时代发展的需求,因而当下中国城市史学的一个重要目标,就是要为中国城市史成为一门独立学科寻求内涵上的合法性依据,并使中国城市史的基础理论知识系统化、科学化、规范化,加快完善"三大体系"。

学科是指一定的知识领域的学术分类,即学科表现为一定科学领域或一门科学的

---

① 张利民:《近代中国城市史论著索引》,《城市史研究》第13—14辑,天津古籍出版社,1997年。

分支。学科体系划定了相应的学术领域，明确了各自研究对象，学科体系建设是学术体系和话语体系建设的基础支撑；此外，在我国高校教学科研部门还有着学科专业的重要意义，能否列入教育部相关学科分类目录对于一个学科的发展来说至关重要。因而中国城市史学科建设要两者并重，既要强调学术分类，也要重视学科专业，两者既有区别，也有联系。目前一些很热门的学科，如边疆学、全球学、地方学、古都学等都希望列入教育部的学科分类目录但却未入门径。相比之下，中国城市史从学科专业而言已经在教育部的学科目录中，被纳入三级学科范畴，故而成为一门独立的学科。但是中国城市史学作为一门独立学科，在学科体系和学术体系建设方面还有若干薄弱环节，其基础理论、基础知识的系统化、科学化、规范化还多有不足。因而需要通过完善学术体系来促进学科体系建设，通过话语体系建设来提升学术影响力与社会传播力，尤其是需要加强中国城市史学科内在性要素和外显性要素的建设与整合，加强理论方法的创新。

（一）加强学科建设的内在性要素建设

学科建设内在性要素包括研究方向的凝练、学术队伍建设和科研基地建立等方面。

首先中国城市史学科要进一步明确新时代的学科定位，明确研究对象。中国城市史作为一门独立学科，其学术研究具有独特性、不可替代性，并非是可有可无，或多学科的大杂烩。城市是人类文明的产物，也是文明发展的载体和人类的重要栖身之所，历史上的城市对于人类社会的发展起着十分重要的作用，而当下和未来更是成为影响人类发展的中心和动力源。因而研究城市历史，探寻其发展规律并不是可有可无的事情。在新时代，中国城市史学研究者应具有时代使命感和责任感，并以此来凝练研究方向，探寻问题。当下中国城市都完成了从传统农业时代城市向现代工业城市转型的历史过程，在百余年的转型过程中，中国城市的发展并非一帆风顺，而是历经了曲折和艰难，其原因是多方面的，盲目照搬和模仿西方发达国家城市的经验是其原因之一。19世纪中叶以来，"师夷长技以制夷""要救国，就要维新，要维新，就要学

理论方法与基本问题
——改革开放以来中国城市史研究的探索

外国"成为一种固定的思维模式,学习西方,按照西方国家的发展方式来建设中国,成为一种共识,不是学习英日,就是学习法美,或者是学习苏联。总之,亦步亦趋,始终跳不出追赶式学习型思维模式的窠臼。今天,中华民族伟大复兴进入新时代,中国城市发展当然需要借鉴世界先进城市的发展经验,但更重要的是如何立足中国,结合中国实际,走出一条符合中国国情的城市现代化发展道路。中华文明是世界上唯一未曾中断的文明,而中华文明之所以未曾中断,与以郡县制为基础的中国城市行政等级体系的长期延续有着密切的关系,加上中国辽阔的地域和庞大的人口,中国城市一开始就与西方国家有着不同的发展路径和发展规律,当下亟须加强对中国城市历史的系统性研究,总结其历史经验,探寻其发展规律,并用以引导城市的发展。21世纪是"城市世纪",全球已经有一半以上的人口聚集于城市,人类将从工业社会跨入信息社会,中国也将进入大城市化的关键期,城市化策略问题、超大城市发展问题、城市群与区域经济协调发展问题、城市治理问题、城市环境与可持续发展问题、城市更新与文化特色保护等,都是中国城市化道路中不可回避、亟待解决的重要议题,因而中国城市史学研究者应该根据时代的需要来凝练方向,探寻研究问题。

其次,学术平台和学术队伍建设对学科建设十分关键。学术队伍建设包括学术机构的建设、学术带头人的培养和学术团队的构建。学术机构是学科发展的载体,学术带头人是学科发展的核心,而学术团队的建设是学科发展的重要基础。20世纪八九十年代,中国城市史学兴起之初,先后有张仲礼、隗瀛涛、皮明庥、罗澍伟等一批老一辈专家学者筚路蓝缕,开拓创新,运用他们的影响力和学术资源分别构建了多个学术研究机构,并通过国家重点课题及一系列相关课题来引领中国城市史学的发展,由此推动了中国城市史学的快速兴起。21世纪以来,则有熊月之、何一民、张利民、涂文学、周勇、李长莉等人薪火相传,成立了中国城市史研究会,进一步引领中国城市史学不断向前深入发展。因而如何创造更好的学术生态环境和条件,帮助年轻一代的学术骨干成为学术带头人,变得十分重要。

在学术团队建设方面,近年来,成绩还是比较显著的,在中国城市史学科建设的过程中特别需要提到的是中国城市史研究会的建立。该学会的成立标志着中国城市史学正在形成全国性的团结协作，一个跨学科、跨时段、具有创新意识和团队合作精神的学术共同体正在全国范围内形成。中国城市史研究会成立以来，每年都召开大中型的学术会议，团结了一批有志于城市史研究的中青年学者，有力地推动了中国城市史学的发展。

（二）加强学科建设的外显性要素建设

学科建设的外显性要素包括人才培养、学术研究与服务社会、提高学科学术影响力和社会显示度等。人才培养的重要基地是高校，特别是具有博士学位和硕士学位授权点的高校承担着高端人才培养的任务，而中国城市史学作为独立的学科有一个突出的优势，就是中国有多所高校有着中国城市史学方向的博士学位和硕士学位授权点，为中国城市史学高端人才的培养奠定了重要的基础。正如前面所述，由于中国城市史的学科归属明确，因而目前已经有多所高校相继建立起了培养中国城市史学高级人才的教育基地。2019年12月初，中国城市史研究会与四川大学城市研究所、江汉大学等一起开办了"中国城市史研习班"，邀请了10位国内著名学者授课，有30所高校的56名博、硕士研究生参加了为期6天的学习，从他们提交的论文来看，一支年轻的城市史研究队伍正在形成，令人欣慰。

值得注意的是，中国城市史学在服务社会方面也具有独特的作用，由于中国城市史学与当今城市建设和社会发展有着高度的相关性，因而服务社会的成绩斐然。当今中国城市化、现代化快速发展，通过城市历史文化研究来提升城市文化内涵、形象和品牌成为一种重要的学术趋势，为中国城市史学服务社会提供了一个重要契机，不少中国城市史研究者都相继参与了所在城市的规划、经济发展和文化建设，使学术研究与现实服务相结合，进而提升了中国城市史学的社会影响力和显示度。

（三）加大理论创新，推动学术研究向纵深发展

在过去的40年间，中国城市史学在理论和方法研究方面虽然也取得了不少成果，但更多的是借用历史学、历史地理学、城市规划学、经济学等成熟学科的概念、理论

和方法，尚未完全形成中国城市史学自身的理论体系和学术话语体系，这无疑制约着中国城市史学的深入发展。因此，构建中国城市史学科理论体系将成为学科建设的基础性工作，任重而道远。

任何一门学科，如果没有坚实的理论基础、完整的学科体系作支撑，这门学科就难以获得重大发展，也很难跻身于学科之林。中国城市史学虽然在学科属性上归属于中国史之下的专门史，但从学科建设来看至今仅30余年，是一门相对年轻的学科，发展历程较短，理论基础、学科体系还不够成熟。从20世纪80年代以来，部分学者为了构建中国城市史学科体系，对中国城市史的研究对象、内容体系、研究方法、学科特点等展开论述，对中国城市史的内涵、中国城市史的基本线索、中国城市现代化的内涵、城市的发展动力机制等理论问题进行了深入研究，并在城市发展理论等方面提出了"政治中心优先发展规律""经济中心优先发展规律"，以及"城市衰落规律"和"空间分布规律"等，但总体上看，仍然存在若干不够完善的地方。因此，在不断开拓创新的学术研究中，中国城市史研究者还需要进一步努力，一方面要对已有的理论进行检验、修正和充实，另一方面要不断地进行理论创新，发展新的理论，从而进一步加强理论体系建设，完善学术体系。

中国城市史作为中国历史学的分支专门史科属，具有历史学的属性，即对历史的认知，故而要重点研究中国城市的形成、发展、衰落、复兴、重建的历史演变过程，并探索其发展演变规律。但是，由于城市是一个有机综合体，是一个复杂的巨系统，涉及政治、经济、文化、社会和自然生态等若干方面，因而中国城市史又具有多学科、跨学科的特点，要深入研究城市的发展变迁，探索其发展规律，需要从多学科的视角来进行分门别类的研究和整体的综合研究。同时，城市以人为主体，故而城市史学与社会学的关系密切，城市史研究离不开对传统社会学和城市社会学等学科的理论吸收，传统的社会学对城市历史多有阐释，如马克思·韦伯关于城市的论述，埃米尔·涂尔干关于城市阶级的分析，格奥尔格·齐美尔对城市性格与城市精神生活的研究，这些社会学的理论与方法为城市史研究者广泛借鉴。近年来，近现代城市地理学、经济学等学科的理论和方法更是广泛地被城市史研究者所引用，如德国地理学家克里斯塔勒的"中心地理论"①，法国经济学家普劳克斯的"增长极理论"，霍伊特的"扇形模式"，哈里斯和厄尔曼的"多核心模式"等，为中国城市史研究者普遍采用。此外，城市作为人工与自然构造相结合的产物，本身包含着无数个巨大的空间，既有物理的三维空间，也有作为场域的社会空间、文化空间等，因此城市空间理论在近年来也广泛受到城市史研究的青睐。在城市空间理论的利用上，不仅要从宏观和微观两个角度对城市间的"空间构成"（例如城市化、城市规模分布和空间格局、职能结构和网络形式）"城市体系""土地利用模式"等进行分析，还要考虑到"人在塑造空间结构方面的作用"，从人们日常生活的社会心理学出发，注意"文化、价值、非正式团体、城市机构等在人类空间行为中的作用"②。

近年来，越来越多的中国城市史研究者偏重于中国城市史史实的构建，开辟了较多新的研究领域，拓展了研究视野，然而很少有人再对中国城市史理论进行系统探索，不少人还是沿用西方的城市史理论，并受其理论局限的束缚。当下特别需要强调理论与方法创新，按照习近平总书记所提出的"立足中国、借鉴国外，挖掘历史、把握当代，关怀人类、面向未来的思路"，一方面要具有开放的心态，面向世界，吸取世界各国在城市史研究方面已经取得的学术成就和理论成果，另一方面要立足于中国历史、中国国情，以马克思主义为指导，努力探索中国城市发展的规律和特点，在借鉴吸收国内外研究成果的基础上形成具有中国特色的中国城市史理论体系。中国城市史学科的特性昭示我们，这样一门有着深厚历史基础和广阔前景的新兴学科，在中华民族伟大复兴进程中将发挥重要的作用，但是如果不加强理论创新和基础理论建设，如果不构建起严密的学科理论体系，就不能把握学科特性，不能从学科内部获得发展动力，也就不能充分发挥服务国家和社会的功能。

综上所述，就学科建设的各要素来看，中国城市史学具有较大的发展潜力和优

---

① 美国学者施坚雅利用"中心地理论"对中华帝国晚期的城市和农村的研究就是突出事例。详参［美］施坚雅主编：《中华帝国晚期的城市》，叶光庭等译，陈桥驿校，中华书局，2000年；《中国农村的市场和社会结构》，史建云、徐秀丽译，虞和平校，中国社会科学出版社，1998年。
② 许学强、周一星、宁越敏编著：《城市地理学》，高等教育出版社，1997年，第10页。

势，一是中国城市史学的研究方向较为清晰，无论是城市通史研究，还是城市断代史研究；无论是城市整体史研究，还是城市微观史研究；无论是城市与区域史研究，还是城市内部要素构成研究，其学科指向都较为明确，因而今后要更加凝练方向，提高问题意识，将中国城市史学与时代需要相结合。二是中国城市史学研究队伍在不断扩大，以多个大学和社会科学院相关研究机构为核心，以中国城市史研究会为纽带的研究体系正在建立。三是需要进一步完善学科设置，加强师资队伍，形成学术带头人和学术骨干培养机制；在课程教育方面，进一步优化教学体系，着力培养多层次的高端人才。四是进行中国城市史学科建设的顶层规划，抓住重点，分清主次，分阶段有序推进。不同学术团队分别应在一定时期内明确一两个重点研究方向进行持续研究，以此来突出研究优势，推出学术精品。就中国城市史学科的整体发展而言，一定要突出研究风格和优势，从而提升和确立中国城市史学科的学术地位和学术影响力。五是高度重视学术生态环境的优化与建设，近年来，学术生态环境有很大的改善，但还有若干不足，优化学术生态环境可谓任重而道远，一方面要增强学术研究的开放性、包容性，构建宽松的学术环境，允许不同意见的存在和发表；另一方面要加强学科之间的交叉、融合、互学互鉴，相互推动。六是建设具有中国特色的中国城市史学"三大体系"，应以中国城市史的重大问题为基础，以理论创新为核心，优化学科设置和课程设计，编写具有中国特色的学科教材，建立专门的师资队伍，并以此为基础开展课程教育和学科评价。

四、结论

改革开放以来，我国的中国城市史学发展经历了几个重要历史阶段，与此相适应，其学科体系、学术体系、话语体系的构建也取得重要进展。越来越多的研究者对中国城市史学的一系列重大问题进行了深入讨论，人才培养、研究机构、学术社团、专业期刊、学术活动逐步有序发展。中国城市史学界从学科知识和理论体系出发，对中国城市的起源、不同历史阶段城市的发展变迁、不同类型城市的历史等进行了深入的系统探索，推出了一批高水平的原创性学术成果，在构建中国特色的中国城市史学科体系、学术体系、话语体系等方面迈出了重要的一步。21世纪以来，随着中国进入"城市时代"，城市在国家和区域中的地位越来越重要，以国家中心城市和城市群来带动区域发展和作为城市化载体已经成为国家战略。在这样的时代背景下，中国城市史学正站在新时代的新起点上，时代呼唤着相关研究者要有使命感和责任感，要有文化自觉与文化自信，主动承担起完善学科体系、学术体系和话语体系的重担。历史研究是一切社会科学的基础，深入开展历史研究，总结历史经验，揭示历史规律，对中华民族伟大复兴和建设社会主义现代化强国具有重要意义。中国城市史学作为中国历史学的重要分支之一，其"三大体系"建设对于中国历史学的发展将起到重要的支撑作用。

人类文明发展具有共性，城市的发展也具有共性，因此研究中国城市史不仅要对历史时期的中国城市进行系统研究，探寻其发展演变规律，而且还需要对全球东、西方城市以及全球城市进行全面的系统的关注和了解，要将中国城市史学置于人类文明发展进程中进行考察研究，加强中外城市比较研究，加强国际交流，讲好中国城市故事，推动中国城市史学向纵深发展。

后　记

2020年是中国"十三五"规划的最后一年。是年4月，全国哲学社会科学工作办公室下达了《关于围绕编制〈国家"十四五"时期哲学社会科学发展规划〉组织开展调查调研工作的通知》，我受相关方面委托负责调研中国史学所属中国城市史学科的发展情况。2020年正是新冠疫情开始之年，几乎不能出门调研和开会。幸好我们已经进入信息时代，以个人电脑和智能手机为主的网络终端非常普及，因而通过网络进行调研和召开线上会议成为非常简单的事情，其便捷程度远远超过电话时代。于是我们根据调研的要求和重点，设计了"关于'十四五'规划中国城市史学科发展情况调研问卷"，并于2020年4月底通过相关新媒体软件对中国城市史学会的会员进行了问卷调查，并通过线上会议进行了座谈和访问，从有效问卷的数量和问卷的内容以及座谈、访问的效果来看，基本上能够反映当前中国城市史研究的现状和发展趋势。

通过调研，可以发现越来越多的高等院校和科研院所近年来逐步加强了对中国城市史研究团队的建设，并初显成效。从全国范围来看，至少有20家学术机构专门从事城市史研究，或将城市史学作为重要的研究方向，其中研究团队人员5—10人及以上的团队达到36.19%，其中超过10人以上的团队达19%之多。21世纪以来，中国城市史学研究队伍不断扩大，研究的广度和深度不断扩展，学术水平不断提升，学术创新性和开拓性也不断加大，因而受到学术界的关注和国家社科基金的支持，相关研究者承担的国家课题数量也在不断增加。"十三五"期间（2016—2020年），国家社科基金所立项的中国城市史课题共计57项（不包含2020年数据），平均每年为14.25项。2016年立项17项，2017年立项12项，2018年立项11项，2019年立项17项。其中重大招标项目5项、重点项目2项、一般项目21项、青年项目10项、西部项目5项、后期资助项目14项。重大项目约占全部立项数的8.77%，重点项目约占3.5%，一般项目约占36.84%，青年项目约占17.54%，西部项目约占8.77%，后期资助项目约占24.56%。由此可见一般项目占比最高，其次为后期资助和青年项目，这与国家社科基金的项目分布基本接近。"十三五"期间，中国城市史学界还承担了18项教育部基金规划的城市史课题。由于国家社科基金课题的导向作用，使中国城市史学得到很大的发展，中国城市史研究呈现出更加兴盛发展的局面，主要表现为学术领域更加开阔，学术研究活跃，学术选题更加多元化，学术新人更多涌现。据不完全统计，仅2016—2019年间出版的中国城市史专著、资料集等就达到185部，发表相关论文745篇。

但是，目前学界仍然普遍存在着对中国城市史研究中理论研究相对乏力的焦虑。不少研究者都认为城市史基础理论的系统研究明显不足，从海外引进的城市史研究的理论也不系统、不及时，对已引进的理论亦未能很好地借鉴、吸收与落地转化，理论与实践之间存在脱节。相当部分研究者认为当下中国城市史学理论研究还未搭建起具有中国特色的理论体系；也有人认为中国城市史理论较为零散，有跟西风的倾向，理论本土化严重缺失。

"思是行之始，行是思之成。"理论与方法的构建对于学科体系和学术体系建设的作用无疑是巨大的。但是要在理论与方法方面创新，构建完整的理论体系的难度更是巨大的。中国有着5000年城市文明，是世界城市文明的发源地之一，中国城市文明的发展演变虽然有波折有起伏，但是未曾出现断裂，可以说中国城市在历史长河中有着自身的发展规律与特点，并对当下和今后城市的发展产生着直接和深远的影响。中国虽然是一个高度重视历史研究的国家，但是对城市历史的研究却起步甚晚，尤其是对中国城市发展演变的规律和特点的研究还十分薄弱。当下，中国特色社会主义建设进入新时代，城市在国家和区域中的地位和作用越来越重要，以大都市区和城市群为增长极和动力源，引领国家的发展成为未来中国的新趋势。因而，如何加强中国城市史研究，探索具有中国特色的城市发展规律与特点，成为新时代中国城市史学科的重要课题之一。2020年末，中国城市史研究会与四川大学城市研究所等单位在成都共同主办的"20世纪中国城市发展论坛"上，与会专家学者形成了一个共识，即构建具有中国特色的城市史研究理论体系，将是未来十年中国城市史研究者的重要任务。为了尽一点绵薄之力，四川大学城市研究所决定由我与鲍成志、范瑛共同担纲编纂《理论方法与基本问题——改革开放以来中国城市史研究的探索》一书。但随之而来的两年，一方面是新冠疫情持续不断，另一方面则是各种杂事琐事缠身，致使本书的编纂直到2022年中才初步完成。

  本书的编纂得到相关作者的大力支持，在此表示衷心的感谢。另外，巴蜀书社周颖、吴焕姣、王莹等编辑对本书的出版也给予了大力支持，才使本书的出版得以实现，对她们也表示深深的谢意。本书在编辑过程中得到相关作者的鼎力支持，深表感谢。

何一民
2022年6月22日

图书在版编目（CIP）数据

理论方法与基本问题：改革开放以来中国城市史研究的探索 / 何一民, 鲍成志, 范瑛主编. -- 成都：巴蜀书社, 2023.9

ISBN 978-7-5531-1899-4

Ⅰ.①理… Ⅱ.①何… ②鲍… ③范… Ⅲ.①城市史—研究—中国 Ⅳ.①K928.5

中国国家版本馆CIP数据核字(2023)第006133号

LILUN FANGFA YU JIBEN WENTI: GAIGE KAIFANG YILAI ZHONGGUO CHENGSHISHI YANJIU DE TANSUO

理论方法与基本问题：改革开放以来中国城市史研究的探索

何一民　鲍成志　范　瑛　主编

策　　划	周　颖　吴焕姣
责任编辑	吴焕姣　王　莹　徐雨田　王欣怡
封面设计	周伟伟
内文设计	四川胜翔数码印务设计有限公司
出　　版	巴蜀书社
	四川省成都市锦江区三色路238号新华之星A座36楼
	邮编：610023　总编室电话：（028）86361843
网　　址	www.bsbook.com
发　　行	巴蜀书社
	发行科电话：（028）86361852
经　　销	新华书店
印　　刷	成都东江印务有限公司
版　　次	2023年9月第1版
印　　次	2023年9月第1次印刷
成品尺寸	185mm×260mm
印　　张	18
字　　数	280千
书　　号	ISBN 978-7-5531-1899-4
定　　价	98.00元

本书若出现印装质量问题，请与工厂联系调换